Verlag Libri BOD
Alle Rechte beim Autor
E-Mail: Eppensteiner@hotmail.com
HTTP://www.come.to/eppensteiner
ISBN 3-89811-783-9

INHALTSVERZEICHNIS

VORWORT

Er war wirklich ein Esel. Er war nicht besonders schön. Er war auch nicht klüger als andere. Und er war auch nicht übermäßig störrisch - ein ganz normaler Esel eben. Das einzige Ungewöhnliche an ihm war nicht die Tatsache, daß er die Ordnung dieser Welt nicht verstand, das taten und tun viele andere auch und ist nicht nur auf die Esel dieser Welt beschränkt, es war sein Unvermögen, sich mit den Machtverhältnissen auf Erden abzufinden. Er forderte zwar nicht, die Welt sollte von Eseln beherrscht werden, er konnte sich bloß nicht damit abfinden, daß sie von Menschen dominiert wird.

Zuerst grübelte er nur. Dann begann er zu forschen. Er bereiste die Welt und erkundete das Leben der Menschen in allen Einzelheiten und Ausformungen. Er ging der Frage nach, warum von all den Tierarten ausgerechnet der Mensch die Vorherrschaft auf Erden innehat.

Warum der Esel das tat? Er wollte seinen Nachkommen ein Vermächtnis in Form des folgenden wissenschaftlichen Berichts überliefern. Besonders sorgfältig ging er der Behauptung nach, die Menschen beherrschten die Welt, weil sie als einzige Lebewesen über Intelligenz verfügten. Mit diesem Irrtum räumte er gehörig auf ...

EINLEITUNG

Da nicht auszuschließen ist, daß auch Menschen diesen Forschungsbericht zu Gesicht bekommen, seien diese vor der Lektüre eindringlich gewarnt. Für echte Esel steht in dem nachfolgenden Bericht nichts wirklich Neues, sie sind es gewohnt, den Menschen so zu sehen, wie er tatsächlich ist. Ein „homo sapiens" allerdings dürfte es schwerlich verkraften, ohne Vorwarnung einen wissenschaftlichen Spiegel vorgehalten zu bekommen, der noch dazu von einem Esel verfaßt wurde.

In seinem durch nichts begründbarem Selbstverständnis hält sich der Mensch nämlich für die Krone der Schöpfung, glaubt, daß sein Handeln von Intelligenz geprägt sei. Ja, er wähnt sich als einziges Wesen der Erde im Besitz von Ethik, Moral und Sinnhaftigkeit, dem Drang zur Wahrheit und dem Streben nach Vervollkommnung.

Nur bei oberflächlicher Betrachtung kann man zum Schluß kommen, der Mensch sei zu Recht Beherrscher dieser Erde, weil er intelligent sei. Bei sorgfältiger Forschungsarbeit fällt diese Hypothese wie ein Kartenhaus in sich zusammen.

So wie sie sich selbst für überaus intelligent halten, glauben sie auch, vorwiegend in Demokratien zu leben und bemerken nicht, daß in keinem einzigen Staat der Welt eine echte Demokratie verwirklicht ist. In den meisten Fällen besteht nicht einmal eine Ähnlichkeit mit demokratischen Formen, in den höchst entwickelten Staaten handelt es sich bloß um das Erkennen einer Zielvorstellung.

Der Mensch ist von einem krankhaften und ziellosen Bewegungsdrang erfüllt wie kaum ein anderes Tier. Da er selbst körperlich über äußerst bescheidene Fähigkeiten verfügt, frönt er dieser Manie eher selten mit dem eigenen, unzulänglichen Körper, sondern bedient sich zahlloser Maschinen und Fahrzeuge.

Bei bestimmten Sonderformen von Lärm, den er verzückt Musik nennt, bewegt er sich rhythmisch bis ekstatisch, einzeln, in Paaren oder Massen, zwanghaft und unkontrolliert, gänzlich anders als alle anderen Tiere. Das bei vielen Tieren anzutreffende Balzverhalten vor der Paarung artet beim Menschen zu sinnlosem Getue aus, wobei der Zweck der Übung letztendlich meist verfehlt wird. Ebenso hat er beim Bau seiner Behausungen nicht, wie die anderen Tiere, eine einzige zufriedenstellende Form gefunden, bei der er dann bleibt, sondern experimentiert ununterbrochen herum.

Kann man die körperlichen Fähigkeiten des Menschen noch als primitiv und unterdurchschnittlich einstufen, so erscheinen seine geistigen Fähigkeiten geradezu inferior. Die Forschung, welche sich nicht durch vorgetäuschte Fähigkeiten in die Irre führen läßt, erkennt messerscharf, daß der Mensch bloß über eine Scheinintelligenz verfügt.

Der Mensch weiß nicht einmal über den Zweck seiner Existenz Bescheid. Er betäubt sich selbst mit verwirrten Geschichten vollkommen gegensätzlicher Art, die nicht alle zugleich wahr sein können. Diese nennt er Religionen und entzieht sich damit der Notwendigkeit, über sein Dasein nachzudenken. Überdies ist der Mensch noch vom kuriosesten Aberglauben an Geister, Dämonen, Unglücks- oder Glückszahlen befallen.

In ihrer Kommunikation benutzen die Menschen unzählige verschiedene Sprachen, die sie ständig variieren und dabei neue Formen erfinden. Dadurch ist gewährleistet, daß die Verständigung immer nur auf einen kleinen Teil der Menschheit beschränkt bleibt. Zusätzlich halten sie diese unverständliche Sprachenvielfalt, die sie selbst "babylonische Sprachverwirrung" nennen, in verschiedenen Schriften fest, was die Verständigung zusätzlich enorm erschwert.

Womöglich erkennt der Mensch trotz seiner Scheinintelligenz seine jämmerliche Lage. Wohl deshalb hat er begonnen, sich selbst zu vergiften. Dies betreibt er emsig auf mehreren Ebenen. Einerseits zerstört er als Individuum seinen Körper durch übermäßige Einnahme von Giften, wie Alkohol, Nikotin, chemischen und pflanzlichen Rauschmitteln, andererseits betreibt die Menschheit kollektiven Selbstmord durch Zerstörung ihrer gesamten Umwelt mittels Schadstoffen und Giften.

Da diese Prozedur sehr langsam Wirkung zeigt, versucht der Mensch in periodischen Abständen, in möglichst kurzer Zeit möglichst alles zu zerstören. An solchen kollektiven Anfällen, Kriege genannt, beteiligen sich flächendeckend ganze Gruppen von Nationen und Völkern. Dafür konstruieren die Menschen die unglaublichsten Waffen mit ständig wachsender Zerstörungskraft. Daraus ist das Bestreben ableitbar, den ganzen Planeten nachhaltig zu zerstören oder zumindest unbewohnbar zu machen.

Es ist nicht zu leugnen, daß im Rahmen der Forschung auch einzelne Menschen, sogenannte große Geister, lokalisiert werden konnten, die den Unsinn des allgemeinen menschlichen Treibens erkannten. Man kann sogar behaupten, daß diese wenigen Individuen als teilweise intelligent zu bezeichnen sind. Dies trifft jedoch mit absoluter Sicherheit niemals auf die gesamte Spezies zu.

Insgesamt hat der Mensch nicht mehr an Intelligenzleistungen erarbeitet, als auch durch bloße Zufallstreffer erreichbar wären. Die dabei festgestellte Intelligenz ist auf so wenige Exemplare beschränkt, daß sie in bezug auf die Gesamtheit der Menschen unter die Meßgenauigkeit fällt und folglich zu vernachlässigen ist.

Wer weiterhin an die Möglichkeit glauben will, daß der Mensch intelligent sei, der möge jetzt die Lektüre beenden. Deshalb kann nur Eseln das Weiterlesen empfohlen werden. Für einen Menschen besteht die Gefahr, daß er die Welt niemals wieder so sehen kann, wie er das vorher tat.

EIN WESEN MIT BESCHEIDENEN FÄHIGKEITEN

Beschreibt man den Menschen allgemein, so steht die Mittelmäßigkeit stets im Vordergrund, sowohl was die Körperformen betrifft, als auch die physischen Fähigkeiten. Äußerst selten gibt es dabei Abweichungen ins Positive, die meisten Fälle sind sogar noch unterhalb der Mittelmäßigkeit angesiedelt.

Die Körpergröße reicht bei ausgewachsenen Individuen von 130 bis maximal 230 Zentimeter. Es gibt viele wesentlich größere Lebewesen, aber auch sehr viele kleinere. Die Form der einzelnen Gliedmaßen ist weder besonders grazil, noch kann man sie als plump beschreiben. Allerdings tritt durch relativ häufig auftretende unkontrollierte Gefräßigkeit ein sehr plumper Zustand ein. Folgen sind eingeschränkte Bewegungsfähigkeit, Kurzatmigkeit und geringe Ausdauer.

Der Körper des Menschen ist vollkommen behaart, wobei aber die Behaarung fast zur Gänze aus beinahe unsichtbaren, winzigen Härchen besteht. Somit verfügt er zwar über ein Fell wie die übrigen Säugetiere, es ist allerdings völlig unzulänglich, und der Mensch friert schon bei Temperaturen, bei denen sich echte Fell- oder Federkleidträger noch sehr wohl fühlen, jämmerlich. Kurioserweise ist die Behaarung an wenigen Stellen sehr dicht: am Kopf und an jenen Stellen, wo zwei Körperteile eng aneinander liegen. An letzteren Stellen, unter den Achseln und zwischen den Beinen, ist ein Kälteschutz aber am wenigsten vonnöten und am Kopf verliert der Mensch genau dann die Behaarung, wenn er beginnt, sie zu benötigen - im hohen Alter.

Die Unterschiede zwischen männlichen und weiblichen Wesen sind faktisch unerheblich und nur schwer mit Sicherheit erkennbar. Dies stellt im Vergleich mit Hirschen, Hühnern, Löwen oder Pfauen eine extreme Abweichung dar. Uns Eseln dagegen sind die Menschen wenigstens in diesem Punkt vergleichbar.

Die männlichen Menschen sind meist - nicht immer - etwas größer und stärker, bei den weiblichen sind die Milchdrüsen meist - nicht immer - voluminöser. Die nähere Betrachtung ergibt, daß die männlichen Milchdrüsen keine Funktion haben und somit als reine Fehlentwicklung zu betrachten sind. Abgesehen von den Unterschieden bei den sogenannten primären Geschlechtsorganen, sind alle übrigen vernachlässigbar.

Somit bleiben künstlich konstruierte Unterscheidungsmerkmale, die bewußt hervorgerufen werden. Dies geschieht vornehmlich durch Haartracht, Kleidung, Bemalung und Umhängen von meist glänzenden Metallteilen. Offenbar ist der Mensch nicht in der Lage, männliche und weibliche Artgenossen mit hinreichender Sicherheit zu unterscheiden. Um Irrtümern vorzubeugen, legt er sich künstliche Merkmale zu.

Die Bemalung ist bei weiblichen Wesen wesentlich häufiger anzutreffen, aber in manchen Gegenden gilt dies auch auf für die männlichen. Die bemalten Stellen variieren von ganz kleinen Flecken an Lippen, Augen und Nägeln bis zu flächenartiger Färbung ganzer Körperteile. Dabei wird am häufigsten das Gesicht und die Haare, seltener der ganze Körper bearbeitet.

Die schon erwähnte Mittelmäßigkeit ist bei allen körperlichen Fähigkeiten nachweisbar. Was die Körperkraft betrifft, so sind fast alle anderen gleich großen Lebewesen deutlich stärker. Seien es vergleichbar große Raubkatzen, Affen oder Bären, der Mensch kann ohne Waffen nicht gegen sie bestehen, bei Angriffen nicht einmal wie wir Esel schnell genug flüchten.

Des Menschen Bewegungsfähigkeit ist äußerst bescheiden. Sein langsamer Trott, der nur gering gesteigert werden kann, nämlich von fünf bis maximal 35 Stundenkilometer, wird von fast allen anderen Wesen übertroffen. Hunde, Pferde, Katzen oder Rehe sind deutlich schneller als der Mensch. Jene wenigen Menschen, die bescheidene 35 km/h schaffen, werden wie Götter bewundert, wenn sie in sogenannten Stadien bloß 100 Meter laufen, über zwei Meter hoch oder mehr als acht Meter weit springen

Auch beim Schwimmen schneidet der Mensch äußerst schwach ab. Alle Fische, viele Vögel, aber auch Säugetiere, wie Seehunde und Wale, stellen den Menschen weit in den Schatten. Zusätzlich zählt der Mensch wohl zu den ganz seltenen Wesen, bei denen die Schwimmfähigkeit in den ersten Säuglingstagen vorhanden ist, aber in kurzer Zeit so gründlich verlorengeht, daß sie mühsam wieder erlernt werden muß.

Bei Betrachtung jener Körperteile, die der Mensch als Werkzeug und Waffen verwendet, schneidet er weit unterdurchschnittlich ab. Seine Zähne sind als Waffen praktisch nicht zu gebrauchen, weisen sie doch eine Krankheitsanfälligkeit auf, die in dieser ausgeprägten Form bei keinem anderen Lebewesen zu finden ist. Ab einem bestimmten Lebensalter besitzt praktisch kein Mensch mehr ein vollständiges und gesundes Gebiß. Zuvor werden Lücken durch eigene Spezialisten meist mit Metallen gefüllt. Teilweise ist dieser jämmerliche Zustand darauf zurückzuführen, daß der Mensch nicht weiß, was er fressen soll.

Seine Nägel, sowohl die der Hände als auch der Füße, sind nur stark eingeschränkt als Werkzeug zu gebrauchen. Es sind weder Krallen noch Hufe. Selbst die häufig gepriesenen geschickten Hände sind im Vergleich mit Affen oder Insekten weder überdurchschnittlich noch genial.

Die Temperaturempfindlichkeit des Menschen ist extrem. In den meisten Gegenden der Erde wäre der Mensch nicht in der Lage, ohne künstlicher Bekleidung ganzjährig zu überleben. Jene Bereiche der Erde, in denen er ohne Kleidung ganzjährig leben kann, sind schmale Streifen bestimmter geographischer Breiten.

In Meßwerten ausgedrückt, fühlt er sich nackt nur zwischen 22 und 28 Grad Celsius wohl. Wenn man bedenkt, daß auf der Erde Temperaturen von minus 60 bis plus mehrere tausend Grad vorkommen, so erscheint diese Spanne von lächerlichen sechs Grad des natürlichen Wohlbefindens erbärmlich.

Bei der Untersuchung der Hörfähigkeit liegt der Mensch ebenso im unteren Bereich. Nicht nur, daß die meisten Wesen wesentlich leisere Geräusche wahrnehmen können, auch in den Höhenlagen hören sie, was vom Menschen überhaupt nicht wahrgenommen werden kann. Womöglich entwickelte der Mensch als Ausgleich für diese jämmerliche Hörfähigkeit eine an Irrwitz grenzende Differenzierung von Geräuschen im schmalen Band der von ihm erkennbaren Frequenzen. Diese Sonderform von Geräuschen nennt er Musik.

Beim eigentlichen Gesichtssinn, dem Sehen, zeigt sich wieder einmal die Durchschnittlichkeit des Menschen. Im Vergleich zu Raubvögeln ist die Sehschärfe vernachlässigbar. Darüber hinaus ist das menschliche Auge äußerst anfällig. Es weist ähnliche Degenerationserscheinungen auf wie die Zähne. Ganze Heerscharen tragen von früher Jugend an Metallgestelle auf der Nase, Brillen genannt. Wer nicht von Jugend an Brillen trägt, kann sicher sein, daß er sie mit fortgeschrittenem Alter braucht. Wer mit 40 Lebensjahren noch keine Brille benützt, tut dies meist bloß aus Eitelkeit.

Die Anfälligkeit und Schwäche des menschlichen Auges manifestiert sich auch dadurch, daß es Unmengen von Schutzbrillen gibt. Der Mensch verwendet Sonnenbrillen, Arbeitsbrillen, Schweißerbrillen, Skibrillen, Taucherbrillen, Ferngläser, Operngläser ... Zusätzlich zeigt sich im hohen Alter, daß dann oft überhaupt keine Brille mehr nützt und graduelle Blindheit eintritt. Womöglich besteht ein Zusammenhang zwischen dem schlechten Auge des Menschen und seiner fehlenden Fähigkeit, Zusammenhänge zu erkennen.

Der Geruchssinn des Menschen ist im Vergleich zu den Hunden als so gut wie nicht vorhanden zu bezeichnen. Es muß sich schon um einen beträchtlichen Gestank handeln, daß er von der menschlichen Nase wahrgenommen wird.

Zusätzlich scheint eine geheimnisvolle Einflußgröße den Menschen zu veranlassen, manche Gerüche als angenehm und andere als unangenehm zu klassifizieren. Aufgrund der völlig unterschiedlichen Reaktionen handelt es sich offensichtlich um ein pures Zufallsprinzip.

Am extremsten kann dies im Zusammenhang mit dem Geschmackssinn beobachtet werden. Was für den einen hervorragend riecht und schmeckt, ruft bei anderen höchste Abscheu hervor und verursacht Brechreiz und Übelkeit. Eine Orientierungslosigkeit, die bei den anderen Tieren normalerweise nicht anzutreffen ist.

Ein weiterer Schwachpunkt des Menschen ist seine übergroße physische Verletzlichkeit. Bei den geringsten äußeren Einwirkungen erleidet er schwere Blessuren. Die Haut des Menschen ist so schwach ausgelegt, daß bei der geringsten Reibung Abschürfungen entstehen. Bei freiem Fall aus geringer Höhe treten beträchtliche Schädigungen auf. Insekten dagegen überstehen Stürze aus zigfacher Körperhöhe schadlos. Sogar andere Säugetiere, wie Katzen, fallen weitaus besser.

Kein anderes Lebewesen auf der Erde braucht so lange wie der Mensch, um selbständig zu sein, das heißt für sich selbst sorgen können. Wenn junge Hühner dies ab der ersten Minute, viele Säugetiere in wenigen Wochen bewältigen, sind Menschenkinder in einem Alter von zwei, drei Jahren nicht einmal in der Lage, bei vorhandenem Nahrungsangebot sich selbst durchzubringen. Richtig selbständig werden Menschenkinder, wenn überhaupt, erst sehr spät. Vollkommen für sich selbst sorgen können viele erst mit einem Alter von etwa 14 Jahren. Einzelfälle können es früher, dafür schaffen es viele erst später und gar nicht wenige können sich überhaupt nie richtig selbständig weiterbringen - eine Tatsache, die bei uns Eseln nie vorkommt.

Auch im Bezug auf den Arbeitsfleiß ist der Mensch durchaus nicht in der vordersten Reihe zu finden. Im Vergleich zu Ameisen, Bienen, Hamstern und vielen Vogelarten ist der Mensch alles andere als fleißig. Es gibt sogar Fälle, in denen der Mensch nicht einmal den nötigen Fleiß aufwendet, um sich selbst zu ernähren. Oft wird dies von anderen übernommen, sei es, daß der

Betreffende als Bettler oder als Mönch, eine spezielle religiöse Lebensform, milde Gaben erhält, sei es, daß er über so viel Geld oder Macht verfügt, andere für sich arbeiten zu lassen. Nicht selten besorgen dies dann die Esel.

Es ist also mehr als verblüffend, wie ein Wesen mit so mäßigen Eigenschaften eine derartige Vormachtstellung erringen konnte.

Trotz allem weiß der Mensch mehrheitlich nicht, was Zufriedenheit ist. Friede und Glück überläßt er den Eseln.

WIE SIE SICH ORGANISIEREN

Da die Menschen aufgrund ihrer bescheidenen körperlichen und geistigen Fähigkeiten als Einzelwesen praktisch nicht lebensfähig sind, sind sie ständig auf größere Gesellschaften angewiesen. Vermutlich glauben sie deshalb, daß die Bildung von Staaten notwendig, günstig und ein Zeichen von überragender Intelligenz sei.

Der Mensch beschränkt sich nicht auf Staatsformen wie die der Bienen oder Ameisen, sondern betreibt diese unnatürliche Lebensform bis zum Exzeß. Verblendet und hochmütig glauben sie sogar, die ideale Staatsform gefunden zu haben. Wer in Sippen und Herden lebt, wird als kulturlos geringgeschätzt.

Dabei herrschte am Anfang der menschlichen Entwicklung die Form der Herde unter Führung eines Leittieres vor, wie das bei den übrigen Tieren meist der Fall ist. In der menschlichen Eitelkeit heißt die Herde Stamm und das Leittier Stammeshäuptling.

Gänzlich abgekommen sind die Menschen von dieser Herden- oder Stammesform nie. Man findet zum Zwecke krimineller Ausbeutung oft intern im Staat Stämme unter Führung von Häuptlingen. Die Menschen sprechen dann von Banden und der Mafia. Daß man auch in diesen Fällen von Staatsformen sprechen kann, ist schon allein dadurch gerechtfertigt, daß solche Organisationen oft eine innige Verschmelzung oder gar Identität mit der tatsächlichen Regierung aufweisen.

Wie es nun mit dieser von den Menschen so hoch gepriesenen Staatenbildung tatsächlich bestellt ist, zeigt eine genaue Untersuchung. Wie zu erwarten, handelt es sich um eine Verirrung des Menschen, der den tieferen Sinn eines zufriedenen Lebens in einer Herde offensichtlich nicht erkannt hat. Nun, am Ende dieser langen Fehlentwicklung, ist er nicht einmal mehr in der Lage, friedlich wie Esel in Gruppen zusammen zu leben.

Bei den menschlichen Stämmen sind im Gegensatz zu den anderen Tieren die Entscheidungskriterien, wer Häuptling wird, nicht nachvollziehbar. Von all den Gründen, die sinnvoll als ausschlaggebend für eine Häuptlingswahl sein sollten, war keiner nachweisbar. Weder die Stärke, Klugheit oder Erfahrungsmenge, noch irgendwelche andere Vorzüge wie erhöhte Moral, Ehrlichkeit oder gar Vorbildwirkung sind bei Häuptlingen häufiger anzutreffen als bei den übrigen Stammesmitgliedern.

Eher war bei Häuptlingen eine merkbare Häufung von kleinwüchsigen Menschen anzutreffen, wobei nicht selten damit auch ein Mangel an natürlichem Selbstbewußtsein verbunden war. Dieses wird durch übertriebenes Gehabe und Spiegelfechtereien kompensiert.

Auch die Beherrschung von Zaubertricks war fallweise die Befähigung für die Häuptlingswürde. In Einzelfällen konnte festgestellt werden, daß den Ausschlag für die Häuptlingswürde die Fähigkeit gab, Unmengen Alkohol, ein spezielles, weitverbreitetes Rauschmittel, in sich hineinschütten zu können, ohne umzufallen.

Sehr häufig war schon bei Stammeshäuptlingen festzustellen, daß sie für alle Untertanen stets gute Sitten, Moral, Ehrlichkeit und Fleiß predigen, sie selbst jedoch gaben oft gegenteilige Beispiele an Habgier, Machtstreben, Grausamkeit und Ausschweifungen aller Art.

Da die Mehrheit der Menschen, insbesondere der Untertanen nur ansatzweise selbständiges Denken beherrschten, sahen sie darin keinen Widerspruch, versuchten die vorgegebenen Regeln einzuhalten und tolerierten die Auswüchse ihrer Führer.

Eine weitere Staatsform der Menschen stellen Königreiche dar. Sie sind meist, nicht immer, größer als Häuptlingsstämme, die Regierungsform ist ähnlich, nur der König als Häuptling stammt immer aus derselben Familie. Somit entfällt überhaupt jedes Auswahlprinzip, und sei es die schon erwähnte Trinkfestigkeit.

Nur um die sinnlose Regel, der König muß immer aus derselben Familie stammen, einzuhalten, wurden sogar Kleinkinder gekrönt. Man kann sich vorstellen, über welche Fähigkeiten Kleinkinder verfügen, wenn nachweislich die ausgewachsenen Menschen nur mit minimalen geistigen Fähigkeiten ausgestattet sind.

Nicht einmal Schwachsinn war ein Grund, jemanden nicht zum König auszurufen. Wenn diese bedauerliche Eigenschaft aus erblichen Gründen in einer Familie Dauergast war, kam ein schwachsinniger König auch gar nicht selten vor. Ein Abgehen von dieser Familienregel erfolgte praktisch nur durch Mord, Totschlag oder Krieg.

Trotz solcher Auswüchse waren und sind nicht wenige Menschen glühende Verfechter dieser in ihren Augen idealen Staatsform, der Monarchie - ein weiterer Beweis ihres armseligen Denkvermögens.

Eine Sonderform von Königen sind sogenannte Diktatoren. Sie kommen meist gewaltsam an die Macht, in einzelnen Fällen werden sie auch gewählt. Die Machtfülle ist meist größer als bei Königen, oft wird diese Macht mittels der Polizei aufrecht erhalten. Wie Könige wollen auch Diktatoren ihre Nachfolge regeln, meist ebenfalls für einen Sohn. Da aber Diktatoren durchwegs Menschen sind, die anderen ihren Willen aufzwingen, ihnen ihren eigenen Charakter nehmen, erweisen sich meist die Söhne als unfähig, die Nachfolge anzutreten.

Weil auch die Untertanen eines Diktators in ihrer Mehrzahl felsenfest davon überzeugt sind, es handle sich um die bestmögliche Regierungsform, wird einem Diktator die Treue bis in den Tod gehalten, auch wenn er geistig und körperlich verfällt. Insbesondere jene, die durch ihn begünstigt leben, gehen mit ihm bis in den Untergang.

Eine Ablöse eines Diktators erfolgt fast nie friedlich oder gar demokratisch. Meist geht ein kriegerisches Ereignis voraus oder Mord und Totschlag. Auch in diesem Detail lehnt sich die Regierungsform der Diktatur eng an die Monarchie an.

Wie einfach erfolgt dagegen der Wechsel des Leittieres einer Herde, und immer führt der stärkste und klügste die anderen an, eine Staatsform, die der Mensch den Eseln überläßt.

Eine weitere Form von Staatenbildung stellt die Demokratie dar, also die sogenannte Volksherrschaft. Im Grunde handelt es sich dabei um keine wirklich neue Form, sondern mehr um eine Scheinform. Manchmal scheint es sogar, daß die Menschen diese Bezeichnung nur als Decknamen benutzen. In Einzelfällen konnten dafür eindeutige Beweise gefunden werden. Im Detail kann man die Demokratie-Häuptlingsform, die Demokratie-Königsform und die Demokratie-Diktatorform nachweisen.

Die Demokratie-Häuptlingsform, die vorwiegend in Afrika anzutreffen ist, unterscheidet sich nur geringfügig von der normalen Häuptlings-Stammesform. Der ehemalige Häuptling nennt sich Präsident, wird zum Schein stets wiedergewählt, entstammt immer dem mächtigsten Stamm und dort der einflußreichsten Familie. In manchen Demokratie-Häuptlingsformen verzichten die Menschen sogar auf diese geringen formalen Unterschiede und wählen den Demokratiehäuptling gleich auf Lebenszeit, offensichtlich eine der wenigen Ansätze zur Intelligenz, da eine Wahl, deren Ausgang schon vorher feststeht, durchaus als Zeitverschwendung anzusehen ist.

In der Demokratie-Königsform wird zusätzlich noch die Regel eingehalten, daß stets ein Sohn des verstorbenen Demokratiekönigs gewählt wird. Bei dieser Staatsform, die meist in den unterentwickelten Ländern anzutreffen ist, stellt es ebenfalls kein Hindernis dar, wenn der Demokratiekönig eine Menge schlechter Eigenschaften aufweist oder sogar schwachsinnig ist. Somit ist also kein Unterschied zur normalen Königsform feststellbar.

In einer Sonderform der Demokratiekönige wählt nicht der König seine direkten Regierungsdiener aus, sondern das Volk. Die Mitglieder des Königshauses haben somit weniger Regierungsarbeit zu leisten, sie beschränken sich auf

Repräsentationen, Skandale und Familienintrigen, geben dem Staatsvolk ein Vorbild als Playboys, Ehebrecher und Geldverschwender.

Die Form des Demokratiediktators zeichnet sich durch fallweise durchgeführte Wahlen aus, die meist mit 99 Prozent für den Diktator ausgehen. Dies erfolgt durch eine verstärkte Glorifizierung des Führers oder Zwang, Wahlbetrug und Schwindel. Solche Staaten bezeichnen sich als sogenannte Volksdemokratien, also als Volksvolksherrschaften. Nachdem große Teile des Volkes die Genialität dieser Staatsform nicht erkannten und an Ausreise dachten, wurden diese Staaten mit Zäunen umgeben, verstärkt mit Minenfeldern und Schußapparaten. Wer dennoch versuchte, auszureisen, wurde von eigenen Wachmannschaften erschossen.

Daß die Form der Demokratie meist nur ein Deckname ist, beruht durchaus nicht darauf, daß der Mensch die Ideale dieser Staatsform nicht kennt. Dem Menschen ist bis ins Detail bekannt, daß ein gut funktionierendes Parlament eine vorzügliche Einrichtung darstellt, in der eine größere Anzahl der besten Köpfe einer Nation diskutiert, neue Gesetze nach allen Richtungen ausleuchtet und in eine Form bringt, die man als fehlerfrei bezeichnen kann.

In der Praxis ist dies alles anders. Nicht die besten Köpfe einer Nation sind im Parlament vertreten, sondern zu einem hohen Anteil äußerst durchschnittliche Geister. Es ist meist dafür gesorgt, daß verschiedene Gruppen im Parlament vertreten sind, wie zum Beispiel Bauern, Gewerkschafter, Unternehmer, verschiedene Nationalitäten und Religionen. Dabei scheint es, daß die Zugehörigkeit zu einer dieser Gruppen weitaus wichtiger genommen wird, als die Tatsache, ob es sich um einen hellen Kopf handelt oder nicht. Eine Interessensgruppe würde niemals auf einen eigenen Vertreter verzichten, etwa gar mit der Begründung, ein anderer sei klüger, der eigene dümmer, auch wenn dies nachweislich der Fall ist.

Ein weiteres Hemmnis ist die Auswahl der Parlamentarier und Politiker innerhalb dieser Gruppen. Meist ist eine sogenannte Ochsentour erforderlich, um nach beharrlicher Kleinarbeit endlich so weit zu gelangen, ein Mandat in einem Parlament zu bekleiden. Und bei einer Ochsentour bleiben, wie der Name schon sagt, meist Ochsen über. Viele begabte Menschen finden es klüger, sich in anderen Gebieten zu betätigen, Gebiete, in denen es nicht darauf ankommt, mit breitem Hintern bei unzähligen Versammlungen affengeduldig endlos auszuharren.

Während einer solchen Tour hat der angehende Politiker ständig den Blick im Rückspiegel, ob ihn nur ja niemand überholt und vielleicht früher im Parlament ist als er selbst. Ein probates Gegenmittel ist auch, sich ausschließlich mit Dummköpfen zu umgeben, von denen sicher keiner in der Lage ist zu überholen. Nach nicht vorhersehbaren Ereignissen treten diese Stellvertreter doch an die Stelle ihres Meisters, wodurch als Auswahlkriterium somit indirekt ihre Unfähigkeit gilt.

Kommt dann nach diesen herrlich funktionierenden Auswahlprinzipien ein auserlesener Politiker endlich ins Parlament, so erfährt er, was Klubzwang bedeutet: In den einzelnen Abgeordnetenklubs, die nach Parteien geordnet sind, wird von einigen wenigen Oberpolitikern erklärt, was gut ist und was nicht. An diese Erklärung haben sich dann alle zu halten.

Diese Klubsitzungen sind natürlich nicht öffentlich. In der öffentlichen Parlamentssitzung wird dann zum Schein diskutiert. Kein Abgeordneter geht dabei auf Argumente der anderen Parteien (Klubs) wirklich ein, sondern beschränkt sich darauf zu erklären, warum die eigene Ansicht richtig ist und die der anderen falsch.

Oft werden dabei auch wilde Emotionen laut. Beleidigungen, Schreiduelle und Sitzungsunterbrechungen mit Auszug eines Teiles der Abgeordneten sind nicht selten. Skurrilerweise ist allen von Anfang an klar, wie die Abstimmung ausgehen wird: Die Meinung der größten Partei oder Parteigruppierung setzt sich durch. Dennoch wird, ohne jede Hoffnung auf Erfolg, endlos diskutiert.

Und obwohl jeder weiß, daß dies alles an der vorgefaßten Meinung der Mehrheit nichts ändert, wird dieses leere Ritual stets neu wiederholt. Sollte ein einzelner Abgeordneter tatsächlich den Fehler machen, und selbständig denken, so ist dies nur erlaubt, wenn er zum gleichen Ergebnis kommt wie sein Klub-Vordenker.

Kommt er zu einem anderen Ergebnis, wäre es ein weiterer Fehler, dies auch zu artikulieren oder gar in seinem Abstimmungsverhalten zu zeigen. Er wird in den meisten Fällen zum Rücktritt gezwungen, im günstigsten Fall darf er als sogenannter "wilder Abgeordneter" bis zur nächsten Wahl ausdienen und verschwindet dann sang- und klanglos in die Vergessenheit.

Falls einzelne Politiker am Anfang ihrer Laufbahn noch Visionen besitzen, so verlieren sie diese im Laufe ihres Werdeganges, der schon erwähnten Ochsentour. Wenn sie endlich in die Lage kommen, dem Volk Visionen vorzugeben, haben sie keine mehr. Sie sind keine Vorausdenker mehr, sondern Hinterherdenker. Sie versuchen nur noch herauszubekommen, was das Volk gerade im Moment will oder was zumindest jener Teil des Volkes will, aus dem sie ihre Wähler rekrutieren. Dabei ist es ihnen durchaus bewußt, daß der gerade gültige "Volkswille" von Zeitungsmeinungen, Modetrends und sonstigen kurzlebigen Erscheinungen gesteuert wird.

Um nun den Willen des Volkes zu ergründen, werden keine Mittel gescheut. Ganze Heerscharen von Mitarbeitern bestimmter Institute sind damit beschäftigt, möglichst vielen Bürgern eine Unzahl von Fragen zu stellen. Die auf diese Art gefundene Volksmeinung macht der Politiker zu der seinen. Er vertritt sie, selbst wenn er eine andere hätte. Wichtig ist nur, bei den nächsten Wahlen gewählt zu werden.

Dieses Sich-Aneignen der Ansichten der Mehrheit erweist sich als besonders fatal, wenn den Meinungsforschern Fehler unterlaufen.

Dann kann es sein, daß ein Politiker die vermeintliche Meinung des Volkes entgegen seiner eigenen aufnimmt und dann später feststellt, daß er mit dieser neuen Haltung ganz allein dasteht. Sein Wahlvolk verläßt ihn. Meist reagiert solch ein Politiker mit häufig geübtem und daher virtuos beherrschtem totalen Meinungswechsel und versichert blauäugig, daß im Innersten schon immer die letztgültige Sichtweise seine ganz persönliche war. Kurioser Weise kann das dann durchaus einer der wenigen Fälle sein, in denen er die volle Wahrheit spricht.

In diesen Scheindemokratien gibt es, mit wenigen Ausnahmen, stets regelmäßige Wahlen. Aber auch diese Wahlen sind Scheinwahlen. In den sehr seltenen Fällen von Demokratien, in denen wirklich frei gewählt wird, scheinen die Menschen den Sinn der Wahlen nicht zu verstehen, denn sie führen nach vollkommen unsinnigen Gesichtspunkten eine regelrechte Scheinwahl durch.

Es wird praktisch nie versucht, vorurteilsfrei den Besten zu suchen. Entweder ist je nach Familie festgelegt, wer gewählt wird, oder je nach Stand: Arbeiter wählen die Arbeiterpartei, Bauern die Bauernpartei, Unternehmer die Unternehmerpartei. Dieses Wahlverhalten wird unverändert beibehalten, selbst dann, wenn der einzelne erkennt, daß in der anderen, der „Gegenpartei", manchmal die besseren Köpfe sitzen. Dies gilt sogar auch dann, wenn er lauthals erklärt, mit „seinen" Politikern vollkommen unzufrieden zu sein.

Die Politiker sind über diese Mechanismen bestens informiert und handeln auch danach. Sie verzichten meist völlig darauf, durch neue Ideen oder brillante Neuerungen die Wählergunst zu gewinnen. Sie dreschen die altbekannten hohlen Phrasen, die vom Parteivolk mit Gejohle aufgenommen werden. Dabei verteilen sie Kugelschreiber, Zündhölzer und sonstigen Krimskrams mit dem Abbild der Parteiführer. Da das Wahlverhalten nachweislich von anderen Kriterien abhängig ist, kann folgerichtig eine sinnvolle Wahlwerbung entfallen, eine der wenigen an Intelligenz grenzenden Schlußfolgerungen zur Rationalisierung der eingesetzten Energien.

Da in Scheindemokratien nur Scheinwahlen durchgeführt werden, wurde über lange Zeiträume hinweg auf die Hälfte der Bevölkerung verzichtet. Sehr lange durften nur männliche Menschen wählen. Das ergab in manchen Staaten oft nicht einmal die Hälfte der Einwohner, da nicht selten die Frauen in der Mehrheit sind. Dies gilt nicht nur für die Anfangszeit der Demokratien bei den Griechen vor Jahrtausenden, sondern bis in die jüngste Zeit, wobei durchaus keine Einschränkung auf Staaten feststellbar ist, in denen die Frauen als Untermenschen gelten. Selbst in der Schweiz dürfen Frauen erst seit 1970 wählen, und dies nur in Teilen des Landes. In einigen Kantonen wurde erst Ende der achtziger Jahre das Frauenwahlrecht eingeführt und da nur das aktive, das passive Wahlrecht folgte erst 1996!

Wenn sich unnötige Staatenbildungen schon nicht vermeiden lassen, so sollte doch untersucht werden, wovon es abhängt, welche Staatsform zur Anwendung gelangt. Eine restlose Aufklärung ist nicht gelungen, jedoch scheint ein Zusammenhang mit dem Winkel der Sonneneinstrahlung auf das betreffende Land zu bestehen.

Man kann davon ausgehen, daß in den sogenannten gemäßigten Breiten stets die etwas höheren Staatsformen ausgebildet wurden. So findet man in Nordamerika höhere Formen als in Südamerika, ebenso in Europa im Vergleich mit Afrika.

Auf jenen Breiten der Südhalbkugel, wo derselbe Sonneneinstrahlungswinkel wie in den politisch gemäßigten nördlichen Ländern vorliegt, sind wieder höhere Formen anzutreffen, wie Australien, Neuseeland oder Südafrika zeigen. Selbst innerhalb der Erdteile ist dieses Gefälle feststellbar: Schweden und Norweger haben ein höheres Demokratieverständnis als Sizilianer, Griechen und Türken.

Versuche von Angehörigen der gemäßigten Zonen, die höhere Staatsform in andere Breiten zu verpflanzen, scheiterten regelmäßig. In den Kolonialreichen der Europäer wurde oft versucht, als Nachfolge eine demokratische Verfassung zu installieren. Die nicht erforschte und somit unbekannte Wirkung des Sonneneinstrahlungswinkels erwies sich stets als stärker, prompt folgte ein Rückfall in die alten Strukturen. Ein Idi Amin regierte als blutrünstiger Häuptlingsdiktator, ein Bokassa gebärdete sich als kannibalischer Kaiserdemokrat, in vielen arabischen Staaten herrschen Demokratiescheichs, umgeben von Reichtum wie in "Tausend-und-einer-Nacht".

Wie eingangs erwähnt, ist das Bilden von Staaten vollkommen unnütz, die Menschen bilden sich eine Menge darauf ein und erkennen nicht einmal, daß die hohen Anforderungen, die sie selbst stellen, nicht annähernd erreicht werden. Die Menschen sind einerseits von ihrer Staatsform stets begeistert andererseits entwickeln sie ständig neue Varianten, denen nur gemeinsam ist, daß ein wirklich intelligentes Wesen sie nicht versteht.

Anscheinend ist der Mensch viel zu dumm, um den tieferen Sinn einer Eselherde zu erkennen.

LANGSAMER SELBSTMORD

Jeder Esel hat schon miterlebt, in welch normalem Zustand ein Mensch sein Tragtier vor einem Gasthaus anbindet und wie völlig abnormal er wieder herauskommt, nicht selten so hilflos, daß er ohne den Orientierungssinn des Esels nicht mehr nach Hause finden kann. Die dümmsten Tiere wissen häufiger, was ihnen gut tut und was nicht. Das Fehlen dieses Wissens bestärkt den Forscher in der Verwunderung über die mächtige Stellung des Menschen auf dieser Erde. Gerade deshalb ist diese Eigenart, oder besser: Unart des Menschen wert, näher beschrieben zu werden.

Jedes Lebewesen ist in irgendeiner Form von Giften bedroht. Der Umgang mit diesen Giften und der Schutz vor ihnen ist ein deutlicher Indikator für Intelligenz. Allein der Grund, warum Menschen Rauschgifte zu sich nehmen, ist für einen normalen Esel nicht verständlich. Im wesentlichen handelt es sich dabei um einen schwer nachvollziehbaren Genuß, der angeblich bei oder nach der Einnahme auftritt.

Bei manchen dieser Gifte tritt meßbar eine Veränderung im Stimmungszustand des Menschen ein. Dieser Zustand steigert sich oft bis in ein völlig untypisches Verhalten, gekennzeichnet durch den Verlust vieler elementarer Fähigkeiten. Der Gleichgewichtssinn ist schwer gestört, die Sprechfähigkeit sinkt bis auf ein postnatales Lallstadium, die Reaktionsfähigkeit scheint völlig zu degenerieren, die Sehkraft wird von Trugbildern, weißen Mäusen und Doppelkonturen bis zur Unfähigkeit beeinträchtigt.

Trotz dieser eindeutig negativen Beeinflussung wird von den Betroffenen hartnäckig die Existenz eines Genusses beteuert. Über längere Zeit eingenommen, verursachen diese Gifte eine starke Abhängigkeit, die der Mensch nicht mehr steuern oder gar loswerden kann.

Es gibt die vielfältigsten Arten dieser Gifte. Teils wird giftiger Rauch eingeatmet, meist eher dezent durch Abbrennen kleiner mit Kräutern gefüllter Papierröllchen, bei manchen Naturvölkern durch heftiges Einatmen des Rauches von brennenden Pflanzen bis zur Bewußtlosigkeit.

In vielen Fällen befindet sich das Gift in Flüssigkeiten. Auch hier existieren dezente Formen der Einnahme, wie zum Beispiel geringe Mengen in wertvollen Gläsern, aber auch primitivere Formen, bei denen die giftige Flüssigkeit aus Krügen, flaschenweise oder sogar aus billigen Kartonpackungen eingenommen wird. Tapfere und trainierte Menschen nehmen täglich ihre Ration zu sich, schwächliche Typen benötigen zwischendurch einige Tage der Erholung, in denen sie einen großen Bogen um die erwähnten flüssigen Gifte machen.

Entsprechend der menschlichen Eigenheit, bei den größten Unsinnigkeiten den größten Erfindergeist zu entwickeln, erfand er auch das Gift in Pulverform. Von allerlei Pflanzen wird auf oft komplizierte Weise ein Wirkstoff in Form von Pulver, Saft oder Paste gewonnen, das den anderen Giften weit überlegen ist. Die offensichtlich erwünschten Rauschzustände mit den darauffolgenden Schädigungen und Abhängigkeiten treten mit diesem Giftmittel schneller und zuverlässiger ein. Die den Schädigungen folgende vollkommene Zerstörung mit anschließendem Tod ist damit auch mit größerer Sicherheit zu erreichen.

Diese Stoffe werden als Rauschgifte bezeichnet. Dieser Fachausdruck ist jedoch irreführend, da gerade der Rauschzustand durch viele andere Mittel ebenfalls verursacht wird. Zur allgemeinen Verwirrung nennt der Mensch das absolut häufigste Rauschgift anders, nämlich Alkohol.

Ein weiteres Rauschgift haben die Menschen in bestimmten Blättern entdeckt, die sie solange kauen, bis die erwünschten Zustände auftreten: Berauschung, Realitäts- und Persönlichkeitsverlust. Bei genügend langer Einnahme folgen dann schwere Schädigungen, Abhängigkeit, Selbstaufgabe und früher Tod. Würde es sich nicht um Gifte und Selbstzerstörung handeln, die Zielgerichtetheit und der Erfindergeist des Menschen auf diesem Gebiet müßten geradezu als intelligent bezeichnet werden.

Allen angeführten Arten von Giften sind die erwähnten Zustände gemeinsam. Der Gebrauch ist in den verschiedenen Völkern und Menschengruppen unterschiedlich. In manchen Völkern werden die Gifte gesellschaftlich geächtet, die Anzahl der Süchtigen ist dementsprechend klein. Es existieren alle Mengenverhältnisse von Süchtigen und Nichtsüchtigen bis zu dem Zustand, daß fast ein ganzes Volk bzw. Volksgruppe voll dem Giftgenuß verfallen ist, wie manche Restbestände der Indianer Nordamerikas.

In den sogenannten zivilisierten Völkern ist der Genuß von Alkohol und Nikotin weit verbreitet, wobei in höheren sozialen Schichten mehr die Einzelkämpfer, in niederen flächendeckend fast alle hart und emsig an der Selbstzerstörung arbeiten.

Interessanterweise hat der Mensch von Natur aus eine angeborene Abwehr gegen diese Gifte. Natürliche Reaktionen wehren sich gegen den „Genuß" jeder Art von Gift. Schnaps wird als unangenehm scharf empfunden, Rauch verursacht Husten und tränende Augen, selbst Wein und Bier schmecken beim anfänglichen Trinken niemandem. Diese natürlichen Abwehrreaktionen bekämpft der Mensch verbissen und erfolgreich. Durch stets wiederholtes Üben gelingt es ihm, sich an das Unangenehme zu gewöhnen, die Abwehrmechanismen zu überwinden. Der dabei entwickelte Fleiß könnte beinahe als ein Ansatz zur Entwicklung von Intelligenz gewertet werden.

Sehr oft erfolgt diese harte Gewöhnungskur zwecks gegenseitiger Unterstützung in Horden, es gibt aber auch äußerst tüchtige Einzelkämpfer. Beim Üben in der Gruppe genießt der am meisten

Ansehen, der möglichst viel des Giftes zu sich nimmt. Wer zögert, wird mit Verachtung bestraft. Diese gegenseitige gruppendynamische Hilfe ist der schnellste Weg, zu Abhängigkeit und Selbstzerstörung zu gelangen.

Oft sind diese Trainingsaktionen von übermäßigem Fressen begleitet, wodurch beim darauffolgenden Erbrechen wesentlich größere Mengen zu Tage gefördert werden. Es gab Zeiten, in denen die Menschen mit Federkielen den Gaumen kitzelten, um das Erbrechen vorzeitig herbeizuführen. Danach konnte das unmäßige Saufen und Fressen fortgesetzt werden. Es gibt geschichtlich gesicherte Angaben über solche Trainingsaktionen, die mehrere Tage anhielten. Die Tatsache, daß der Mensch manche dieser harten Übungskurse in Inschriften vor Jahrhunderten festhielt, zeigt, daß sie schon damals auf diese Leistungen stolz waren. Es ist auch heute noch bei den Menschen üblich, über ein tapfer durchgestandenes Trinkgelage stolzer zu sein als über so manche andere Leistung.

Nach erfolgreicher Einnahme des Giftes scheint der Mensch kurzfristig in einen fröhlichen Zustand versetzt zu sein. Gelächter ohne Ursache, dümmliches Dauergrinsen und fatale Selbstzufriedenheit stellen sich ein. In einigen Fällen tritt erhöhte Aggressivität auf, wobei ein Glückszustand des Betroffenen in diesen Fällen sich eben anders artikuliert beziehungsweise zweifelhaft erscheint.

Nach dieser relativ kurzen Zeitspanne wandelt sich der Zustand des Genießenden sehr stark. Es tritt in den meisten Fällen extreme Müdigkeit auf und der betreffende sinkt in tiefen Schlaf. Anschließend daran, oft auch schon davor, kommt es zu Übelkeit, Erbrechen und Kopfschmerzen, zusammenfassend als Katerstimmung bezeichnet.

In manchen Fällen ist eine Steigerung bis zur Bewußtlosigkeit möglich oder, bei zu schneller Einnahme großer Mengen, zeigen sich so starke Vergiftungserscheinungen, daß nicht selten der plötzliche Tod eintritt. Diese Menschen haben durch einen

Geniestreich das Endziel, den gewaltsam herbeigeführten Tod, frühzeitig erreicht und ersparen sich eine mühevolle, oft sich über Jahrzehnte erstreckende Arbeit. Insofern kann diese Minderheit als der Intelligenz schon nähergerückt betrachtet werden.

Jene Individuen, denen dieser Geniestreich versagt ist, die hart an sich weiterarbeiten und fleißig trainieren, die gelangen dann zu auffälligen körperlichen Schädigungen. Ständige Kurzatmigkeit, sich schleichend einstellende Dummheit, verstärkte Anfälligkeit für Krankheiten, das veränderte Aussehen eines Säufers, ein fulminanter Bierbauch, eine aufgedunsene Nase und viele weitere Merkmale sind mit einigem Fleiß verläßlich erreichbar.

Insgesamt ist das Zeitverhältnis der Dauer der Glückszustände zur Wirkungsdauer der Schädigungen mit etwa eins zu hundert anzunehmen, genauere Messungen konnten nicht durchgeführt werden. Eifrig und hartnäckig geht es dem sicheren frühen Tod entgegen, auf dem Weg dorthin sind Amputationen einzelner Körperteile, Lungenkrebs, Lähmungen und Volldebilität häufig anzutreffen. Der damit verbundene Persönlichkeitsverlust ist oft so vollständig, daß fast alle menschlichen Fähigkeiten verlorengehen.

In höher entwickelten Gesellschaften wird die Technik, sich durch Rauschmittel rasch zu töten, von der Mehrheit der Menschen nicht gebilligt. Insbesondere gilt dies, wenn mit billigen Alkoholersatzmitteln der schnelle Tod gleich sippenweise eintritt bzw. extrem starke Rauschgifte verwendet werden.

Es ist offenbar ein ungeschriebenes Gesetz, daß Achtung nur der genießt, der in mühevollem, über viele Jahre andauerndem, ehrlichen Bemühen seine Schädigungen langsam erarbeitet.

Aufgrund der Abhängigkeit ist es den Menschen, die aus diesem Prozeß aussteigen wollen, fast unmöglich, mit der weiteren Gifteinnahme aufzuhören. In speziellen Kliniken und Selbsthilfegruppen wird dies zwar versucht, die Erfolgsrate ist jedoch sehr gering. In Anbetracht der weiten Verbreitung des eifrigen Gifteinnahmetrainings ist diese Aussteigerrate zahlenmäßig so klein, daß sie vernachlässigt werden kann. In manchen Ländern ist man sich dieser Hoffnungslosigkeit sogar bewußt und verabreicht Pulvergift gratis von staatlichen Organisationen an die Süchtigen, bloß um die mit dem Suchtgifthandel verbundene Kriminalität einzuschränken.

Von total fehlender Intelligenz zeugt auch die Zerrissenheit der Menschen auf diesem näher untersuchten Gebiet. Die Menschen arbeiten in zwei vollkommen getrennte Zielrichtungen. Ein Teil der Menschen sucht ständig nach neuen Arten von Giften. Alles wird abgetestet, um herauszufinden, ob die gewünschten Stadien der Gifteinnahme, Rauschzustand, Abhängigkeit, Schädigung und Selbstzerstörung verläßlich erreichbar sind. Im Zuge dieser Suche kommen stets neue Präparate von Giften in Umlauf und in Ermangelung anderer Möglichkeiten werden sogar Lackdämpfe eingeatmet.

Die andere Gruppe von Menschen sucht in der vollkommen gegenteiligen Richtung. Sie erforschen alle schlechten Auswirkungen der Gifte, suchen Heilmittel dagegen und entwickeln Methoden, den „Genuß" der Gifte wirksam einzudämmen.

In beiden Fällen gelangt der Mensch durchaus zu Erkenntnissen. Jene Menschen, die sich der Suche nach Verbesserung der Gifterzeugung und Verbreitung widmen, haben es zu umfangreichem Wissen gebracht. In manchen Gegenden leben ganze Bevölkerungsteile von der Alkoholerzeugung. Fast jedes Haus besitzt dort Weingärten, Weinpressen, Weinkeller und geeignete Räumlichkeiten für Trainingssitzungen zwecks Gifteinnahme.

In speziellen Schulen, manche von ihnen nehmen sogar den Rang von Universitäten ein, geben sie das erlangte Wissen an lernbegierige Studenten weiter. Am Namen dieser Schulen ist nicht sofort erkennbar, daß die fachgerechte und rationelle Technik der Gifterzeugung gelehrt wird, zum Beispiel bei der Hochschule für Bodenkultur oder für Gärungstechnik.

Es ist genau bekannt und berechnet, welch großer Schaden der menschlichen Gesellschaft allgemein durch die Gifte erwächst.

Daher wird auch von staatlicher Seite versucht, einen Kampf gegen die weitverbreitete Gifteinnahme zu führen. Es handelt sich jedoch nur um einen Pseudokampf, der lau und halbherzig geführt wird. Zigarettenrauchende und alkoholtrinkende Politiker beschließen Gesetze, die von Anfang an unwirksam sind oder kontraproduktiv wirken.

In den meisten Fällen sind nur jene Gifte verboten, die nicht von der großen Mehrheit eingenommen werden, somit auch nicht von Politikern. Dadurch sind oft nur bestimmte Rauschgifte verboten, Alkohol und Nikotin aber erlaubt. Der Handel mit verbotenen Giften wird bestraft, was bewirkt, daß die Preise ins Unermeßliche steigen und als Folge ein blühendes Geschäft hervorgerufen wird, verbunden mit starker Kriminalität. Die Politiker, als Genießer der erlaubten Gifte, können dann ihre Tüchtigkeit nicht nur in der Bekämpfung der verbotenen Gifte sondern auch der dabei entstandenen Kriminalität zeigen.

Vermutlich auch aus diesem Grunde ist nicht nur der Handel mit den erlaubten Giften gestattet, es darf dafür sogar kräftig geworben werden. Ein Beweis des Pseudokampfes gegen die Gifte manifestiert sich zum Beispiel darin, daß auf einem 10 Quadratmeter großen Werbeplakat für Zigaretten ganz unten in kleiner Schrift aufgedruckt werden muß, daß Rauchen möglicherweise die Gesundheit gefährden „kann". Die Absurdität von beiderlei Werbung auf ein und demselben Plakat, dafür und dagegen, scheinen die Menschen nicht zu erkennen, ist aber im Zusammenhang mit ihren schwachen geistigen Fähigkeiten durchaus verständlich.

Das gegenteilige Werbeplakat, ein Zigaretten rauchendes Totengeripppe mit der Aufschrift „Rauchen macht schlank" ist zwar eindeutig in der Aussage, jedoch so selten, daß es zu den wirkungslosen Alibihandlungen des Menschen zu zählen ist.

Versuche, per Gesetz zum Beispiel den Alkohol zu verbieten, zeigten die lächerlichsten Ergebnisse. In der Zeit der Prohibition in den USA erreichte die Kriminalität ihre höchste Blüte mit

Spitzenleistungen, die noch viele Jahre später in den diversen Filmen und Büchern gewürdigt werden. Der Alkoholkonsum konnte nicht wirksam eingedämmt werden. Es wurde lediglich, wie derzeit in Indien, vermehrt auf geheim gebrannte Schnäpse umgestellt, die in ihrer giftigen Wirkung wahre Wunder vollbrachten und nicht selten alle Teilnehmer an einer Sauforgie dahinrafften. Das Alkoholverbot ist längst abgeschafft, alles säuft wieder fröhlich dahin und die während der Verbotszeit aufgeblühten Verbrechersyndikate gedeihen prächtig weiter, indem sie sich mit den derzeit verbotenen Rauschgiften befassen.

In dem dieser Forschungsarbeit zugrundeliegenden Beobachtungszeitraum war feststellbar, daß der Konsum allgemein zunimmt und die Stärke der verwendeten Gifte ständig steigt, insbesondere trifft dies für den „Genuß" von Rauschgiften zu. Ganze Landesteile bestimmter Staaten leben davon, verbotene Rauschgifte anzubauen, Verbrechersyndikate besorgen den Handel, die illegale Einfuhr in zahlungskräftige Länder und eine flächendeckende Verteilung an die Süchtigen. Ein anderer Teil der Menschen versucht, die Anbaugebiete zu zerstören und die Bauern, Händler und Schmuggler zu erwischen, zu bestrafen oder sogar umzubringen.

Somit ist nicht nur bewiesen, daß dieser völlig absurde Umgang mit Giften ohne jede Intelligenz erfolgt, sondern auch, daß sich der Mensch stets weiter von einer intelligenten Handhabung entfernt. Wie kann ein derartiges Lebewesen mit all den beschriebenen Mängeln hochmütig auf uns Esel herabschauen?

BEWEGUNG OHNE ZIEL UND ZWECK

Da die Menschen mit ihrer Vormachtstellung nichts anzufangen wissen, schlagen sie ihre Langeweile mit sinnlosen Bewegungsritualen tot. Diese Form von völlig zwecklosen Bewegungen nennen sie Sport und bilden sich ein, daß es sich um eine sehr wichtige Art von Körperertüchtigung handelt. Im Grunde genommen paßt dies zur allgemeinen Geistesarmut der Menschen und wurde als weiterer Beweis der fehlenden Intelligenz näher erforscht.

Anstatt durch sinnvolle Bewegungsabläufe und vernünftige Nahrungsaufnahme seinen Körper in gesundem Zustand zu erhalten, bildet sich der Mensch ein, dies müsse durch Sport geschehen. Von diesen Bewegungen ohne Ziel und Zweck entwickelte er unvorstellbar viele Arten, wodurch es nicht möglich ist, auf alle näher einzugehen.

Obwohl es Anzeichen dafür gibt, daß einzelne Sportarten tatsächlich gesund wirken könnten, lassen die Art der Ausübung und die fast unglaublichen Begleiterscheinungen Zweifel aufkommen, ob der Mensch nicht doch ganz andere Ziele damit verfolgt, ob es sich nicht um eine Art religiösen Wahns handelt. Zumindest die selbstquälerische Komponente ist in beiden Bereichen zu finden, ebenso die bei manchen Menschen feststellbare totale Lebenswidmung an eine Idee, die den davon befallenen alles andere für unwichtig erscheinen läßt.

Eindeutig unterscheidbar sind Sportler, die als sogenannte Hobbysportler dem Ziel der Körperertüchtigung und Gesundheit zumindest etwas nahe kommen, und solche, die den Sport als Hauptzweck ihres Lebens erachten, den sogenannten Profis. Die letztere Art ist nicht nur von gesunder Körperertüchtigung meilenweit entfernt, diese Berufssportler kehren in den meisten Fällen die positiven Auswirkungen des Sports sogar ins Gegenteil.

Doch auch bei jenem Teil, der Sport noch teilweise als Mittel zur körperlichen und geistigen Gesundheitspflege ausübt, sind die sonderbarsten Formen festzustellen.

Eine der einfachsten Sportarten der Menschen ist es, sich mehr oder weniger normal im Gelände fortzubewegen. Je nach Art des Geländes spricht der Mensch vom Wandern, Bergsteigen oder Klettern. Dazu wurden in vielen Teilen der Landschaft, insbesondere in bergigen Gegenden, farbige Spuren gelegt, Farbstriche auf Steinen, Bäumen, Zäunen und Häusern. Entlang dieser Farbspuren marschieren nun die Menschen in Scharen.

In unregelmäßigen Abständen finden sich Häuser, die im Vergleich zum übrigen Standard als eher primitiv zu bezeichnen sind. In diesen speisen und nächtigen die Menschen, wobei normalerweise wichtige Dinge, wie gutes Essen, gepflegte Waschanlagen und Toiletten offensichtlich keine Rolle spielen. Auf überfüllten, langen Mattenlagern wird unbequem geschlafen, aufgrund der mangelhaften Körperpflege oft in nicht unbeträchtlichem Gestank.

Bei jenen Menschen, die zumindest teilweise von den farbigen Pfaden abweichen, scheint die totale Verwirrung einzutreten. Mit Seilen, Nägeln und Hämmern klettern diese über senkrechte Wände, wo sie oben meist wiederum bei einem gefärbten Pfad ankommen. Bei diesen wilden Pfadabweichungen geschehen die furchtbarsten Unfälle, wenn aneinandergebundene Menschen zugleich in die Tiefe stürzen oder einer mehrere andere mitreißt. Eine Körperertüchtigung ist dabei nur schwerlich zu erkennen.

Eine fast ebenso weitverbreitete Sportart wie das Wandern ist das sogenannte Fußballspielen. Für diese Sportart scheint der Mensch einen fast magischen Zuwendungszwang zu verspüren. Schon im zartesten Alter beginnt er, mit Blechdosen, Steinen und sonstigem Unrat zu üben. Dabei versucht er, mit dem Fuß das erwähnte Objekt möglichst weit von sich zu schießen oder einen „Gegner" auszutricksen. Im weiteren Verlauf übt er mit ballähnlichen Gebilden und später dann mit echten Bällen.

Ganze Mannschaften verschiedenster Größe, jedoch stets unter Einhaltung einer Obergrenze von elf Spielern pro Mannschaft, kämpfen gegeneinander. Die oberflächliche Feststellung, alle 22 Spieler liefen einem Ball nach, und wer ihn endlich erreicht, schießt ihn weg, kann nur zum Teil als richtig erachtet werden. Das eigentliche Ziel dürfte sein, den Ball in einen Käfig zu schießen, aus dem er jedoch nach wenigen Sekunden sofort wieder herausgeholt wird. Bei all diesem unverständlichen Treiben sind viele Regeln zu beachten, von denen ein normaler Esel weder die gesamte Anzahl noch deren Sinn lückenlos erforschen kann.

Im Zusammenhang mit Gewässern entwickelt der Mensch eine fast manische Betätigungswut. Sollte nicht Körperertüchtigung der tiefere Sinn sein, so ist hier am ehesten von einem religiös begründeten Gewässerkult die Rede. Im Sommer zieht der Mensch in unvorstellbaren Massen ans Wasser, wobei er sich unter Wasser als Taucher, im Wasser als Schwimmer und auf dem Wasser als Segler, Bootfahrer oder Surfer bewegt. Mit Motorbooten zischt er herum, teilweise hängt er sich an Schnüren an und gleitet auf Brettern oder gar auf Fallschirmen hinterher.

Auf eigens dafür errichtete Türme wird ununterbrochen hinaufgestiegen und hinunter gesprungen und viele gehen nur zum Gewässer, um sich stundenlang daneben hinzulegen. Dabei scheinen sie darauf Bedacht zu nehmen, daß auf jedem Körperteil gleich lange gelegen wird, entweder um sich nicht wund zu liegen oder ein Anrösten durch die Sonne zu vermeiden, was sehr oft nicht gelingt.

Im Winter warten die Menschen, bis eine Eisschicht das Gewässer überzieht. Dann startet eine neue Massenbewegung. Mit Eislaufschuhen wird wirr herumgefahren, Eissegler ziehen dazwischen ihre Spuren, Eisstöcke, das sind große, schwere Scheiben mit Stielen, werden entlang breiter Bahnen geschleudert. Insgesamt sind fast gleich große Massen auf dem Gewässer, nur das Liegen daneben und das Springen von den Türmen entfällt.

Das Schifahren hinter Motorbooten am Seil findet im Winter in anderer Form statt. Die Menschen warten, bis das Wasser in kristallisierter Form als weißer Schnee die Landschaft bedeckt. Dann geht es los. In einem irren, unaufhaltsamen Auf und Ab wird Schigefahren. Für den Aufstieg haben die Menschen viele technische Einrichtungen konstruiert: Bügel, die von Seilen gezogen werden, schwebende Sessel, einzeln oder bis zu vier nebeneinander, Kabinen auf Seilen, die vier, sechs oder gar bis zu 100 Personen fassen, aber auch ganze Züge, die auf Schienen den Berg hinauffahren. Wo diese Einrichtungen fehlen, fliegt der Mensch mit Hubschraubern auf die Berge, um dann hinunter zu rutschen.

Der körperertüchtigende Sinn des Schifahrens ist durchaus in Zweifel zu ziehen, zumal der sportliche Teil, das Hinaufgehen, nur von einer verschwindend kleinen Menge praktiziert wird. Fast ausschließlich bedient sich der Mensch der sportlich völlig wertlosen Aufstiegshilfen. Dem Einwand, es handle sich gar nicht um Sport, sondern um eine Sonderform von Verkehr, kann nicht gefolgt werden, da ein ununterbrochenes Auf und Ab ohne jedes Ziel kein sinnvoller Verkehr sein kann.

Eine spezielle Tätigkeit der Menschen kann überhaupt nicht eingeordnet werden, da sie keine eindeutigen Zuteilungsmerkmale zu einer bestimmten Tätigkeitsart aufweist. Die Menschen besteigen dabei hohe Brücken oder Kräne, binden sich ein Gummiseil um den Bauch oder Beine und springen in die Tiefe. Dann baumeln sie eine Weile herum und werden wieder losgebunden. Eine Art von Körperertüchtigung liegt nicht vor, denn die Belastung ist eher ruckartig und so kurzfristig, daß an Stelle eines Trainingseffektes eher erhöhte Verletzungsgefahr zu erwarten ist.

Der andere Teil der Menschen, der Sportausübung zum Beruf hat, kann am einfachsten, wenngleich wissenschaftlich nicht völlig exakt, dadurch unterschieden werden, daß sich bei der Ausübung immer wieder viele Zuschauer einfinden. Wobei dies nur dann zutrifft, wenn mehrere sogenannte „Sportler" zu sehen sind. Die meiste Zeit jedoch wird der Sport ohne Publikum mühselig und langwierigst geübt.

Das Phänomen der Zuschauer ist wissenschaftlich schwer einzuordnen. In den meisten Sportarten werden die wenigen Fans von den Anverwandten der agierenden Sportler gestellt. Als weitere Steigerung gibt es Anhängerscharen, die sich dorf- oder bezirksweise rekrutieren. Wenn Mannschaften verschiedener Städte aufeinandertreffen, steigern sich die Zuschauermassen beträchtlich, und dies ist noch mehr der Fall, wenn Ländermannschaften gegeneinander antreten.

In einem unerklärlichen Rhythmus von vier Jahren scheint die Menschen regelmäßig ein riesiges, weit über das normale Ausmaß hinausgehendes Sportinteresse zu befallen. Dabei treffen sich die Sportler aller Länder zu gemeinsamen Wettkämpfen und praktisch die ganze Welt sieht zu. Menschen, die sich normalerweise wenig mit Sport befassen, betrachten wie gebannt Wettkämpfe, von denen sie nicht einmal die Regeln beherrschen. Bei diesen Sportkämpfen erhalten die Sieger keine Pokale sondern kleine Metallplättchen an Bändern um den Hals gehängt und es wird genau registriert, welches Land die meisten Plättchen gewonnen hat. Nach den mehrwöchigen Spielen verlieren die meisten Menschen dann wieder ihr Sportinteresse und es sind die üblichen Publikumsmengen zu verzeichnen.

Die Zuschauer, die von sehr wenig bis zu unvorstellbaren Massen von mehreren Hunderttausenden reichen, benehmen sich völlig unterschiedlich. Bei manchen Sportarten scheinen sie oft niemand bestimmten zu favorisieren, klatschen höflich und geben nur ab und zu Laute von sich, als Beispiele seien hier Tennis, Golf und Reiten erwähnt. Meist jedoch johlen und schreien die Fans und feuern einen bestimmten Sportler oder eine Mannschaft an. Dabei wird nicht selten randaliert, gebrüllt, geschlagen und getötet.

Hier gilt als Beispiel das Fußballspiel. Da werden schon vorsorglich manche Fangruppen in eigene Käfige gesperrt, dort brüllen sie im Takt bestimmter Vorschreier, schießen Raketen ab oder nebeln sich in Rauchbomben ein.

Ist die eigene Mannschaft im Vormarsch oder schießt den Ball in den schon erwähnten Käfig, so steigert sich der Wahn ins Unermeßliche. Längere Zeit scheint es, daß gar keine Beruhigung mehr eintreten kann. Die Fans der anderen Mannschaft verharren in Stille und Verzweiflung, bis der umgekehrte Fall eintritt. Dann wiederholt sich die Szene spiegelgleich, nur die Menschengruppen vertauschen die Rollen.

Wenn die beiden Fanclubs einander zu nahe kommen, so kommt es regelmäßig zu Handgreiflichkeiten. Entfällt der Kontakt mit den „Gegnern", so werden, sozusagen als Ersatzhandlung, ganze Straßenbahnen, Busse und U-Bahnzüge zerstört. Für das Ausleben dieser Sportbegeisterung zeigen sich die Akteure meist gut gerüstet. Mit Schlagringen, Stöcken, Ketten und allen möglichen Waffen pilgern sie in die Stadien, um dort so richtig die Sportler anzufeuern und die Fans der Gegner einzuschüchtern. Die ärgsten bekannten Fälle führten zu vielen Toten, ja sogar der Krieg zweier Staaten mit mehreren tausend Toten hatte seinen Ursprung in einem Fußballspiel!

Ähnlich blutig, jedoch meist beschränkt auf die Akteure, geht es beim Boxen zu. Das Ziel ist offensichtlich, den Gegner so lange zu schlagen, bis er zusammenbricht. Erfahrungsgemäß ist dies durch Schläge auf den Kopf schneller zu erreichen als durch Körpertreffer. Aus nicht ganz erforschten Gründen tanzt in den Boxringen ein Schiedsrichter herum, der die beiden Schläger stets in ihrer Zielverfolgung behindert. Nicht selten wird dabei ein Boxer blutig geschlagen, es gibt auch Kämpfe, in denen er entweder gleich oder nach längerer Bewußtlosigkeit stirbt.

Es konnte aus Zeitgründen nicht genau erforscht werden, was das eigentliche Ziel des Boxens ist. Offensichtlich soll der Gegner nicht tot geschlagen werden, die Regeln scheinen nur darauf abzuzielen, daß er so gut wie totgeschlagen werden soll, das heißt, er soll eine bestimmte Zeitlang wie tot am Boden liegen.

Diese Zeit für den Scheintod dürfte genormt sein, obwohl dabei, entgegen aller sonstigen Gepflogenheiten im Sport keine exakte

Zeitmessung erfolgt, sondern die Dauer durch primitives Zählen gemessen wird. Da die Ausübenden und auch die Zuseher dieses irren Sportes meist aus den untersten sozialen Schichten stammen, könnte diese primitive Zeitmessung aus der Urzeit der Menschen womöglich leichter verstanden werden. Auf alle Fälle kann bei dieser sogenannten Sportart nur ein Mensch eine beabsichtigte Körperertüchtigung erkennen, niemals ein Esel.

Noch dümmlicher und noch schwerer verständlich erscheint das sogenannte Catchen. Oberflächlich gesehen ist es dem Boxen sehr ähnlich, bei genauerer Betrachtung sind jedoch wesentliche Unterschiede feststellbar. Einerseits gebärden sich die Teilnehmer wie die wilden Tiere, sie fletschen die Zähne, bedrohen sich gegenseitig mit dem Umbringen auf die grausamsten Arten, ja sie zeigen sich sogar gegenüber den Zuschauern aggressiv wie eingesperrte Bestien. Manche Kämpfer nehmen sich vor Wut auf den Gegner nicht einmal die Zeit, sich normal zu entkleiden. Sie beginnen zeremoniell jeden Kampf damit, sich in einem tobenden Wutanfall das Sporthemd vom Leibe zu reißen und sich brüllend wie ein Tier auf den Gegner zu stürzen. Die Zuschauermenge zeigt zeitgleich, daß auch sie das wilde Gebrüll in Perfektion beherrscht.

Trotz dieser eindeutigen Zeichen des wilden, tierischen Kampfes, der viel direkter auf den Tod des Gegners abzuzielen scheint, sind ernste Verletzungen praktisch nicht feststellbar. Es scheint, daß die Kämpfe letztendlich so geführt werden, daß nur die Zuschauer, die im Schnitt wesentlich dümmer als die Catcher selbst sind, glauben, echte Kämpfe zu sehen. Ein Boxer benötigt nach einem kräfteraubenden und körperschädigenden Profikampf eine längere, zumindest mehrwöchige Erholungsphase. Ein Catcher tritt meist täglich in den Ring und verteidigt beziehungsweise erringt dabei irgend einen obskuren Weltmeisterschaftstitel. Der Begeisterung der Zuschauer können diese Ungereimtheiten nichts anhaben. Nachdem der jeweilige Lieblingscatcher den täglichen Gegner so richtig scheinverdroschen hat, verlassen seine Anhänger das Stadion mit stolz geschwellter Brust und grimmig funkelnden Augen. Wehe dem Unglücklichen, der unabsichtlich an so einen Möchtegerncatcher anstößt. Dem wird gleich gezeigt, daß der Verehrer dem Idol in nichts nachsteht und vor den Ausgängen entsteht die lustigste Schlägerei. Nachdem, wie schon erwähnt, die Zuschauer wesentlich dümmer als die Proficatcher sind, geht es dabei natürlich nicht ohne Verletzungen ab. In verläßlicher Regelmäßigkeit werden die verletzten Verlierer vom Sanitätswagen abgeholt und die unverletzten Sieger von der Polizei.

Gänzlich unverständlich und ein weiterer Beweis für einen bescheidenen Geist sind die unzähligen Behinderungsregeln. Dies sind bei vielen Sportarten anzutreffende Regeln, die das Erreichen des offensichtlichen Zieles erschweren. Ein Beispiel ist das „Geher-Rennen". Dabei ist es verboten, jene Gangart zu wählen, die am schnellsten zum Ziel führt, das Laufen. Es muß nach kleinlich überwachten Regeln „gegangen" werden. Aufgrund der geforderten Schnelligkeit entsteht dabei eine Bewegungsform, die mit dem üblichen Gang des gesunden und normal gewachsenen Menschen fast nichts mehr zu tun hat. Dennoch wird dann gemessen, wer schneller ist. Wer, um schneller zu sein, sinnvollerweise gelaufen ist, und sei es nur eine kurze Strecke, der wird disqualifiziert.

Beim Speerwerfen darf nicht der erwiesenermaßen günstigere Drehwurf verwendet, beim Kugelstoßen kein sinnvoll langer Anlauf genommen werden, und bei Autorennen ist jede Dimension sowohl des Autos als auch des Motors ganz genau beschränkt. Hier sei noch angemerkt, daß es sich bei der Bezeichnung Motor„sport" im Falle von Autorennen vermutlich überhaupt um einen Definitionsirrtum handelt.

Ungeklärt blieb auch, ob einzelne Körpermerkmale für bestimmte Sportarten gezüchtet werden, oder die Sportarten diese Körpereigenschaften ursächlich hervorrufen. Tatsache ist es jedenfalls, daß zum Beispiel Kugelstoßer meist sehr voluminös sind, Kugelstoßerinnen sogar Ausmaße erreichen, die an Nilpferde erinnern. Marathonläufer hingegen haben Körper wie indische Hungerkünstler, Tennisstars weisen oft beträchtliche Unterschiede im Vergleich der linken und rechten Armstärke auf. Stemmer oder gar Bodybuilder gleichen oft eher glänzenden Fleischbergen als normalen Menschen, wobei bei weiblichen Bodybuildern sogar einer der wenigen Geschlechtsunterschiede, die vergrößerten Milchdrüsen zu unscheinbaren kleinen Muskelpölsterchen degenerieren.

Obwohl allen Menschen bekannt ist, daß profihaft ausgeübter Sport den Körper schädigt, beginnen Eltern schon sehr früh damit, ihre kleinsten Kinder zum Beispiel in Eistanzkurse zu schicken, in denen im frühen Alter Schäden an Gelenken und Bändern mit Sicherheit auftreten. Andere junge Menschen kommen in Schulen, in denen enormes Training bis zum Profischifahrer, Profischispringer, Leichtathleten usw. im Ausbildungsprogramm inbegriffen ist. Ein Ausscheiden aus solchen Schulen erfolgt oft erst dann, wenn schon im jugendlichen Alter Schädigungen eintreten, die eine Profikarriere als nicht wahrscheinlich erkennen lassen oder gar die weitere Sportausübung unmöglich machen.

Treten beim Profi Verletzungen auf, so werden diese fachgerecht von eigenen Sportärzten behandelt, es wird eine bestimmte Pause eingehalten, dann geht die sportliche Schädigung wieder voll weiter.

Manche Hobbysportler, die gerade noch einen Körperertüchtigungseffekt erreichen, trinken im Anschluß an das sonntägliche Fußballmatch derartig viel Alkohol oder fressen so übermäßig viel, daß der sportliche Effekt gründlichst getilgt wird.

Zusammenfassend kann also festgestellt werden: Der Mensch kennt den Sinn der Körperertüchtigung, hat viele Techniken entwickelt, erweist sich jedoch als völlig unfähig, den Sport im eigentlichen Sinne auszuüben.

KRANKHAFTE ZERSTÖRUNGSANFÄLLE

Sollte die Behauptung, der Mensch sei vollkommen ungeeignet für die Vormachtstellung auf der Erde, tatsächlich nur für einen Esel verständlich sein, so sei jetzt einen Themenkreis behandelt, nach dessen Lektüre auch dümmere Lebewesen als Esel zustimmen werden. Der Mensch ist nämlich von einem krankhaften Zerstörungsdrang beseelt, der allen anderen Tieren fremd ist. Ein Wesen, das immer wieder all seine Kraft dafür aufwendet, um alles zu zerstören, sollte niemals in die Lage kommen, eine Welt zu beherrschen.

Es handelt sich um einen ständig wiederkehrenden Zerstörungswahn, der in unregelmäßigen Abständen die Menschheit befällt. In einem irren Wüten wird versucht, alles zu zerstören, alle Werke, Bauten, Einrichtungen, ja sogar die Menschen selbst. Diese vollkommen unverständliche, sicherlich krankhafte Zerstörungswut befällt große Bevölkerungsgruppen, ganze Länder, manchmal fast den ganzen Planeten.

Der Mensch weiß von diesen häufigen Anfällen und richtet sich sogar darauf ein. Genau genommen rechnet er jederzeit mit dem Ausbruch des Anfalles und hält für diesen Fall alles an Waffen, Transportgeräten und Nahrungsreserven bereit. Mit den ausgeklügeltsten Logistiksystemen wird sichergestellt, daß die Zeit vom Beginn des Anfalles bis zum Erreichen der höchsten Zerstörungskraft möglichst kurz ist.

Der Mensch ist sich der völligen Sinnlosigkeit dieser Zerstörungsanfälle voll bewußt, jedoch nur in Zeiten, in denen er frei von diesen Anfällen ist. Während der Anfall Besitz von den Menschen ergriffen hat, scheinen sie mehrheitlich alles zu vergessen.

Im Verlaufe eines akuten Anfalles finden die Menschen die absurdesten Gründe, um das wahnsinnige Wüten gegeneinander als sinnvoll zu erklären. Die fadenscheinigen, meist nur vorgetäuschten Gründe variieren jedoch gering, meist nennen die gegnerischen Parteien genau die gleichen Gründe für ihr sinnloses Treiben. Vollkommen unglaubwürdige Gründe werden mit ernsten Gesichtern vorgetragen und von begeisterten, kampfeswütigen, von der Krankheit rettungslos Befallenen mit Applaus aufgenommen und kritiklos geglaubt.

Für die Menschen scheinen diese Anfälle, die sie Krieg nennen, eines der wichtigsten Lebensziele überhaupt zu sein. Tritt der Anfall auf, so ordnen die Menschen ihr gesamtes Leben den sogenannten Kriegszielen unter. Die Zeiten zwischen den Kriegen nennen sie Frieden, diese Intervalle werden dazu benutzt, um den nächsten Anfall vorzubereiten und mittels neuer Erfindungen möglichst noch zerstörerischer zu gestalten als den vorhergehenden. Die Jahrtausende alte Entwicklungsgeschichte der Menschen weist daher auf diesem Gebiet die größten Fortschritte auf. In keinem sonstigen Lebensbereich haben die Menschen so emsig und einfallsreich gearbeitet und solch atemberaubende Fortschritte erzielt.

Die Erscheinungsformen dieser zutiefst krankhaften Anfälle reichen vom urmenschenartigen Körperkampf über alle nur denkbaren Varianten bis zur perfekten Kriegsmaschinerie. Insbesondere wenn ganze Völker von dieser unseligen Krankheit befallen werden, dann findet der Krieg mit Autos, Schiffen, Flugzeugen und Raketen statt.

Da der Mensch von den immer wiederkehrenden, krankhaften Zerstörungsanfällen weiß, keinerlei Hoffnung auf ein langes Ausbleiben hat und daher jederzeit mit einem Anfall rechnet, ist er ständig damit beschäftigt, spezielle Autos, außergewöhnliche Schiffe sowie Flugzeuge zu konstruieren, die zu nichts anderem zu gebrauchen sind und die daher nur während dieser Krankheitsphasen Verwendung finden. Die hervorragendsten Köpfe arbeiten mit unermüdlicher Begeisterung oft ihr ganzes Leben an diesen Erfindungen.

In Zeiten des Anfalles wird der Krieg zum alleinigen Lebenszweck der Menschen, alles wird diesem einzigen Ziel untergeordnet. Alle notwendigen und sinnvollen Vorhaben werden auf die Zeit danach aufgeschoben, außer sie dienen dem Krieg, dann werden sie bevorzugt und genießen absolute Priorität, auch wenn solche Werke oft kurz nach der Fertigstellung sofort zerstört werden. Die Frage, ob irgend eine Investition sich rentiert oder nicht, stellt sich dann nicht mehr. Alles dient in Kriegszeiten nur dem einen Ziel, den Feind zu vernichten, auch um den Preis, dabei selbst völlig unterzugehen.

Einzelne Menschen, die aus unerklärlichen Gründen in den Zeiten des Zerstörungsanfalles nicht völlig ihr Gedächtnis verlieren und nicht ihre Meinung ändern, solche, die weiterhin der Meinung sind, daß Zerstörung und Krieg zur dümmsten aller Beschäftigungen der Menschen zählt, gibt es auch. Wenn diese ihr atypisches Verhalten verheimlichen und zum Schein mitmachen, so wird ihnen kein Haar gekrümmt. Wenn sie ihre Abartigkeit nicht verbergen und öffentlich äußern oder gar versuchen, die anderen von der Unsinnigkeit des Krieges zu überzeugen, werden sie verfolgt, verachtet und bestraft, meist sogar getötet.

In solchen durchaus nicht seltenen Fällen bewirkt die Krankheit bei den Menschen sogar eine völlige Umkehr der Begriffe. Als Begründung für die Todesstrafe nennen sie Untergrabung der Moral. Einer Moral, die normalerweise das Töten anderer Menschen als vollkommen unzulässig erachtet.

Diese Begriffsumkehr löst sich mit Nachlassen der Krankheit meist völlig auf, die so Getöteten gelten dann als Widerstandskämpfer von besonders hohen Moralbegriffen. Die Umkehr ist dann so vollständig, daß die Richter, die den sogenannten Widerstandskämpfer verurteilten, zutiefst verachtet werden, in einigen Fällen werden sie sogar zur Verantwortung gezogen und nun ihrerseits bestraft, eingesperrt und manchmal ebenso getötet.

Der zeitliche Krankheitsverlauf ist vollkommen unterschiedlich. Es gibt Anfälle, die nur wenige Tage dauern (Sechstagekrieg), solche von mehreren Wochen (Blitzkriege) und auch Monaten. Schwerere Krankheitsanfälle dauern mehrere Jahre, Beispiele dazu reichen vom Siebenjährigen Krieg über den Dreißigjährigen Krieg bis zum Hundertjährigen Krieg.

Am Ende eines Krieges sprechen die Menschen von einem Sieger und einem Verlierer. Dies ist interessanterweise auch dann der Fall, wenn nachweislich keine Sieger, sondern ausschließlich Verlierer übrigbleiben, wenn beide kriegführenden Parteien unvorstellbar viel verloren haben, was eigentlich der häufigste Fall ist.

Der sogenannte Sieger diktiert nun dem Verlierer harte Bedingungen, und legt damit gewissenhaft den Keim für den nächsten Waffengang. Strenge Wirtschaftsbeschränkungen, Landabtretungen, Reparationszahlungen auf viele Jahre werden vom Verlierer als drückende Last empfunden und nähren den Wunsch auf Rache, insbesondere bei der nächsten Generation, für die der vergangene Krankheitsanfall der Väter keine ausreichende Begründung für all die Benachteiligungen darstellt. Sobald alle Schäden des letzten Krieges behoben sind und das betreffende Land prosperiert, nicht selten schon vor diesem Zeitpunkt, steigt die potentielle Anfälligkeit für einen neuen, umfassenden Krankheitsanfall.

In den meisten Fällen werden nach dieser Krankheit viele sogenannte Denkmäler errichtet, für die siegreichen Feldherren einzelne große, für die einfachen Soldaten Sammeldenkmäler. Gewaltsam Getötete werden Gefallene genannt, manchmal sprechen die Menschen von solchen, die sich geopfert haben, meist wird für alle die Bezeichnung Helden verwendet. Obwohl wenige freiwillig in den Krieg ziehen, wird von heldenhaften Kämpfern für das Heimatland gesprochen, für die Freiheit oder, so unwahrscheinlich es auch klingen mag, für den Frieden. Ob tatsächlich heldenhaft gekämpft wurde oder ob die meisten jämmerlich krepiert sind, hat auf die Inschriften der Denkmäler keinen Einfluß. In jedem kleinen und kleinsten Dorf stehen solche Monumente. Um Irrtümer auszuschließen und eine Ordnung für die zukünftigen Anfälle zu gewährleisten, sind auf ihnen die Kriege numeriert (Erster Weltkrieg, Zweiter Weltkrieg).

Im Zusammenhang mit dem Krieg befällt auch jene Männer, die über Jahrtausende die gleichen Begriffe predigen, die Priester, eine unerklärliche Verwirrung. Der Papst, ein hoher religiöser Vordenker zum Wohle der Menschheit, ordnete im Mittelalter an, den Gebrauch der Armbrust im Menschenkampfe einzuschränken. Zumindest wurde ausdrücklich gefordert, daß die Armbrust nicht im Kampf gegen Christenmenschen Verwendung finden darf. Wobei unter den Begriff Christenmenschen leider nur ein Teil, gesamt gesehen eine Minderheit der Menschen fiel. Andererseits werden Waffen vor deren Einsatz von Priestern gesegnet, wobei nicht feststellbar ist, ob dadurch die Zerstörungskraft tatsächlich erhöht wird.

Auf alle Fälle steigt die Zerstörungskraft der Waffen durch ständige Neukonstruktionen, wodurch folgendes Kuriosum eintritt.

In Erwartung des nächsten Zerstörungsanfalles produziert der Mensch ständig genügend Waffen, um im Bedarfsfall keinen Mangel daran zu haben. Dauern die Zeiten zwischen den Krankheitsanfällen zu lange, so entfällt die zwangsweise mit dem Krieg verbundene Zerstörung großer Mengen von Waffen. In diesen Fällen werden die Waffen freiwillig, also in Friedenszeiten, zerstört, um neue zu produzieren. Ganze Waffenarsenale werden wegen Veralterung eingeschmolzen, egal wieviel sie gekostet haben. Es gibt sogar mächtige Schiffe, die für nichts anderes zu gebrauchen sind, als für den Kampf, und die niemals zum Einsatz gekommen sind. Der Mensch hat sie abgewrackt und neue gebaut. Bei Kampfflugzeugen, die aufgrund schnell fortschreitender Entwicklung rasant veralten, ist dies sogar der Normalfall, sie werden zerlegt und eingeschmolzen, ohne sie jemals in einem echten Einsatz zu verwenden.

Die Ursachen der Kriegskrankheit waren trotz großer Anstrengung leider nicht erforschbar. Während der Anfälle, bei denen die Menschen unter der vollkommenen Begriffsumkehr leiden, geben sie in erfindungsreichster Phantasie so viele Gründe für den Krieg an, daß einige davon durchaus glaubhaft erscheinen und die Forschung im Anfangsstadium zu täuschen vermochten. Es schien naheliegend zu glauben, Kriege erfolgen zur Bereicherung oder Landvergrößerung. Dies ist eindeutig falsch, da am Ende alle Verlierer sind. Oft sind diejenigen, die glauben, sie wären Sieger, mehr in ihrer Zukunft beeinträchtigt, als die sogenannten Verlierer. Manche dieser sogenannte „Verlierer" übernahmen in wenigen Jahrzehnten die industrielle Führerschaft der Welt und die Sieger trieben geradewegs in den Bankrott.

Es ist auffällig, daß eine Unmenge von Kriegen in engem Zusammenhang mit Religionen zu sehen sind. In den Kriegen der Kreuzritter wurde für das heilige Grab gekämpft, für Türken und Christen war die Religion ein bestimmender Teil für ihre vielen Kriege, die ständig streitenden Juden und Araber gehören getrennten Religionen an, in Nordirland bekämpfen sich Katholiken und Protestanten, im Dreißigjährigen Krieg kämpften mit wenigen Ausnahmen ebenfalls Protestanten gegen Katholiken, im Iran und Irak kämpfen Sunniten und Schiiten, im zusammengebrochenen Jugoslawien kämpften Katholiken (Kroaten), Orthodoxe (Serben) und Moslems (Kroaten oder Serben) gegeneinander, miteinander und untereinander. In Indien kämpfen Hindus mit Buddhisten, in manchen arabischen Staaten fundamentalistische Religionsanhänger gegen gemäßigte.

Dennoch konnte in den Religionen allein keineswegs ein ausreichender Grund für alle Kriege gefunden werden. Dies ergibt sich hauptsächlich aus der Tatsache, daß unzählige Kriege von Gruppierungen geführt wurden, die der gleichen Religion angehören. Es kann jedoch nicht bestritten werden, daß die Religionen eine der häufigsten Ursachen für das Auftreten der Zerstörungsanfälle darstellen, obwohl die Achtung vor dem Leben und die Nächstenliebe meist zwei ihrer integrierenden Bestandteile sind.

Es stellte sich überhaupt heraus, daß die Menschen vollkommen wahllos ständig andere Gründe für Kriege angeben. Teils argumentieren sie, es müßte ein Land zurückerobert werden, das sie schon vor Jahrtausenden besessen haben, ein andermal behaupten sie, einem bedrohten Brudervolk zu Hilfe zu eilen. Andere Völker werden von Unterdrückung befreit, oder der Sinn des Krieges ist es, Bodenschätze zu erobern, die der Aggressor um einen Bruchteil jenes Geldes kaufen könnte, das deren Eroberung verschlingt. All diesen vorgegebenen Gründen ist eines gemeinsam: sie stellen keinen rationalen Grund für einen Krieg dar.

Gänzlich irrational und somit typisch für klassische Geistesverwirrung sind völlig unverständliche Nebenerscheinungen der Kriege. Es werden bestimmte gegenläufige Regeln eingehalten, die den Feind schonen, der doch mit allen Mitteln vernichtet werden soll. Wer sich ein rotes Kreuz oder einen roten Halbmond auf Autos, Züge und Häuser malt, wird weitgehend geschont. Dabei ist es sogar möglich, Verletzte während wild tobender Kämpfe einzusammeln, sie so schnell wie möglich wiederherzustellen, um sie erneut in den Kampf zu schicken. Wenn es, abgesehen von der Schonung vor Angriffen, noch verständlich erscheint, daß dabei eigene Verletzte gerettet werden, so ergibt es gar keinen Sinn mehr, daß auch verletzte Feinde gepflegt werden. In manchen Fällen gelingt es den so Geretteten, wieder auf ihrer ursprünglichen Seite weiter zu kämpfen. Dann wird neuerlich versucht, sie zu töten oder zumindest schwer zu verletzen. Scheinbar wirkt hier die allgemeine Werteumkehr sogar in diese doppelt unlogische Richtung.

Der einzelne Mensch hat in der überwältigenden Mehrheit überhaupt keine Freude daran, in den Krieg zu ziehen. In einem schwer durchschaubaren System entsteht ein allgemeiner Zwang, dem sich fast niemand entziehen kann. Einzelne Menschen versuchen durch Desertion dem Krieg zu entgehen, meist endet dies mit Kerkerhaft oder Tötung durch Menschen der eigenen Gruppe. Untersucht man die Bereitwilligkeit derer, die die anderen zwingen, so stellt man fest, daß auch diese dies mehr gezwungen tun, daß auch sie lieber keinen Krieg hätten. Da auch die politischen Führer beteuern, daß sie eigentlich gegen jeden Krieg sind, konnte niemand gefunden werden, der ihn wirklich wünscht. Auch dies legt den Schluß nahe, daß es sich eindeutig um eine Krankheit handelt, die gegen den Willen aller auftritt wie eine Seuche.

Es beschäftigt sich zwar ein nicht unerheblicher Teil der Menschen mit der Suche nach Frieden, Friedenssicherung und Verbannung des Krieges und es existiert praktisch niemand, der den Krieg nicht verdammt, aber parallel dazu betreiben ebenso nicht unerheblich viele eifrigste Forschung für den Krieg. Unermeßliche Mittel und Zeit werden in die Entwicklung neuer Waffen investiert, riesige Heere stehen in fortwährendem Kriegstraining, ständig wird der Nachwuchs ausgebildet. Seit Jahrtausenden existieren eigene Kriegsschulen für die Ausbildung, ganze Industriezweige für die Waffenproduktion.

Die hoffnungslose Unfähigkeit des Menschen, gegen die ständig wiederkehrenden Zerstörungsanfälle anzukämpfen, manifestiert sich in dem von ihnen selbst geprägten Spruch: Der Krieg ist der Vater aller Dinge. So unwahrscheinlich dieser Ausspruch auch klingen mag, er trifft erschreckend präzise zu. Es gibt fast keine Erfindung des Menschen, die nicht ihren Ursprung in Kriegszwecken findet. Bei den unermeßlich vielen Waffen ist dies noch verständlich, aber dies trifft tatsächlich auch für die auf den ersten Blick zivilen Errungenschaften der Menschen zu. Wenn man bedenkt, daß die Römer den Straßenbau vorwiegend für militärische Zwecke forcierten, wenn man weiß, daß zuerst die Atombombe und erst dann die friedliche Nutzung der Atomenergie in Kraftwerken entwickelt wurde, so mag dies die Glaubwürdigkeit des Spruches unterstreichen. Die Kunst der Schmiede steigerte sich im Bau von Waffen und Rüstungen, der Burgen- und Festungsbau beherrschte das Können der großen Baumeister, die besten Konstrukteure bauten die neuesten Flugzeuge, Panzer, Fahrzeuge und Raketen für den Krieg.

Trotz dieses beachtenswerten Wissens, den vielen Erfindungen und Erkenntnissen, die absurderweise sowohl für als auch gegen den Krieg gerichtet sind, kann man die Tatsache nicht übersehen, daß kein intelligentes Wesen so versagen könnte. In diesem erforschten Teilgebiet ist dieses Versagen derart vollständig und allumfassend, daß fehlende Intelligenz alleine nicht die Ursache sein kann, daß als Begründung nur die schon erwähnte Annahme gilt, es handelt sich um eine Krankheit, eine Krankheit, die nur die sogenannte Krone der Schöpfung für sich in Anspruch nehmen kann.

Anstatt den Kampf gegen diese Krankheit mit aller Kraft aufzunehmen, beginnt der Mensch damit, schon kleinste Kinder mit Kriegsspielzeug auf den zu erwartenden Krankheitsanfall vorzubereiten, sie daran zu gewöhnen. Es existiert in den meisten Ländern eine allgemeine Wehrpflicht, dabei erlernt jeder Jungmann den Gebrauch der Waffen gründlichst. Trotz aller Antikriegsweisheiten gibt es keine Minute in der Geschichte der Menschheit, in der nicht irgendwo auf der Welt gekämpft wird, sich die Menschen gegenseitig die Schädel einschlagen, die Feinde und alles, was ihnen gehört, vernichten.

Die Produktion und der Handel mit Waffen ist in allen Ländern irgendwie beschränkt. Die Lieferung von Waffen an kriegführende Länder ist meist untersagt. Angepaßt an den totalen Wahnsinn, der auf diesem Teilbereich des menschlichen Lebens alles durchzieht, verläuft nichts nach diesen friedensfördernden Gesetzen. In Wirklichkeit produzieren alle alles und liefern an alle. Die armen Länder der dritten Welt verbluten an den Waffenkäufen, die wichtiger eingestuft werden als das Wohl des Volkes. Eine Teilregion der Erde, die derzeit unermeßlichen Reichtum aus Erdöl schöpft, steckt diesen fast zur Gänze in Waffen, die die Industriestaaten trotz aller Verbote bereitwilligst gegen Öldollars liefern. Diese Länder werden in ihrer späteren Geschichte einmal erzählen können, daß es eine Zeit gab, in der aufgrund des Ölreichtumes Milch und Honig floß. Und wenn die Nachfahren fragen werden, was mit diesem Reichtum geschah, so werden sie zugeben müssen, daß alles einer Krankheit geopfert wurde, daß die Menschen dieser Zeit vorwiegend Waffen mit diesem Reichtum gekauft haben, sich damit mit den Nachbarländern wechselseitig alles zerstörten und gegenseitig töteten. Und diese sogenannte Reichtumsnutzung wurde so lange fortgeführt, bis einerseits die goldenen Ölquellen versiegten und andererseits alle betroffenen Länder zerstört und noch ärmer waren als vor dem Ölboom.

Allein die Tatsache, daß in der Menschheitsgeschichte seit Jahrtausenden sogenannte Abrüstungsverhandlungen nachweisbar sind, parallel dazu ständig aufgerüstet wurde und das militärische Potential sich neben diesen Abrüstungsverhandlungen vervielfachte, allein dies beweist, daß die Menschen nichts verstanden haben. Sie haben sich zwar gegenseitig unvorstellbar oft den Krieg erklärt, aber wirklich erklärt hat ihnen den Krieg noch niemand.

Zusammenfassend kann festgehalten werden, daß das ganze Problem dieser traurigen Krankheit und die Art, wie der Mensch nicht versucht, damit fertig zu werden, einen weiteren Beweis für die Feststellung darstellt, daß er über keinerlei Intelligenz verfügt und somit ungerechtfertigt Beherrscher der Welt ist.

VERIRRUNG IN TRAUMWELTEN

Ein Beherrscher der Welt sollte zumindest geistig auch in dieser Welt leben, so wie jeder Esel dies tut. Die Menschen leben in einer Traumwelt, eigentlich in mehreren, und diese sind von guten und bösen Geistern durchdrungen. Nicht nur wegen ihrer fehlenden Intelligenz, auch wegen ihrer Unfähigkeit, in der realen Welt zu leben, wegen ihrer Flucht in geisterhafte Traumwelten, ist ihre Vormachtstellung vollkommen ungerechtfertigt.

Diese Traumwelten und ihre erfundenen Geister beherrschen die Menschen von der Geburt bis zum Tode und, wie die Menschen irrtümlich selbst glauben, erst recht darüber hinaus - wohlgemerkt, völlig verschiedene Traumwelten, je nach Gegenden aufgeteilt mit vollkommen unterschiedlichen bösen und guten Geistern, die alle nur eines gemeinsam haben, sie sind frei erfunden, niemals sichtbar, ihre angeblichen Werke und Taten durch nichts nachweisbar und höchst wundersam.

Bei genauerer Untersuchung dieses rein den Menschen eigenen Phänomens kamen die fragwürdigsten Verhaltensweisen zu Tage, die für Menschen anscheinend voll verständlich sind, mit denen ein Esel aber nichts anzufangen weiß.

Es handelt sich um Traumwelten, Phantasiegebilde, die nicht nur durch nichts beweisbar sind, sondern einander widersprechen und somit in ihrer Gesamtheit auch nicht wahr sein können. In totalem Gegensatz zu dieser für jeden Esel einleuchtenden Tatsache, halten die einzelnen Menschengruppen jeweils ihr eigenes Fantasiegebilde für die höchste aller Wahrheiten, nennen sie eine sogenannte „Religion" und verurteilen die Phantasiegebilde der anderen als heidnischen Aberglauben.

Einen wesentlichen Faktor spielt dabei stets die Vorstellung einer überirdischen Macht mit strafender, rächender oder auch belohnender Kraft. Diese überirdische Macht wird oft mit kindlicher Phantasie verbunden, vollbringt die kuriosesten Wunder und greift in der Phantasie der Menschen aus nichtigsten Gründen in menschliche Schicksale ein, gibt ab und zu Ratschläge, wacht in so mancher Gefahr über den Menschen oder läßt ihn, selbstverständlich nach entsprechender Bitte im frommen Gebet, von Krankheiten genesen.

Ein weiterer wesentlicher Bestandteil einer sogenannten Religion ist stets eine große Anzahl von Regeln, die oft ganz nützlich für das Zusammenleben der Menschen sind, meistens aber unergründbar sinnlos erscheinen, oft sogar recht hinderlich für jede Weiterentwicklung des Menschen sind.

In praktisch allen Religionen spielen rituelle Waschungen eine Rolle, wobei stets nur das leere Ritual zählt und die Reinlichkeit als Zweck unbeachtet bleibt, beziehungsweise die Waschung so rudimentär erfolgt, daß von einer Reinigung nicht gesprochen werden kann. Alle Religionen spielen an den Kardinalpunkten des Lebens stets eine wichtige Rolle - bei der Geburt, bei der geschlechtlichen Reife, bei der Hochzeit und beim Tode. In vielen Fällen durchdringt die jeweilige Religion das gesamte Leben der Menschen und kann tatsächlich als die wichtigste Steuerung der Menschen angesehen werden.

Das vorgestellte Weiterleben nach dem Tode ist Bestandteil praktisch jeder Religion, wenn auch an dieses Leben nach dem Tode in den sonderbarsten Formen geglaubt wird. Für die Lebenden hält fast jede Religion mehr oder weniger genaue Bekleidungsvorschriften und stets zu wiederholende rituelle Handlungen für sehr wichtig.

Wenn man sich die Tatsache bewußt macht, daß die so verschiedenen Religionen einander ausschließen, daß daher maximal eine von ihnen wahr sein kann, ist eines klar: Sollte tatsächlich eine der Religionen auf Wahrheit beruhen, so sind dann eben alle anderen erfundene Traumwelten.

Nachweislich enthalten alle Religionen derart viele als eindeutig unmöglich zu bezeichnende Erzählungen, Begebenheiten und Geschichten, daß zumindest große Teile in jeder Religion mit

Sicherheit dem Bereich der Phantasie angehören. Es ist daher mit großer Wahrscheinlichkeit anzunehmen, daß keine einzige der von den Menschen praktizierten Religionen auf Wahrheit beruht.

In fast allen Religionen spielen Priester eine große Rolle. Meistens handelt es sich um männliche Menschen, seltener um weibliche, in mehreren Religionen sind Priester niemals weiblich. Da für den Lebensunterhalt von Priestern, die meist keiner sinnvollen Arbeit nachgehen, Opfergaben nützlich und erforderlich sind, ist das Opfern in fast allen Religionen eine wichtige Tätigkeit.

Sonderbarerweise wird aber meist nur in kleinerem Maße direkt den Priestern geopfert, sondern das Opfer wird dem jeweiligen Gott dargebracht. Da dieser nur in der Vorstellungswelt existiert und demnach das Opfer auch nur in der Phantasie annehmen kann, muß es irgendwer real in Empfang nehmen beziehungsweise verzehren. In vielen Fällen geschieht dies durch die Priester, die den Sinn und Zweck der Opferung wortgewaltig erläutern.

Es sind viele Arten von Opferungen feststellbar, wobei brauchbare und vollkommen unbrauchbare sich abwechseln. Münzen werden in Brunnen geworfen, Pflanzen verbrannt, Tiere geschlachtet und anschließend entweder ebenso verbrannt oder aufgegessen.

Das Opfern wurde offenbar zu so einer Manie, daß in vielen Religionen sogar Menschenopfer vorkommen. Dabei wurden Menschen geschlachtet wie ein Tier, oft aber langwierig zu Tode gequält. Bei den Azteken wurde lebenden Menschen die Haut abgezogen, in die dann ein Priester schlüpfte.

Andere Opfer kamen besser davon, statt des langwierigen Hautabziehens wurde ihnen bei lebendigem Leibe das Herz herausgeschnitten. In einem Teich fanden Archäologen viele Skelette von jungen Mädchen, die dort ertränkt wurden. Wenigstens einer der zelebrierenden Priester wurde offenbar mitgerissen, da ein einziges Skelett als das eines älteren Mannes identifiziert wurde. Um sich die Arbeit des Menschenschlachtens etwas zu erleichtern und die Gefahr für die Priester zu minimieren, wurden die Opfer in manchen Kulturen auch mit Alkohol oder sonstigen Mitteln ruhiggestellt. Spuren davon konnten in Mumien von Geopferten nachgewiesen werden.

Das direkte Opfern von Menschen kam offenbar in letzter Zeit etwas aus der religiösen Mode, lebt aber im Symbolischen fort. In einer der größten Religionen wird das Symbol eines Geopferten, ein ans Kreuz genagelter junger Mann, intensiv angebetet. Symbolisch wird diese Opferung ununterbrochen nachvollzogen. In den regelmäßigen Zeremonien erklärt jedesmal ein Priester Wein zum Blute des damals Geopferten und Brot zu seinem Fleisch. Die Anhänger dieser Religion glauben fest an diese Phantasie, trinken andächtig das Blut und essen mit Inbrunst das Fleisch des Geopferten.

Entweder aus Ernährungsgründen oder aus Sparsamkeit gibt es Varianten, bei denen nur der Priester das Phantasieblut, einen alkoholhaltigen Saft, trinkt, das Volk sich hingegen nur mit dem Phantasiefleisch, einem speziellen Brot, begnügt.

In neuerer Zeit pflegt man in einigen Teilen der Welt eine moderatere Form der Opferungen. Dort haben sich die Menschen fast ausschließlich auf Feueropfer spezialisiert. In den Kirchen kaufen sie kleine Wachsstücke, stellen sie auf Gestelle, zünden sie an und lassen sie verbrennen.

An monumentalen Opferstellen (Fatima) frönen die Menschen auch der abgekommenen Menschenopferung, selbstverständlich nur symbolisch, wie es ihrem derzeitigen Entwicklungsstand entspricht. Es werden nicht nur sogenannte Kerzen verbrannt, sondern symbolisch auch Menschen und menschliche Körperteile geopfert. Lebensgroße Hände, Füße, Arme, weibliche Brüste, ja sogar ganze Kleinkinder aus Wachs kaufen die Menschen in speziellen Läden und werfen sie in die Opferstätte zur Verbrennung.

Ein weiterer Wesenszug, der allen Religionen anhaftet, ist ein durch nichts zu erklärender Glaube an die Wirkung von bestimmten Gegenständen. Interessant ist auch die weitgehende

Gleichartigkeit dieser Wundergegenstände trotz großer Unterschiede in den Religionen selbst. Knochen nehmen neben Figuren, Kreuzen, Schmuckstücken und Kerzen eine Sonderstellung ein. Die Medizinmänner im Busch benützen Knochen bei ihren Zeremonien, die Christen vergraben stets einige Knochen unter der wichtigsten Stelle ihrer Bethäuser.

Qualen jeglicher Art scheinen in jeder Religion unverzichtbar. Dabei macht es keinen Unterschied, ob die Menschen sich diese Qualen selbst oder anderen zufügen. Begonnen von der Qual, sich selbst das Essen und Trinken zu verweigern bis zur Selbstgeißelung ist alles anzutreffen.

Sogenannte Märtyrer werden auf unzähligen Bildern gezeigt, die auf die grausamsten Arten gequält werden, meist bis zu deren Tod. Auch der vorhin erwähnte junge Mann, der an ein Kreuz genagelt millionenfach dargestellt wird, wurde vielen Bildern zufolge vorher noch gequält und gegeißelt. Auf den Philippinen lassen sich jährlich zu Ostern heute noch fanatische Christen ans Kreuz nageln, eine makabere Mischung aus Disneyland und spanischer Inquisition des Mittelalters.

In Indien hängen sich Betende bei bestimmten Prozessionen spitze Metallhaken ins Fleisch und in den brasilianischen Urwäldern quälen Erwachsene kleine Kinder mit beißenden Käfern. Sonderbarerweise gilt im Islam Blut als unrein. Dies bewirkt oft, daß Mitmenschen vor einem Verletzten flüchten, anstatt ihm dann zu helfen, wenn er ihrer Hilfe besonders bedarf.

Dafür wird dort und in vielen anderen Religionen kleinen Knaben qualvoll die Haut am Penis gekürzt, in manchen den Mädchen die Klitoris abgeschnitten. Manchmal werden Ohren langgezogen, Köpfe mit Ringen extrem länglich geformt und vieles mehr.

In allen Fällen haben die handelnden Priester erstaunliche Erklärungen parat. Wenn auch diese Begründungen ahnen lassen, daß vielleicht das eine oder andere einen möglichen Sinn ergibt, in fast allen Fällen handelt es sich um schwer nachvollziehbare Erklärungen.

Das an sich gesunde Fasten wird ins Gegenteil verkehrt, wenn die Gläubigen von Sonnenaufgang bis Sonnenuntergang fasten und dann essen. Somit findet das Essen relativ kurz vor dem Schlafengehen statt, was sicherlich nicht als gesundheitsfördernd zu bezeichnen ist. Zusätzlich ist auch das Trinken verboten und fasten ohne Flüssigkeitsaufnahme ist ungesund. In strengster Form ist auch untersagt, den eigenen Speichel zu schlucken, dies ist an häufigem Ausspucken erkennbar.

Bei den in fast allen Religionen wichtigen rituellen Waschungen kann man sich zumindest vorstellen, daß die Reinlichkeit irgendwann einmal eine Rolle gespielt hat. Nachdem es aber den Religionen eigen ist, daß man sich nach Träumen und Vorstellungen ausrichtet, sind diese Waschungen zu leeren und sinnlosen Ritualhandlungen verkommen. So waschen sich Millionen in schmutzigen Flüssen, wobei aus religiösen Gründen keine Seife verwendet wird. Moslems waschen sich vor dem Betreten einer Moschee die Füße, ebenso ohne Seife, jedoch bis zu fünfmal am Tage. Anschließend betreten sie barfuß ihr Bethaus und stecken sich gegenseitig mit allen im Orient heimischen Pilzkrankheiten an.

Die Christen beschränken sich darauf, beim Betreten der Kirche lediglich ein paar Quadratzentimeter der Stirne mit Wasser aus einem Becken zu waschen. Jedoch einmal im Leben erfolgt eine stärkere Waschung, dem Kleinkind wird eine halbe Kanne über den Kopf geleert. Als Variante davon existiert auch der Brauch, das Kleinkind zur Gänze im Wasser einzutauchen.

Stets wiederkehrende rituelle Handlungen scheinen ein ganz besonders wichtiger Bestandteil aller Religionen zu sein. Teils führen die Menschen diese Handlungen einzeln aus, teils in Gruppen und auch in wahren Massen. Dabei sind die verschiedensten Variationen feststellbar, auch scheint es Regeln zu geben, wann die Menschen normale Kleidung dabei tragen und wann sie sich spezielle Kleider anziehen.

Zum Beispiel vor dem Schlafengehen erfolgen diese rituellen Handlungen mit eher wenigen Gesten und mehreren Worten. Dabei trägt der Mensch normale Kleidung und spricht fast immer die gleichen Worte, begleitet von eher sparsamer Gestik. In Gruppen führt der Mensch diese rituellen Handlungen zum Beispiel vor dem Essen aus. Dabei sind spezielle Kleidung und große Gesten ebenfalls selten.

Zeremonien in großen Gruppen, meist in eigenen Religionshäusern, zeichnen sich durch vielfältigste Spezialkleider und großartige Gesten aus. Zumindest einer, häufig ganze Gruppen erscheinen in prächtigen oder sehr ungewöhnlichen Kleidern, bei bestimmten Religionen trifft dies auf alle Teilnehmer zu. Mit vielen Gesten, wie ausgebreiteten Armen, gefalteten Händen oder hocherhobenen Gegenständen werden Worte gesprochen, musiziert und gesungen.

Oft ziehen dann die Teilnehmer der Zeremonie aus den Religionshäusern hinaus, durchwandern die Ortschaft oder ganze Landstriche. Dabei bleiben sie an bestimmten Punkten, die mit Säulen, großen Kreuzen oder beschriebenen Steinen markiert sind, stehen und wiederholen die vorhin geschilderten Handlungen. In manchen Fällen kommen zu solchen Zeremonien viele Tausende, ja sogar Millionen. Dies geschieht insbesondere dann, wenn ein Oberpriester oder Religionsoberhaupt auftritt, der per Hubschrauber oder Flugzeug anreist.

Den jeweiligen Gott stellen sich die Menschen meistens als Strafenden für böse Taten und als Belohnenden für Gutes vor. Da es sich um Phantasiegebilde handelt, findet weder Strafe noch Belohnung tatsächlich statt.

Das erkennt der Mensch und bemüht eine weitere Vorstellung. Er nimmt an, daß beides im Jenseits, nach dem Tode erfolgt. In manchen Religionen denkt er sich das Jenseits nur als qualvolle Strafwelt, als eine furchtbare Hölle, oder als Belohnungswelt, ein nicht näher definierter seligmachender „Himmel". Andere glauben, daß der Verstorbene nach dem Tode noch vieles benötigt und geben den Begrabenen viele Dinge des täglichen Lebens mit. Die Menschen tun dies, obwohl ihnen bekannt ist, daß in der Erde letztendlich alles verdirbt, sofern es nicht rechtzeitig von Grabräubern gestohlen und von diesen einer sinnvollen Verwendung zugeführt wird.

In vielen Fällen wird versucht, den Körper des Toten so zu präparieren, daß er nicht so schnell verdirbt und zu stinken beginnt. Dabei werden die ausgefeiltesten Techniken verwendet. Dieser alte Brauch ist nie ganz abgekommen, sogar heute noch werden Leichen eingefroren und bei tiefsten Temperaturen gelagert.

Der Glaube an Phantasiewelten nach dem Tode ist so stark, daß in vielen Fällen den Überlebenden diese Totenrituale wichtiger erscheinen als das eigene Wohl. Nicht selten geben Verwandte, die selbst in Armut leben, ihre letzten Habseligkeiten aus, um ein standesgemäßes Begräbnis zu finanzieren.

Herrscher nehmen eine Sonderstellung ein. Ihre Begräbnisstätten sind oft Bauwerke, für die ganze Volksmassen werken mußten. Grabhügel der Vergangenheit sind oft so groß, daß sie kleinen Bergen gleichen, die Pyramiden Ägyptens zählen zu den größten Bauwerken der Menschen überhaupt. An ihnen haben Tausende jahrzehntelang nur für den einzigen Zweck gebaut, ein oder zwei Menschen in einer kleinen Kammer als Tote einzulagern.

In manchen Religionen wurden mit den Herrschern ganze Familien, Sippen und Dienerscharen mitbegraben, in anderen wurde nur die verbliebene Witwe mit dem Toten mitverbrannt oder erschlagen, je nachdem, in welcher Form das Seelenheil am verläßlichsten zu erreichen ist.

Obwohl es sich, wie eingangs erwähnt, um Phantasiewelten handelt, durchdringen diese Religionen die ganze Menschheit. Wie unterschiedlich die Religion auch sein mag, sie ist allgegenwärtig. Am deutlichsten zeigt sich dies daran, daß praktisch in jedem Dorf ein Religionshaus erbaut wurde. Existieren mehrere Religionen in einem Ort, so wird niemals ein Religionshaus für mehrere Religionen verwendet, gehen niemals die Anhänger der einen Religion in das Religionshaus der anderen. Da die Religionshäuser die meiste Zeit leer stehen und unbenutzt sind, wäre dies zeitlich problemlos möglich.

In manchen Religionen wird Unglaubliches bei der Errichtung dieser Zeremonienhäuser geleistet. Im Vergleich dazu wird bei den Wohnhäusern des Menschen geradezu ärmlich und nachlässig gebaut. Von den menschlichen Behausungen vergangener Völker und Kulturen sind oft nur mehr Spuren zu finden, ihre Religionshäuser hingegen wurden so großartig und dauerhaft gebaut, daß sie Jahrtausende überstanden. Von vielen Kulturen kennt man fast ausschließlich die Reste ihrer Religionshäuser, wie und wo die Menschen genau gewohnt haben, weiß man nicht.

Solche Religionshäuser scheinen in ihren Ausmaßen durch nichts beschränkt. Die Palette reicht von kleinen Kapellen über riesige Tempelanlagen und Kathedralen bis zu Klöstern, die ganze Stadtteile umfassen bzw. selbst eine Stadt sind. Solche Klöster stellen oft Wirtschaftseinheiten dar, die Kleinstaaten vergleichbar sind.

Abgesehen von bestimmten sozialen Funktionen wie Spitäler, Armenhäuser und Schulen, scheint der Zweck dieser Klöster die totale Versenkung in die Traumwelt zu sein. Männer und Frauen widmen dort ihr ganzes Leben dem Träumen, rituellen Handlungen und dem Beten. Solche Menschen leben oft in Zellen, die sie fast nie verlassen und in denen sie durch vergitterte Fenster gefüttert werden. Es gibt auch Fälle, in denen kleine Höhlen in unzugänglichen Felswänden bewohnt werden, dort erfolgt die Fütterung der Träumenden mittels Körben an Seilen. Bücher, Totenköpfe und Bilder sind oft die einzigen Gefährten der Menschen in solchen Zellen und Höhlen.

Der Glaube an eine Religion kennt in Bezug auf den Realitätsverlust keine Grenzen. In der Stadt Jerusalem, in der vor langer Zeit ein gewisser Jesus als Verkünder einer reineren Form des jüdischen Glaubens auftrat, findet dies heute noch immer statt, statistisch gesehen 200 mal jährlich im Durchschnitt. In einem eigenen kleinen Spital werden diese immer wieder auftretenden messianischen Menschen mit oder auch gegen ihren Willen untergebracht, medizinisch behandelt und nach Möglichkeit so weit in die Realität zurückversetzt, daß sie wieder ein halbwegs normales Leben führen können.

Ein Wesensmerkmal, das ebenfalls die meisten Religionen gemeinsam haben, ist die Abwendung von vielen menschlichen Genüssen. Der Nahrungstrieb wird mit Fasten bekämpft, der Sexualtrieb durch Enthaltsamkeit, Keuschheit und Ehelosigkeit, die Geselligkeit durch Vertiefung in einsames Beten. Als Regel für alles kann dies jedoch nicht gelten, in Abweichung von der häufigen Sexualfeindlichkeit existieren auch Sexualität und Erotik als Religionsmerkmal. Auf mittelalterlichen Reliefs indischer Tempel wurden Szenen dargestellt, die alle Arten von Sexualverkehr darstellen. Dabei ist unverkennbar, daß diese Darstellungen nicht den Zeugungsakt religiös verherrlichen, sondern den lustvollen Sex in allen Varianten.

Nicht selten bekämpfen Religionen neues Wissen, neue Erkenntnisse und Techniken. Dies steht meist auch im Zusammenhang damit, daß neues Wissen irgendwelchen geheiligten Lehren und Weisheiten, oft festgehalten in religiösen Büchern, widerspricht. Kopernikus, ein Mensch, der den Lauf der Planeten und Gestirne richtig deuten konnte, wurde verfolgt. Darwin, der die Entwicklung der niederen bis zu den höheren Tieren, zum Beispiel den Menschen, weitgehend richtig erkannte, erfuhr große Ablehnung von Seiten der Religionen.

In den Phantasiewelten wird angenommen, daß die heiligen Bücher von Menschen geschrieben wurden, denen eine göttliche Erleuchtung die Wahrheit offenbarte. In keinem der Bücher wurden jedoch nachweisbar Dinge beschrieben, die der Autor nicht wissen konnte, die sich später als Wahrheiten herausstellten. Nichts wurde prüfbar vorhergesehen.

Sogar Kleinigkeiten, wie ein jüdisches Gebet, in dem die Unmöglichkeit der Berührbarkeit des Mondes durch die menschliche Hand als Nebensatz erwähnt wird, mußte nach der Landung des Menschen am Himmelstrabanten umgeändert beziehungsweise neu interpretiert werden. Trotz stets notwendiger Neuinterpretation werden die Bücher weiterhin für heilig und wahrheitsverkündend gehalten.

Der generelle Kampf gegen alles, was neu ist, wirkt sich auch in der verwendeten Sprache aus. Sprachen aus der Zeit, in der die betreffenden Traumwelten erfunden beziehungsweise neu eingeführt wurden, sind in dieser Altform eingefroren. Dadurch entsteht der äußerst merkwürdige Zustand, daß häufig in Sprachen gebetet wird, die die Betenden selbst nicht verstehen: Lateinisch, Altslawisch, Arabisch, Hebräisch. Da jede Erneuerung abgelehnt und bekämpft wird, lesen und beten die Gläubigen immer das Gleiche, immer mit den gleichen Worten. Diese Eintönigkeit erleichtert das sinnlose Erlernen von nicht mehr üblichen Sprachen und Schriften wesentlich. Versuche, die allen verständliche Landessprache zu verwenden, gelingen selten, enden oft mit neuerlichen Abspaltungen und Religionsgruppierungen, die sich gegenseitig bekämpfen.

Wie es Traumwelten eigen ist, stellt der Glaube an Wunder ein wesentliches Religionselement dar. Diese Wunder reichen von rein kindlichen Vorstellungen über wunderbare Eingriffe in das praktische Leben bis zu weltbewegenden Großtaten. Als Beispiel für eher einfachen Wunderglauben sei angeführt, daß ein Gott einer großen Religion Wasser in Wein verwandelte, damit eine Feier würdig verlaufen könne. Dabei ist nicht zu erkennen, warum gerade göttlicher Wille den Genuß von Alkohol fördern möge und warum eine Feier ohne Wein ein Unglück wäre, wodurch ein göttliches Wunder für so eine Nichtigkeit gerechtfertigt ist. Dabei ist besonders darauf hinzuweisen, daß in einer anderen Religion der Genuß von Alkohol, nicht ohne einsichtigen Grund, streng verboten ist. Die Anhänger dieser Religion glauben an göttliche Eingriffe als Strafe für die Verletzung dieser Regel.

In den Religionen, in denen alles Triebhafte bekämpft wird, insbesondere der Sexualtrieb, ist auch eine deutliche Frauenfeindlichkeit feststellbar. Kurios ist dabei, daß weibliche Menschen weitgehend weniger triebhaft im sexuellen Bereich reagieren als männliche. Womöglich beruht die Frauenfeindlichkeit dieser Religionen darauf, daß die Männer nicht in der Lage sind, ihre Triebhaftigkeit zu zähmen, und es einfacher ist, die Auslöser der Triebe zu beschuldigen. Frauen gelten daher in vielen Religionen als unrein, sind die Verführer zur Sünde. Als Priester werden sie oft nicht zugelassen, in den Religionshäuser wird ihnen in manchen Religionen beim Beten ein eigener Bereich zugewiesen, oft sogar hinter Abschirmungen in einer Ecke. Im Teheran des ausgehenden zwanzigsten Jahrhunderts werden Frauen verprügelt und schwer bestraft, wenn sie sich nicht verschleiern.

Sexualität ist meist nur im Bereich der Ehe zugelassen, wobei in besonders frauenfeindlichen Religionen für Priester sogar die Ehelosigkeit vorgeschrieben ist. In diesen Ländern ist auch bei sonstigem, nichtreligiösen Wunderglauben die Frau wesentlich schlechter dran. In einer Zeit, in der die Menschen sich gegenseitig böse Zauberfähigkeiten zutrauten und diese sogar in echten Gerichtsprozessen nachwiesen, wurden ungleich viel mehr Frauen als sogenannte Hexen auf Scheiterhaufen lebend verbrannt als Männer. Da es sich, wie die Religion selbst, nur um Phantasiehexen mit Phantasieverfehlungen handelte, wurden sie vorher so lange grausamst gequält, bis sie selbst alle erlogenen Anschuldigungen als wahr bezeichneten.

Die vollkommene Durchdringung des menschlichen Lebens durch die Religionen zeigt sich auch in der Kunst. Die künstlerische Schaffenskraft ist über weite Zeiträume davon stark bis fast ausschließlich beeinflußt. In fast allen Kulturen befassen sich die Künstler immer wieder mit den bekannten Symbolen und Bildern der jeweils gültigen Traumwelt.

Bei den Ägyptern werden immer wieder die gleichen religiösen Darstellungen in verschiedenen Stilen ausgeführt. Die für die geschichtliche Forschung so wichtigen profanen Bilder umfassen nur einen kleinen Prozentsatz der überlieferten Werke. Die Griechen und Römer malten unermüdlich ihre Götter, bei den Christen werden alle Heiligen immer wieder dargestellt. Im Islam, der jede bildliche Darstellung verbietet, befaßt sich die Kunst mit Schriften und Ornamenten. Aber auch in den vielen kunstfertigen Schriftvariationen werden immer die gleichen Sätze und Worte wiederholt. Die Überlieferung von geschichtlich Wertvollem ist ebenfalls auf eine geringwertige Nebensache reduziert.

Somit werden durch diese Traumwelten die kreativsten und innovativsten Gruppen einer Gesellschaft, die Künstler und Gelehrten, auf stereotypes Wiederholen der immer gleichen Bilder, Symbole und Schriften reduziert. Diese Chloroformierung einer der wichtigsten Gruppierung war stets Garant für das Niederhalten jeglicher Erneuerung, wie es der konservativen Grundtendenz der Religionen entspricht.

Warum die Menschen sich in diese Traumwelten verlieren, versteht kein Esel. Die nicht zu übersehenden Vorteile dieser Traumwelten, das Begründen und Wahren von Moralbegriffen und Regeln für das Zusammenleben, diese Vorteile wären durch Gesetze einfacher zu erreichen. Zusätzlich können Gesetze jederzeit problemlos novelliert und neuen Entwicklungen angepaßt werden. Novellierungen von religiösen Regeln sind nur äußerst schwer bis fast nie möglich.

Ein weiterer Ansatz zur Suche nach der Begründung für diese Traumwelten könnte sein, daß in allen Religionen die Priester eine dominierende Rolle spielen und insgesamt gut abschneiden. Ein Aufrechterhalten der jeweiligen Traumwelt und deren Ausbau lag sicher immer im ureigensten Interesse dieser Priester. Planmäßig durchdrangen sie das Volk, nahmen sich besonders der Kinder und des Bildungswesens an und sorgten dafür, daß die Traumwelt nicht angezweifelt wird. In manchen Staaten brachten sie es sogar zur totalen Herrschaft, es unterstand ihnen die Gesetzgebung, die Bestrafung und Belohnung und alle übrigen Lebensbereiche. Zwecks Aufrechterhaltung dieser Priestermacht gibt es auch Fälle von geplanter religiöser Einschüchterung. Die Feindschaft gegen alles Neue mag auch darin begründet sein. Neuerung heißt Wandel und stetes Neuerkämpfen der Macht - eine mühselige Aufgabe für alternde Priester.

Dies alles sind nur Spuren für eine Begründung all dieser Traumwelten. Sie können jedoch nur die Ausbreitung, die Entstehung von Sonderformen und Details erläutern, den totalen, unzusammenhängenden Phantasiewahnsinn als Gesamtheit jedoch nicht annähernd erklären.

Diese Traumwelten wurden ausführlicher untersucht, um für alle Esel dieser Welt das vollkommene Fehlen von Intelligenz bei den Menschen nachzuweisen. Ein Versuch, in diesen unvorstellbaren Fantasiegebilden irgendwelche intelligenzähnliche Spuren zu finden, kann nur scheitern. Vielmehr können Religionen als die Hauptursache dafür angesehen werden, daß die Menschen keine Intelligenz entwickeln konnten.

DIE VERHERRLICHUNG DES LÄRMS

Normale, kluge Wesen, wie zum Beispiel die Esel, gebrauchen ihre Stimme dazu, jemanden zu rufen, zu warnen oder anderen seine momentanen Gefühle mitzuteilen. Vermutlich war das früher bei den Menschen ebenso. Aufgrund ihrer fehlenden Intelligenz haben sie jedoch das Erzeugen von Lauten teilweise vom ursprünglichen Zweck abgekoppelt und bis zur totalen Wirrnis gesteigert. Die Forschung ergab, daß der Mensch den Lärm magisch verherrlicht und zu einem nutz- und zwecklosen Ohrengekitzel hochgesteigert hat, die sein ganzes Leben durchzieht.

Eine unvorstellbar große Menge von Menschen, insbesondere die in höher kultivierten Ländern lebenden, läßt sich ständig von diesem Lärm berieseln. Morgens werden sie durch automatisch beginnenden Lärm geweckt, sie essen unter Lärmberieselung, arbeiten und verbringen ihre Freizeit dabei, und abends schlummern sie mit ihr ein, das automatische Lärmgerät für das Wecken schaltet in diesem Falle nach dem Einschlafen selbständig den Lärm ab.

Es gibt praktisch keine Art von Lärm, die nicht auch zu dieser magischen Form zu zählen wäre. Er wird einzeln erzeugt und in Gruppen. Manchmal begnügen sich die Menschen damit, ihrer Stimme die ungewöhnlichsten Töne zu entlocken, höher, tiefer und, da es sich um Lärmerzeugung handelt, auf alle Fälle lauter als beim normalen Gebrauch. Meist aber verwenden sie zwecks Steigerung der Lautstärke die verschiedensten Geräte. Diese Geräte kann man grundlegend in zwei Gruppen einteilen, in Geräte, die der Mensch ständig bedienen muß, und solche, die von alleine Lärm erzeugen.

Lärmgeräte, die man bedienen muß, haben die vielfältigsten Formen. Sie bestehen aus Holz, mit oder ohne Schnüre aus Metall, Natur- oder Kunststoffen, aus Blech mit Druckknöpfen, aus vielen Materialien zusammen usw. Manche sind so klein, daß man sie tragen kann, größere passen gerade noch in ein Zimmer und ganz große erreichen Ausmaße eines ganzen Hauses, sie werden meistens in Religionshäusern aufgestellt und bestehen aus vielen riesigen Metallröhren. Selbstverständlich wächst die Stärke des Lärmes mit der Mächtigkeit der Geräte, hausgroße Lärmmaschinen sind so laut, daß man vermeint, das Beben der Luft zu verspüren.

Meist ist diesem magischen Lärm ein bestimmter Rhythmus anzumerken. Dieser alleine begründet jedoch sicher nicht diese unerklärliche Wirkung auf die Menschen, denn der Rhythmus von Dampfmaschinen oder Preßlufthämmern erzeugt nie diese magische Kraft. Die Menschen reagieren ganz verzückt auf diesen speziellen Lärm. In vielen Fällen beginnen sie zu hüpfen, sich zu drehen, manchmal auch zu springen. Auch wenn sie anfangs nur ruhig sitzen, endet es oft mit rhythmischem Hin-und-herwackeln auf den Sesseln, wobei sich viele gegenseitig stützen und die Hände reichen.

Das Training, mit dieser Art von Lärm zu leben, beginnt schon im Kindesalter. Erzieherinnen im Kindergarten klopfen mit Stäben auf fellüberspannte Töpfe und die Kinder lernen, danach zu laufen, hüpfen und mit Körperteilen zu wackeln. Manchmal lärmt die Erzieherin bloß mit ihrer Stimme. Nach längerem Training sind die Kinder so weit, daß sie mit primitiven Geräten wild mitlärmen, meist begleitet von der eigenen Stimme. In der Schule setzt sich diese intensive Beschäftigung mit dem Lärm fort. Ein eigenes Unterrichtsfach mit regelmäßigen Lehr- und Übungsstunden beschäftigt sich ausschließlich mit dem Lärm.

Manche Menschen widmen überhaupt ihr ganzes Leben dieser magischen Lärmerzeugung. Sie besuchen spezielle Schulen, in denen sie sich fast ausschließlich mit Lärmgeräten beschäftigen. Diese Menschen schließen sich nach ihrer langwierigen Ausbildung mit Gleichgesinnten zusammen und betrachten das Lärmen als ihren Beruf. In speziellen Häusern sitzen sie dann in riesigen Sälen auf einem Podium in großen Gruppen und viele Menschen kommen, um ihnen zuzuhören.

Bei solchen Sitzungen lärmen die Berufslärmer abwechselnd mit den oft mehreren tausend Besuchern. Die Berufslärmer erzeugen mit den verschiedensten Geräten alle Arten von Geräuschen, nach längerer Zeit hören sie plötzlich auf und dann lärmen die Zuhörer mit den Händen, indem sie diese heftig gegeneinanderschlagen. Oft johlen sie dabei und trampeln mit den Füßen am Boden. Anschließend sind sie wieder gänzlich still und die Gruppe am Podium übernimmt wieder das Lärmen. Auf diese Weise wechseln sie sich mehrmals sehr diszipliniert ab, ohne daß auch nur einmal beide Gruppen zugleich lärmen.

So richtig lustig wird es aber erst, wenn die Menschen beginnen, sich im Takt des sinnlosen Lärmes ebenso sinnlos zu bewegen. Dies erfolgt häufig in dafür extra gebauten Häusern und Hallen, bei bestimmten Ereignissen werden diese Bewegungen aber überall ausgeführt. Dabei lärmt eine kleine Gruppe oder ein Mensch bedient ein Lärmgerät. In der Halle befinden sich Sessel und Tische und eine spezielle freie Fläche, auf der sich fast alles ruckartig bewegt, meist je ein männlicher und ein weiblicher Mensch.

In manchen Hallen ist der Lärm so groß, daß er nur schwer erträglich erscheint, nachweislich ist er stark genug, daß auf Dauer Schädigungen nicht zu verhindern sind.

In einer besonderen, aber sehr häufigen Form marschieren die Menschen nach speziellem Lärm. Mit und ohne Geräte wird mit der Stimme gelärmt und streng im Rhythmus des Lärmes bewegen sie die Füße. So marschieren die Menschen festlich und bunt gekleidet zu Festen, jedoch auch alle gleich und einfärbig gekleidet mit Waffen in den Krieg.

Gänzlich abweichend von der ständig fröhlich wirkenden Kraft dieses magischen Lärmes scheint er in gesonderten Situationen plötzlich anders zu wirken. Wird anläßlich von Begräbnisfeierlichkeiten rhythmisch gelärmt, so wirkt dies auf die Menschen eindeutig traurig. Der Lärm ist nur in Nuancen anders geartet und bewirkt in der Stimmung der Menschen das totale Gegenteil.

Ohne jeden Anlaß horcht fast jeder Mensch, manche den ganzen Tag über, diesem Lärm zu, der dabei immer mittels spezieller Geräte, die niemand bedient, erzeugt wird. In den Wohnungen existiert oft in jedem Raum so ein Gerät, auch auf den Arbeitsplätzen sind sie fast immer zu finden. In Autos werden sie eingebaut, um sich auch beim Fahren ständig von diesem Lärm berieseln zu lassen. Den gleichen Zweck haben Geräte, die man stets bei sich trägt. Wenn die normalen Umgebungsgeräusche zu stark sind, so benützt der Mensch Geräte mit Kopfhörern, damit er sich ungestört dem speziellen Lärm widmen kann.

Daß es sich trotz dieser generellen Verzückung fast aller Menschen um echten Lärm handelt, ist eindeutig bewiesen. Immer wieder kann man Fälle beobachten, in denen Menschen verärgert reagieren, den Lärmerzeuger beschimpfen und ihn nötigen, leiser zu sein oder gänzlich mit dem Lärmen aufzuhören. Dies trifft auf jede Art von Lärm zu, für jede spezielle Lärmform gibt es jeweils Gegner und Befürworter, kein Lärm konnte gefunden werden, der nicht von irgendeiner anderen Menschengruppe als unangenehm empfunden wird.

Für eine so geistlose Tätigkeit ließen sich trotz redlichem Bemühen keine sinnvollen Ursachen finden. Insbesondere der unverständliche Wankelmut, die einerseits unverkennbar fröhliche Wirkung und andererseits die Verärgerung über genau denselben Lärm, scheint unbegründbar.

Die Hypothese, die ruckartige Bewegung, die im Zusammenhang mit den Geräuschen vollführt wird, sei eine Art von Leibesübungen, mußte verworfen werden, da alles drum herum nicht dazu paßt. Denn der Mensch trägt dabei normale oder sogar für Leibesertüchtigungen ungeeignete Kleidung, trinkt und raucht dabei. Insbesondere Letzteres ist bei Leibesübungen vollkommen unüblich.

Die Anmerkung, daß auch bei anderen Tieren unbegründetes Lärmen häufig ist, scheint richtig, erklärt jedoch das Phänomen nicht. Das Lärmen der Vögel ist tatsächlich häufig. Bei Hirschen, die nächtelang auf Waldlichtungen röhren, um Weibchen anzulocken, ist ein Zusammenhang mit der Fortpflanzung nicht zu übersehen. Männliche Menschen stehen ebenfalls nächtens auf freien Plätzen und grölen, den Hirschen ähnlich. Eine positive Wirkung auf weibliche Menschen konnte nicht direkt nachgewiesen werden.

Manche Tiere verändern sogar in dieser lärmhaften, mit sonderbaren Bewegungen erfüllten Balzzeit ihr Aussehen. Hier sind Parallelen zu finden. In der Zeit der Paarfindung sucht auch der Mensch häufiger Stellen auf, wo gelärmt und ruckartig danach herumgehüpft wird. Bei den übrigen Tieren folgt diesem Verhalten meist der Begattungsakt und der ganze Zauber hat ein Ende, die beteiligten Tiere benehmen sich wieder normal. Diese Tätigkeitsfolge ist auch bei den Menschen eher häufig zu beobachten, jedoch nicht in dieser Regelmäßigkeit.

Als weiteres Kuriosum gibt es Theaterstücke, die scheinbar ihr Hauptgewicht auf Lärm legen. Auf der Bühne agieren Menschen, die, anstatt zu sprechen, ihre Stimme verstellen und alles lärmend hervorbringen. Vor der Bühne sitzen viele mit Geräten und verstärken den Lärm. Bei diesen Theaterstücken scheint es, daß die Handlung nicht ernst genommen wird. Bei den lärmhaften Stücken ist die Handlung in der überwiegenden Mehrzahl eher seicht, dümmlich, manchmal märchenhaft und unwirklich. Offenbar bewirkt allein der Lärm das Kommen der Zuseher.

Diese unverständliche Hingezogenheit zum Lärm und den beschriebenen Bewegungen kann in keiner Weise von Intelligenz gesteuert sein. Wie in allem menschlichen Bemühen, ist in den Details eine intelligenzähnliche Betriebsamkeit vorhanden, die den voreiligen Rückschluß auf Intelligenz suggeriert.

Im Bau von Geräten zur Lärmerzeugung ist bei den Menschen eine weitgehende, erfolgreiche Entwicklung feststellbar. Auch zum

Gebrauch dieser Geräte wird weitverbreitet geforscht und gelehrt. Obwohl es sich um ziel- und nutzlose Lärmerzeugung handelt, die nichts bewirkt als die unverständlichen Gefühlsreaktionen der Menschen, existieren Schulen in jedem Spezialisierungsgrad, so als handle es sich um eine sehr wichtige Wissenschaft. Auf alle Fälle gäbe es wesentlich wichtigere Wissensgebiete für den Menschen, die weder in allen Schulplänen ähnlich starke Berücksichtigung finden, noch daß es eigene Spezialschulen dafür gibt.

Die in ihrem Eifer gewonnenen Erkenntnisse der Menschen bezüglich der Lärmerzeugung können sich sehen lassen. Es werden sehr komplizierte, enorm variationsreiche Geräte zur Lärmentwicklung gebaut. Dies trifft sowohl auf primäre Lärmentwicklungsgeräte zu als auch auf elektronische Geräte, die einmal erzeugten Lärm reproduzieren. Auch in der Technik der Lärmübertragung in andere Räume, Städte, Länder und Kontinente wurde von den Menschen Großartiges entwickelt.

Trotz dieser enormen Anstrengungen befaßt sich der Mensch, entsprechend seiner fehlenden Intelligenz, nicht mit der Hauptfrage. Er erforscht alles rund um den Lärm, lehrt die kompliziertesten Details und glaubt in seiner Einfältigkeit, alles Wichtige zu wissen. Die Hauptfrage, warum dieser als magisch zu bezeichnende Lärm diese enorme Wirkung auf den Menschen hat, scheint sich der Mensch selbst gar nicht zu stellen.

Als Beispiel für das totale Fehlen von Erkenntnissen darüber kann angeführt werden, daß niemand sagen kann, ob eine bestimmte Lärmzusammenstellung ein berühmtes, von allen häufig wiederholtes Lärmstück wird, oder nicht. Erfindet jemand so ein bestimmtes Stück, dann kann er weltberühmt und reich werden. Oft werden diese Stücke viele Jahre in der ganzen Welt wiederholt, sowohl von Berufslärmern als auch von vielen Menschen, die den Hauptteil des Lärmes mit ihrer Stimme nachahmen.

In den meisten Fällen verliert jedoch eine bestimmte Lärmfolge nach einer relativ kurzen Zeit ihre extrem starke Wirkung auf die

Menschen und gilt als normal anregend. Über die Ursachen dieser extrem unterschiedlichen Wirkung mit all ihren kuriosen Details existiert beim Menschen praktisch kein Wissen.

Somit jagen die berufsmäßigen Erfinder des ständig neu zusammengestellten Lärmes ein Leben lang dem großen Erfolg nach, aber trotz ihrer umfassenden Bildung und Schulung haben sie keine Ahnung, worauf es wirklich ankommt. Sie produzieren massenhaft Mittelmäßigkeit, bis plötzlich eines ihrer Stücke, ohne jede Erklärung, diese extreme Wunderwirkung auf die Menschen hat und den Erfinder zum reichen Manne macht.

Das ganze Phänomen weist insgesamt sicherlich nicht auf vorhandene Intelligenz hin, sondern gleicht den triebgesteuerten Verhaltensmustern, die bei allen anderen Tieren zu beobachten sind, mit dem Unterschied, daß die Menschen es zu einer maßlosen Übersteigerung getrieben haben, die kein vernünftiges Tier nachvollziehen kann.

Allerdings soll nicht verheimlicht werden, daß die Menschen in ihrer Lärmverherrlichung überwiegend selig und friedlich wirken. Dies ist in vielen ihrer anderen sonderbaren Verhaltensweisen durchaus nicht der Fall. Womöglich liegt in diesem Aspekt doch ein Sinn, den die anderen Wesen nicht verstehen, da ihnen die seelische Ausgeglichenheit nicht abhanden gekommen ist.

KÖRPERKORREKTUREN, BEMALUNGEN, VERHÜLLUNGEN

Grundlegend ist unübersehbar, daß die Menschen nicht die harmonischen, idealen Körperproportionen haben wie wir Esel. So übel sehen sie aber auch nicht aus, als daß ihre Unzufriedenheit mit sich selbst erklärbar wäre.

Aufgrund der fehlenden Intelligenz ist der Mensch jedoch nicht einmal in der Lage, sich selbst zu lieben, so wie er ist. Als einziges Lebewesen der Erde hält er es für nötig, sein Äußeres zu korrigieren. Die armen Teufel haben zusätzlich noch keine fixe, gleichbleibende Vorstellung, wie sie eigentlich aussehen möchten. Abhängig von Zeitalter und Gebiet gibt es bestimmte Idealvorstellungen für das Aussehen. Diese Idealbilder wechseln, wobei dafür verschiedene Zeitunterschiede erkennbar sind, von wenigen Monaten bis zu vielen Jahren.

Jedes zu einer bestimmten Zeit gerade gültige Ideal wird von allen Menschen, ohne jede Hinterfragung, folgsam angestrebt. Ganz wenige scheinen vollkommen unberührt von dem kollektiven Streben. Diese Menschen, die es offensichtlich dennoch zustande bringen, mit sich selbst zufrieden zu sein, so wie sie sind, werden jedoch von den übrigen belächelt, oft sogar verachtet und haben als Außenseiter vielfach Nachteile zu erwarten.

Das Streben nach einem bestimmten Aussehen umfaßt den ganzen Menschen, wobei er einzelne Teile seines Körpers bevorzugt pflegt und variantenreich bearbeitet. Zum Beispiel finden die menschlichen Haare ganz besondere Beachtung, und zwar jene Haare, die für alle sichtbar am Kopfe angewachsen sind. Hier ist besonders auffällig, daß viele Männer die Haare von der Stirne bis zum Nacken meist wachsen lassen, die Haare im Gesicht jedoch mit unermüdlichem Fleiß täglich abschaben.

Die bei dieser groben Prozedur zwangsläufig in Mitleidenschaft gezogene Haut versucht man anschließend mit diversen Mitteln zu behandeln, die auftretenden Verletzungen werden routinemäßig selbst versorgt. In manchen Ländern wird bei dieser morgendlichen Arbeit genau darauf geachtet, daß die zwischen Mund und Nase wachsenden Haare nicht mitentfernt werden.

In anderen Ländern wird überhaupt nicht geschabt. Interessanterweise tritt diese Manie je Zeitalter und Gebiet gänzlich verschieden auf und wandelt sich von Zeit zu Zeit. Es kann sein, daß sich in einem bestimmten Zeitabschnitt jeder schabt und in dem gleichen Land zu einer späteren Zeit alle ihre Haare im Gesicht frei sprießen lassen. In der Zeit, in der glatte Hautstellen angesagt sind, gilt jemand mit Haaren im Gesicht als ungepflegt. Wird auf geheime Ursache hin das tägliche Vernichten bestimmter Haare verpönt, so trifft einen männlichen Menschen ohne starken Haarwuchs im Gesicht der dringende Verdacht, ein kränklicher Schwächling zu sein.

Die große Mehrheit, die das Haar oberhalb der Stirne bis zum Nacken nicht täglich vernichtet, verwendet verschiedene andere Pflegehandlungen. Das Kopfhaar wird in größeren Abständen von speziell dafür ausgebildeten Menschen abgeschnitten, eine gewisse Länge wird übriggelassen. Dabei kommt es häufig vor, daß diese Haare verschiedenst gefärbt werden. Meist werden Farben verwendet, die auch sonst bei Haaren von Natur aus häufig sind, in selteneren Fällen benützt der Mensch Farben, die niemals natürlich vorkommen.

Bei diesen Behandlungen werden die Haare oft auch mit chemischen Stoffen behandelt, in einzelnen Büscheln über kleine Rollen gewickelt und unter speziellen Geräten so lange gegrillt, daß keine Rückkehr in die normale Lage erfolgt. So entsteht wellenförmiges Haar. Diese Behandlung muß stets wiederholt werden, da das nachwachsende Haar davon unberührt wieder glatt ist.

In bestimmten Zeitaltern verwendeten Menschen, die über genügend Geld verfügten, sogenannte Leihhaare. Eigens dafür ausgebildete Menschen befaßten sich berufsmäßig damit, anderen Menschen abgeschnittene Haare so zu verweben und zusammenzunähen, daß man sie wie eine Haube aufsetzen

konnte. Um ein problemloses Tragen dieser Hauben aus toten Haaren zu gewährleisten, schabten sich die Benützer das eigene, lebende Haar ab oder frisierten es ganz glatt an den Kopf.

In neuerer Zeit ist die Verwendung von abgestorbenem, toten Haar zwar seltener geworden aber zusammen mit einigen Varianten dennoch im Gebrauch, insbesondere in Fällen geringeren Haarwuchses. Es werden sowohl ganze Haarhauben als auch nur Teilstücke getragen. Anstatt die Haare auf eine Haube zu weben, entwickelte der Mensch ebenso die Technik, das Haar direkt auf den Kopf zu weben, oder, ähnlich wie Rasenziegel, mittels chirurgischer Eingriffe zu verpflanzen.

Wesentlich häufiger wird eine Kleinform der Leihhaarmethode angewendet, die erstens deutlich billiger ist und zweitens nur bei genauem Hinsehen erkannt wird. Sie besteht darin, daß sich die Menschen einige wenige, lange Haare auf den Augenlidern ankleben.

Welch Unfug auch immer mit den Haaren geschieht, der Mensch versucht damit nur krankhaft sein Äußeres, mit dem er offensichtlich nicht zufrieden ist, zu verändern. Ebenso verfährt der arme Tropf mit seiner natürlichen Körperfarbe. Dies manifestiert sich in den lächerlichsten Formen der Körperbemalung, die insbesondere bei den weiblichen Menschen beliebt ist. In den einfachsten Fällen wird das Gesicht bemalt, rund um die Augen und der Mund etwas stärker. Ebenso häufig erfolgt die Bemalung der Finger- und Zehennägel. Rund um die Augen werden dunklere Töne bevorzugt, für Lippen und Nägel finden grellere Farben Verwendung.

Die Gesichtsbemalung wird meistens am Abend entfernt und morgens neu aufgetragen. Für Finger- und Zehennägel wurden bessere Farben entwickelt, sie halten wesentlich länger und müssen nur in größeren Abständen erneuert werden. Vor dieser Erneuerung wird die alte Farbe mittels einer speziellen chemischen Lösung entfernt.

Die ganze übrige Haut des Menschen wird mit der Sonne oder in Ermangelung dieser mittels spezieller Lampen zart gegrillt. Es handelt sich somit nicht um eine Färbung mittels Deckfarben, sondern die Menschen lassen Sonne oder Lampen so lange auf die Haut einwirken, bis die erste Spur von Verbrennung, eine Dunkelfärbung, eintritt.

Bei all diesen Teilkörperbemalungen, seien es Haare, Hautpartien oder Nägel, ist auffallend, daß sie von weiblichen Menschen wesentlich häufiger angewendet werden als von männlichen. Dies legt den Schluß nahe, daß jene weniger mit ihrem natürlichen Aussehen zufrieden sind.

Da schon festgestellt wurde, daß im Aussehen zwischen weiblichen und männlichen Menschen kein nennenswerter Unterschied besteht, ist diese unterschiedliche Denkensart unklar. Es wäre auch möglich, daß in den Augen der Menschen selbst andere Ansichten gelten, die Frauen als häßlicher angesehen werden und somit mehr der vermeintlichen Verbesserung bedürfen.

Die physische Körperform, die angestrebt wird, ist ebenso vom Zeitalter und Gebiet abhängig. Es gibt Zeiten und Gebiete, in denen mollige Frauen als Ideal gelten, in anderen Zeiten oder Ländern wird wieder vollkommene Schlankheit bewundert.

Manche Menschen scheinen in kurzem Wechsel beide Typen anzustreben. Dies geschieht besonders in Zeiten, in denen Schlankheit als Ziel gilt. Diese Menschen fressen sich mollig oder gar fett, vollführen dann strenge Hungerkuren und werden wieder schlank. In relativ kurzen Abständen wiederholen sie diesen Wechsel. Oft üben sie diese Schaukelpraktik so lange, bis der ganze Körper in seiner Steuerung durcheinandergerät und Schädigungen lebenswichtiger Organe eintreten.

Besonders kurios dabei ist, daß sich diese Menschen oft im normalen Leben auf relativ billige Weise fett fressen, um dann für teures Geld in ein eigenes Haus zu ziehen, in dem sie praktisch nichts zu essen bekommen. Dafür wird ihnen dort erklärt, wie schön es ist, schlank zu sein und was man alles dafür tun muß. Paradoxerweise kostet so ein Aufenthalt, bei dem der Gast tüchtig hungert, mehr als einer, bei dem er sich bei reichlichem Essen problemlos fett futtern kann.

In seltenen Fällen erfolgt das Schlankwerden nach lang anhaltendem Vielfraß mittels eines medizinischen Eingriffes. Der Mensch wird an den fetten Stellen aufgeschnitten, das Fettgewebe abgesaugt und dann wieder zugenäht. Unabhängig von der Art des Schlankwerdens folgt darauf die Phase des Fettfutterns.

Außer zielgerichteter Volumsänderung des Körpers existieren auch andere Formen von Körperkorrekturen. Die Menschen in China liebten über Jahrhunderte hinweg kleine Füße. Um dies zu erreichen, banden sie den weiblichen Kleinkindern die Füße so eng, daß dadurch das Wachstum gewaltsam behindert wurde. Bestimmte afrikanische Völker streben lange Hälse an. Diese erzwingen die dortigen Menschen mittels Halsreifen, die den Kindern während des Wachstums um den Hals gebunden werden. Auf ähnliche Weise werden in anderen Gegenden lange Schädel geformt, die weit nach hinten wachsen.

Sind lange Ohren ein Ideal, so durchbohren die Menschen die Ohrläppchen und hängen Gewichte an, die das Fleisch mit der Zeit in die gewünschte Länge ziehen. Besteht das anzustrebende Idealbild in schnabelartigen Lippen, so implantieren seine Anhänger Holzplatten, die das Fleisch spreizen. In vielen Fällen begnügen sich die Menschen damit, die Haut nach bestimmten Mustern zu zerschneiden, sei es streifenförmig oder spiralig, sie zu durchlöchern oder mit Stichen und ätzenden Flüssigkeiten Bilder einzugravieren.

All dies muß in Anbetracht der Tatsache gesehen werden, daß das jeweilige Schönheitsideal immer nur zu einer bestimmten Zeit und nur für eine bestimmte Menschengruppe gilt. Zu anderen Zeiten oder bei anderen Menschengruppen gelten zum Beispiel Tätowierte als verachtenswert, Leute mit langen Ohren als eher häßlich oder schnabelartige Mäuler als abstoßend. Glücklicherweise wechseln die Ansichten darüber nicht so schnell wie etwa bei der Kleidung oder Modefarben, denn wenn sich jemand für eine in herrliche Streifen zerschnittene Haut entschieden hat, so hält diese für sein ganzes Leben. Das gleiche gilt für lange Hälse oder eierförmige, weit nach hinten verformte Schädel. Der Mensch kann diese für ihn offensichtlich so netten Korrekturen sein ganzes Leben lang nicht mehr ändern.

Diese Körperveränderungen in Richtung eines unnatürlichen Idealbildes gibt es nicht nur bei den weniger entwickelten Menschengruppen. Auch die hochentwickelten Völker beherrschen die verschiedensten Techniken. Das dort gerade gültige Ideal für Körperformen gibt genau an, wo vermehrtes Fleisch erwünscht und wo es verpönt ist. Wenn zum Beispiel in der Bauchgegend mittels operativen Eingriffen Fettgewebe abgesaugt wird, so wird versucht, knapp darüber, bei den Milchdrüsen der weiblichen Menschen, das Fleisch optisch zu vermehren. Zu diesem Zweck schneiden die Menschen die weiblichen Brüste auf, schieben eine passende Kunststoffpackung ein und nähen das Fleisch wieder zu. Auf diese Weise wird das Volumen künstlich vergrößert. Abstehende Ohren werden enger an den Kopf genäht, breite Nasen spitzt man etwas zu, zu schräge Augen zieht man gerade und Hautfalten werden durch Herausschneiden einzelner Streifen straffgezogen.

Der ständig vom Menschen geübte Urkult der Körperveränderungen und Hautbemalungen ist natürlich mit Kleidern wesentlich einfacher zu bewerkstelligen. Auf diesem Gebiet existieren daher die gleichen Gesetzmäßigkeiten. Es gilt farblich und den Formen nach jeweils eine bestimmte Richtung als Ideal. Folgsam und ohne Widerspruch wird es von allen tüchtigen Menschen angestrebt. Auch hier wechselt das jeweils gültige Ideal nach Zeitalter und Menschengruppe, nur etwas schneller als bei den Körperformen.

In neuerer Zeit beschleunigte sich der zeitliche Wechsel in den entwickelten Ländern zu einem atemberaubenden Tempo. Wenn früher oft eine bestimmte Art von Kleidern Jahrzehnte lang als schön galt, manche Festtagstracht Jahrhunderte überdauerte, so wird jetzt schon so schnell gewechselt, daß die Menschen von

einer Frühjahrs- und Herbstkollektion sprechen, von den neuen Farben des Sommers und der Mode des Winters.

Es gab bei allen Völkern Zeiten, in denen die Kleidung gewechselt wurde, wenn sie kaputt, das heißt, auf wirtschaftliche Weise eine Reparatur nicht mehr möglich war. Je höher der Entwicklungsstand des Volkes, um so mehr wird davon abgegangen. Der Mensch wechselt die Kleider beim ersten Schadensfall anstatt sie zu reparieren. Steigt die Entwicklungsstufe weiter, so wechselt er sie sogar lange vor der ersten notwendigen Reparatur. Als Begründung gilt dann das wechselnde Ideal, das sich aber nur geringfügig vom vorher gültigen unterscheidet. Lächerliche Unterschiede, wie kleine Detailabweichungen an den Rändern, andere Farben oder unterschiedliche Rocklängen in beiden Richtungen, begründen ein neues Ideal, eine neue Mode und alle wechseln die Kleider. Wer bei den alten Formen bleibt, wird belächelt. Interessanterweise wird so eine alte, belächelte Form zu einem späteren Zeitpunkt plötzlich wieder zum Ideal erklärt, dann trägt sie wieder jeder und umgekehrt wird das vorübergehend Neue unmodern.

In sogenannten Modeschauen, die regelmäßig veranstaltet werden, zeigen die Menschen einander, was gerade als Ideal zu gelten hat. Zwar werden dabei auch Modelle gezeigt, die normalerweise niemand trägt, aber die Art der Kleider und die bevorzugten Farben werden so vorausbestimmt. Bei diesen Modeschauen treten Menschen berufsmäßig auf und diese haben auch jene Körperformen, die dem gerade gültigen Schönheitsideal entsprechen.

Eine Sonderform der Modeschau wird als Ball bezeichnet. Dort darf jeder auftreten, auch solche, die in keiner Weise den körperlichen Idealformen entsprechen. Bei Bällen, die von besonders reichen Menschen besucht werden, sind die nichtidealen Körperformen sogar in der Mehrzahl. Voluminöse Frauen zwängen sich in enge Kleider und tragen kleine Schuhe, die auf noch kleineren Säulen stehen. Diese Schuhe dürften besonders unbequem sein, denn nicht nur, daß sie zu Hause sofort ausgezogen werden, es wurden auch Fälle beobachtet, da geschah dies noch während des Balles verstohlen unter dem Tisch.

Am Anfang und am Ende solcher Bälle tragen vorwiegend die weiblichen Menschen teure Pelze, für deren Herstellung eigene Tiere gezüchtet, gefüttert und dann umgebracht werden. Ein Teil der Menschen dürfte darin jedoch einen Rückfall in die Urzeit sehen, denn sie bekämpfen das Tragen von Pelzen auf das Heftigste. Sie besprühen die wertvollen Pelze anderer mit Farben und finanzieren Werbeplakate, auf denen behauptet wird, daß nur Tiere und Schlampen Pelze tragen.

Bei diesen Spezialmodeschauen, variieren die männlichen Menschen ihre Kleidung deutlich weniger. Sie tragen dafür aber farbige Schleifen und verschieden geformte bunte Metallplättchen auf ihrer Brust. Je älter und unförmiger der Mensch ist, desto mehr Metallanhänger trägt er. Junge schlanke Männer, die sogar manchmal in einheitlicher Kleidung auftreten, in sogenannten Uniformen, tragen auffallend weniger.

Ein weiterer Unterschied der beiden Formen von Modeschauen besteht darin, daß bei normalen Vorführungen die Akteure bezahlt werden, bei Bällen jedoch selbst bezahlen müssen. Als Gegenleistung besteht keinerlei Anforderung über die Körperformen der Teilnehmer, es darf wirklich jeder Auftreten und tut es auch mit offensichtlicher Freude.

Auf diesen Spezialmodeschauen wird auffallend viel gegessen und getrunken. Für die vorgeführten Kleider gilt ebenso, daß sie nur selten, oft sogar nur einmal getragen werden. Die Häufigkeit des Tragens ist gegenläufig zum Preis. Je teurer, um so seltener wird ein Kleidungsstück getragen, je billiger, um so öfter. Bei einer speziellen Unterform des Balles, der sogenannten Hochzeit, ist es sogar die Regel, daß das vorgeführte Kleid der klar erkennbaren Hauptdarstellerin niemals wieder getragen wird. Entsprechend der vorhin erwähnten Regel, daß die Traghäufigkeit umgekehrt proportional zum Preis liegt, ist dieses Kleid dann auch immer das teuerste, das seine Besitzerin jemals hatte.

Ursachen für dieses ständig sich ändernde oder auch zyklische Verhalten können nur erahnt werden. Kein einziges anderes Wesen der Erde gibt es, das den eigenen Körper freiwillig mittels Verstümmlungen korrigiert. Absichtliche Verunstaltungen und Verletzungen der Körperoberfläche als zweifelhafte Verschönerungen sind normalen Wesen ebenso unbekannt. Das stetige Variieren der Kleidungsform hat auch keine Parallelen, da nur der Mensch aufgrund seiner deutlich unvollkommenen Eigenschaften der Kleidung bedarf.

Bei der Wahl der verschiedenen Kleider herrschen unvorstellbar strenge Regeln. Diese Regeln erscheinen vollkommen willkürlich, zumindest sind sie unergründlich. Kleidung, die zu bestimmten Zeiten als schön gilt, ist zu anderen Zeiten unmöglich zu verwenden.

Eine Kleidung, die abends in der Wohnung getragen wird und anschließend im Bett, der Mensch nennt sie Pyjama, trägt er niemals, wenn er zur Arbeit geht. Ein Kleid, das die Menschen auf einem Ball tragen, wird niemals angezogen, wenn sie einkaufen gehen. Ebenso unmöglich ist es, Kleider öffentlich anzuziehen, die die Menschen normalerweise unter den anderen Kleidern tragen.

Nachdem all diese Regeln völlig willkürlich erfunden wurden und keiner nachvollziehbaren Gesetzmäßigkeit entsprechen, müssen die Menschen sie stur auswendig lernen. Kinder, die diese Regeln noch nicht beherrschen und infolge der fehlenden Logik auch keine Chance haben, sie selbst zu erkennen, verstoßen oft dagegen. Es gibt nur einen Weg, ihnen diese Regeln beizubringen und zwar, sie so lange zu rügen, bis die unsinnigen Vorschriften in Fleisch und Blut übergehen. Dann sind diese jungen Menschen so von den Regeln überzeugt, daß sie ihrerseits den eigenen Nachwuchs ebenso damit quälen.

Abgesehen davon, daß in all dem Beschriebenen nicht die Spur einer Sinnhaftigkeit gefunden werden konnte, war auch nicht erkennbar, daß der Mensch dieses Treiben an sich in Frage stellt. Er betrachtet diese mehr als dumme und verschwenderische Handlungsweise als unverrückbar und absolut gültig. Im Detail entwickelte er, so wie in vergleichbaren anderen Lebensbereichen, ein großes Wissen. Mit einem immensen Aufwand wird im Bereich der kosmetischen Chemie geforscht, um immer neue Körperbemalungsmittel zu entwickeln. Die Erfindungen in der Stofferzeugung und Färbung stehen dem in nichts nach. Auf dem Gebiet der Schönheitschirurgie werden ständig neue Techniken erarbeitet.

In Teilgebieten bewegen sich die Erkenntnisse in bescheidenem Rahmen. Daß Sonnenbräunung, das leichte Anrösten unter der Sonne oder speziellen Lampen, ungesund ist, wurde erkannt. Dennoch verfügen die Menschen offensichtlich über keine gesündere Bräunungsmethode.

Der Mensch erkennt einerseits die echten Nachteile dieses Kultes, ist jedoch nicht in der Lage, sich davon zu befreien. Es gibt keinen ernstzunehmenden Arzt, der das Verbrennen der Haut nicht als ungesund erkennt. Dennoch lebt niemand entsprechend dieser Erkenntnis, und es wird fröhlich weitergebrutzelt. Ein Mensch mit seiner natürlichen, gesunden Haut gilt sogar als kränklich, wer dagegen schon eine leicht geschädigte, sichtbar angebratene Haut aufweisen kann, als gesund.

Warum erkennt der Mensch nicht, daß er vollkommen grundlos einem Idealbild nacheifert, das seinen normalen Körperformen und Farben nicht entspricht? Es müssen doch so viele andere Wesen auch damit fertig werden, daß sie nicht so vollkommen sind wie die Esel.

BERÜHRUNGSMANIE

Selbstverständlich kann man von den unvollkommenen Menschen nicht erwarten, daß sie ihr Leben so ausgeglichen und harmonisch steuern, wie wir Esel das tun. Aber ein Wesen, das würdig wäre, alle anderen zu beherrschen, sollte so wenig wie möglich von seinen Trieben beherrscht werden, seine Handlungen sollten von den Gesetzen der Vernunft bestimmt sein. Daß der Mensch in seinen Handlungen weit entfernt von jeder Vernunft ist, ist schon nachgewiesen worden. Nun gilt es zu beweisen, daß er in weiten Bereichen auf extreme Weise von seinen Trieben abhängig ist.

Der Mensch verfügt offensichtlich über spezielle Sensoren, die körperliche Kontakte auf ganz besondere Art registrieren. Diese Körperkontakte erregen den Menschen auf lustbetonte Weise. Abhängig vom Lebensalter, sind diese körperlichen Berührungen von stark unterschiedlicher Bedeutung für den Menschen. Aus nicht ganz einsichtigen Gründen hält er sie über lange Zeitabschnitte für vollkommen unwichtig, zu anderen Zeiten scheint er nichts anderes im Kopf zu haben, denkt Tag und Nacht daran und ist zu keiner vernünftigen Tätigkeit fähig. Er scheint so wehrlos davon besessen zu sein, daß er bei eventuellen Verboten nicht in der Lage ist, diese einzuhalten, in extremen Fällen riskiert er sogar sein Leben dafür.

Der Mensch ist sich darüber im klaren, daß es sich um ein echtes Leiden handelt und verwendet dafür den Fachausdruck „liebeskrank". In anderen Zeitabschnitten sinkt alles plötzlich ebenso unerklärlich wieder in die Bedeutungslosigkeit, und der Mensch reagiert wieder völlig normal, scheint von der Krankheit der extremen Triebsteuerung geheilt.

Die Besessenheit kann jedoch jederzeit zurückkehren. Normalerweise finden die Anfälle mit zunehmenden Alter immer seltener statt und hören dann gänzlich auf. Jedoch ist ein sehr hohes Alter keineswegs ein sicherer Schutz vor den Anfällen. Nicht selten wird ein schon bewegungseingeschränkter alter Mensch von einem Anfall heimgesucht. Auch wenn er wegen seiner körperlichen Unzulänglichkeiten zur fachgerechten Ausführung der Berührungstechniken nicht mehr in der Lage ist, zeigt die Besessenheit in den anderen Belangen eher eine starrköpfige Steigerung denn ein altersbedingtes Nachlassen.

Diese extrem wankelmütige Bewertung gilt sowohl für den Lustgewinn bei einfachen oberflächlichen Berührungen, ganz besonders aber für den jedem Esel bekannten Zeugungsakt.

Meist finden diese sonderbar wirkenden Körperkontakte, so wie der Zeugungsakt bei den anderen Tieren, nur zwischen zwei Wesen statt, in der Mehrzahl zwischen je einem männlichen und einem weiblichen Menschen. Weniger häufig finden diese magischen Berührungen zwischen zwei männlichen Menschen statt, und noch etwas seltener zwischen zwei weiblichen. Sind mehr als zwei Menschen beteiligt, so wird dies meistens, vermutlich wegen der Seltenheit, auf Bildern und Filmen festgehalten, die dann in eigenen Geschäften verkauft werden.

So wie bei den anderen Tieren erfolgt auch bei den Menschen eine Schwangerschaft nur nach der Paarung eines männlichen und eines weiblichen Individuums. Obwohl nach der Paarung zweier männlicher Menschen niemals eine Schwangerschaft erfolgte, wird dies von einer nicht unbeträchtlichen Menge immer wieder versucht.

Es ist auffällig, daß Körperberührungen in der Mehrheit zwischen Menschen durchgeführt werden, die ein Naheverhältnis zueinander haben. Entweder sind sie oft zusammen oder leben gar gemeinsam. Dies gilt für die häufigste Form mit je einem weiblichen und einem männlichen Menschen aber auch für die selteneren Formen von je zwei männlichen oder zwei weiblichen Partnern. Wenn die beiden agierenden Partner sich überhaupt nicht kennen, so übergibt einer der beiden, meist der männliche, dem anderen Geld als Geschenk, wobei meist der weibliche Partner diese Art von Körperkontakten viel häufiger und mit ständig wechselnden Partnern durchführt.

Womöglich wegen der magischen Kraft dieser Berührungen wurden in vielen Ländern eigene Gesetze dafür geschaffen. Meistens sind darin Verbote und Strafen vorgesehen, wenn diese Berührungen zwischen zwei Menschen stattfinden, die nicht zusammenleben. Dabei wird meist vollkommen unterschiedlich zwischen Mann und Frau bestraft. Wenn ein Mann mit anderen Frauen Berührungen durchführt, so beschränkt sich die Strafe, wenn überhaupt eine erfolgt, darauf, daß der bisherige weibliche Partner nicht mehr verpflichtet ist, mit ihm zusammenzuleben. Manchmal muß der schuldige Mann der Frau nachher noch Geldbeträge zahlen, dafür verbleiben auch die gemeinsamen Kinder meist bei der Frau.

Wenn die Frau mit anderen diese lustbetonten Berührungen vollführt, so existieren meist strengere Bestrafungen. In der schärfsten Form werden so viele Steine auf sie geworfen, bis sie stirbt. Zumindest aber wird sie von den anderen verachtet, wogegen ein Mann mit häufig wechselnden Partnerinnen manchmal sogar an Achtung bei seinen Geschlechtsgenossen gewinnt.

Der innere Drang des Menschen zu Berührungen dürfte sehr groß sein. Es handelt sich dabei wohl überhaupt um den stärksten Trieb, der die Menschen bewegt. Eindeutig beherrscht dieser Trieb die männlichen Menschen stärker als die weiblichen. Dies bewirkt auch, daß ungleich mehr Frauen als Männer das Durchführen dieser Berührungen als Beruf ausüben. Diese Art von Beruf zählt einerseits zu den ältesten Gewerben der Menschheit, andererseits wird er verachtet und oft auch bekämpft. Trotz jeder Einschränkung ist dieses Gewerbe weder zu unterbinden noch wirksam einzudämmen. Wenn in einem Land mit besonders verkrampfter Einstellung zu diesem Problem mit den härtesten Strafen versucht wird, diesen Beruf überhaupt zu verbieten, so wird damit nur bewirkt, daß er geheim in gleicher Menge weiter existiert.

Unabhängig davon, ob dieses Gewerbe verboten ist oder nicht, gedeiht es prächtig und treibt die sonderbarsten Blüten. In manchen Ländern beschäftigen sich tausende Mädchen damit und ernähren mit dem erworbenen Geld ihre gesamten Familien. Aus den reichen Ländern kommen ganze Flugzeugladungen von Männern, oft über den halben Erdball angereist, um gegen Geld diese auf sonderbare Art wirkenden Berührungen mit den Mädchen durchzuführen.

Bei dieser Berührungsmanie werden oft auch Krankheiten übertragen. Bei gewerblicher Ausübung steigt aufgrund der Häufigkeit des Partnerwechsels die Gefahr der Ansteckung enorm. Der Trieb ist jedoch so stark, daß auch dies keine Abschreckung bewirkt. Oft fliegt ein großes Flugzeug mit Hunderten von gesunden Männern in ein Land, in dem das beschriebene Gewerbe blüht, und bringt die Berührungssüchtigen großteils infiziert zurück. Auf diese Weise floriert der Import von ansteckenden Krankheiten auf das Vortrefflichste, der weiteren Verbreitung im eigenen Land steht nichts im Wege.

Die Beherrschung des Triebes scheint überhaupt ein Problem für die Menschen zu sein. Auf der einen Seite werden alle Formen der Reizung ausgelebt, auf der anderen Seite zeigt die freigemachte Triebhaftigkeit auch ihre negativen Auswirkungen. Fast alle Frauen versuchen sich stets so zu kleiden und zu bewegen, daß sie als reizvolle Erscheinungen wirken. Haben sie damit Erfolg, ist es oft schwierig, mit den hervorgerufenen Auswirkungen fertig zu werden.

Interessant ist auch, daß im Zuge der gegenseitigen Reizung andere Regeln für den Umgang mit der Wahrheit gelten. Sätze, die normaler Weise als Lügen gelten, werden hier als sogenannte Komplimente bezeichnet, und die so Belogenen scheinen sich darüber auch noch zu freuen.

Wenn es noch halbwegs verständlich ist, daß eine gewisse Art von Berührungen die erwähnten Gefühle bei den Menschen hervorrufen können, so erscheint es weitgehend unbegründbar, daß vielfach das bloße Zusehen scheinbar eine gleichwertige Wirkung auf viele Menschen hat. Um auch diesen Menschen die erforderliche Triebbefriedigung zu ermöglichen und zugleich an ihr Geld heranzukommen, existieren die sonderbarsten Einrichtungen. Außer der Möglichkeit, in Filmaufzeichnungen den anderen bei regelrechten Berührungsorgien zuzusehen, gibt es auch Räume, in deren Wände viele Gucklöcher angebracht sind. In diesen Räumen führen berufsmäßige Berührungskünstler alle möglichen Kontaktformen vor und an jedem Guckloch sitzt ein Mensch, der zusieht. Die Erregungszustände der Zuseher, meist männliche Menschen, gleichen denen, die normalerweise die Berührungen selbst hervorrufen.

Die Vorführung von gegenseitigen Berührungen scheint so beliebt zu sein, daß in allen Filmen eine oder mehrere solcher Szenen vorkommen, egal wovon der Film handelt. Manche Filme sind sogar eine ununterbrochene Reihenfolge solcher Szenen. In diesen Filmen scheint die Handlung zur Nebensache zu werden, da sie ganz in den Hintergrund tritt beziehungsweise so seicht und dümmlich wird, daß sie zu vernachlässigen ist.

Die Stärke des Triebes steigert sich in Einzelfällen so weit, daß versucht wird, mit Gewalt zur Triebbefriedigung zu gelangen. Gegen diese Form der Gewaltanwendung existieren in fast allen Staaten strenge Gesetze. Der ebenso triebbedingte Raub aus Hunger, der sogenannte Mundraub, wird umgekehrt aber meist milde oder gar nicht bestraft. In diesem Falle wird die triebhafte Ursache als Milderungsgrund gewertet.

Da die Menschen überall und jederzeit dem Trieb ausgeliefert sind, wurden für ihr gesamtes Leben eine Unmenge von Regeln eingeführt. Es ist zum Beispiel in allen sogenannten kultivierten Staaten üblich, daß Klosettanlagen, Umkleideräume, Körperpflegeanstalten usw. für männliche und weibliche Menschen völlig getrennt sind. Offensichtlich soll dadurch verhindert werden, daß bei diesen hilflos triebgesteuerten Wesen ungewollte Begierden entstehen.

Von der ebenfalls durch strenge Regeln erzwungenen Verhüllung profitiert ein ganzer Berufszweig. In eigenen Lokalen wird den

Besuchern vorgeführt, wie sich eine Frau ruckartig bewegt und dabei ihre Kleider ablegt. Am Ende der Vorführung ist sie gänzlich nackt und verschwindet.

In allen Fällen hat sich gezeigt, daß der Trieb nach diesen lustbetonten Berührungen so stark ist, daß Verbote und Strafandrohung bei niemandem wirklich nützen. Meist versagen schon die Wächter über die Verbote. Selbst die laut Vorschrift enthaltsamen Priester erliegen oft den Reizen ihrer Köchinnen, die Polizisten denen ihrer Festgenommenen.

Die Stärke des Triebes mag an sich verständlich sein, da er auch bei allen anderen Tieren auftritt. Meist werden diese aber wesentlich einfacher damit fertig. Die Triebsteuerung befällt diese häufig nur eine kurze Zeit, dauert bis zur Begattung, und alles kehrt zum normalen Leben zurück.

Versucht man, aus der Art, wie der Mensch mit diesem Trieb umgeht, irgend eine Spur von Intelligenz abzuleiten, so begibt man sich in die wissenschaftliche Wüste. Anstelle der Einschränkung der Triebsteuerung auf ein erträgliches Maß scheint der Mensch sich bewußt auf die übersteigerte Erzeugung von Triebreizen zu konzentrieren. Für die Triebbeherrschung dürfte es den Menschen nicht einmal klar sein, ob sie durch Ausleben des Triebes oder durch Verbote zu einer Triebunabhängigkeit gelangen.

Im Bereich der Berührungsmanie ist ein intelligentes Handeln nicht nachweisbar, was auch im Zusammenhang mit dem spärlichen Wissen der Menschen über dieses Phänomen gesehen werden muß. Entweder wird mit primitiven Verboten versucht, eine Triebbeherrschung zu erwirken oder die Menschen verfallen in ein gesteigertes Ausleben des Triebes. In beiden Fällen weiß der Mensch, daß er nicht auf dem richtige Weg ist. Dennoch ändert er seine Taktik nicht - ein ganz eindeutiges Zeichen für intelligenzloses Vorgehen, für hilflose Triebabhängigkeit, gepaart mit untauglichen Versuchen, diesen Trieb zu beherrschen.

Über große Erkenntnisse verfügt der Mensch lediglich im Bereich der kommerziellen Triebsteigerung. In der Triebbeherrschung mühen sich die Menschen ohne echten Erfolg auf bescheidenem Niveau ab. Bei eindeutig kriminell Triebabhängigen fällt ihnen nichts Besseres ein, als diese schlicht und einfach in Gefängnisse zu sperren. Bei rückfälligen Wiederholungtätern steigern sie sich zur jämmerlichen Intelligenzleistung, ihnen mit dem Messer Teile ihres Fortpflanzungsorgans abzuschneiden

Aufgrund dieser Unfähigkeit, mit diesem Trieb richtig umzugehen, nimmt das ganze Problem der lustbetonten Berührungen einen Stellenwert im menschlichen Leben ein, der ihm nicht zukommt. Durch das völlige Fehlen von Intelligenz ist der Mensch auch nicht fähig, irgendwelche Fortschritte auf diesem Gebiet zu erzielen. Das ganze Leben der Menschen wird in einem Übermaß von diesem Trieb beherrscht, kultivierte Menschen versuchen geheim und versteckt zur Triebbefriedigung zu gelangen, bei primitiveren Typen steigert sich die Gier danach nicht selten bis zu Mord und Totschlag. Ein Zustand, der bei keinem anderen Tier der Erde feststellbar und nicht nur für Esel vollkommen unverständlich ist.

BEWEGUNGSMANIE

Gar wenige Wesen dieser Erde gehen mit ihrem Bewegungsdrang so vernünftig um wie wir Esel. Viele andere Tiere verschwenden ihre Energien durch unnütze Bewegung und der Mensch ist unter ihnen natürlich am maßlosesten.

Meist verspüren nur die jungen Tiere einen gesteigerten Bewegungsdrang und hüpfen ziellos umher. Im fortschreitenden Alter legt sich das und Bewegungen werden dem Sinn und Ziel angemessen ausgeführt.

Im Vergleich dazu ist der Mensch von einer Bewegungsmanie besessen, die in ihrem krankhaften Ausmaß mit nichts vergleichbar ist. Zusätzlich wird dieser Bewegungsdrang voll ausgelebt und hat mit dem Nahrungstrieb keinen Zusammenhang. Nur ein kleiner Teil des ständigen Herumirrens ist zweckgebunden, der überwiegende Rest erfolgt ohne jedes Ziel und ohne erkennbaren Sinn.

In seinen anfänglichen Entwicklungsstadien befriedigte der Mensch seinen Bewegungsdrang durch einfaches Laufen und Gehen. Nachdem er in der Lage war, anderen Tieren seinen Willen aufzuzwingen, war ihm dies eine willkommene Gelegenheit, seine Manie noch zu steigern. Sobald er die Fähigkeit entwickelte, einfachste Dinge zu konstruieren, war es ihm ein wesentliches Anliegen, sofort Bewegungsmaschinen zu erfinden.

Obwohl er diese Maschinen bis in ungeahnte technische Höhen perfektionierte, gab er keine veraltete Form auf, die Bewegungsmanie auszuleben. Somit bewegt er sich nicht nur ständig sinnlos herum, er benützt auch gleichzeitig dafür alle Geräte, Tiere und Maschinen, die er jemals erfand und quält zusätzlich sein armes Hirn weiter, um ständig neue Bewegungsformen und Maschinen zu erfinden.

Bei allen Bewegungsarten wandelt er fast immer auf vorbestimmten Bahnen oder Spuren, teils auf mit viel Mühe erbauten Streifen aus Steinen oder Eisen, mit denen er den gesamten Erdball eingefaßt hat. Sogar auf dem Wasser und in der Luft hält er sich an unsichtbare Fahrstreifen. In vielen Fällen wird dabei etwas transportiert, meistens reist aber nur der Mensch selbst mit geringem Gepäck, gerade mit so viel, wie er selbst benötigt.

In diese Bewegungshysterie bezieht der Mensch auch viele andere Kreaturen ein. Er reitet auf Pferden, Elefanten oder Kamelen, er spannt Hunde vor den Schlitten sowie Pferde, Ochsen, Kühe und Büffel vor den Wagen. Sogar uns Esel verschont er nicht, aus Mitleid mit den armen Kreaturen machen wir gnädig mit, wenn es uns zuviel wird, lehnen wir jedoch ab, was uns den Ruf einbrachte, eine störrische Tierart zu sein.

Benützt der Mensch keine anderen Wesen, so versucht er, seine eigenen Fähigkeiten mit Hilfsgeräten zu steigern. Er schnürt sich Eisen an die Füße, um übers Eis zu gleiten, er steigt auf Rollen, um über ebene Flächen zu fahren. Mit aufgebundenen Brettern zieht er Spuren im Schnee. Auf ein spezielles Gestell mit zwei Rädern kann er sich mit einem Fuß darauf stellen und mit dem anderen anschieben. Auf einem ähnlichen Gerät sitzt er und kurbelt mit den Füßen. In manchen Fällen haben diese Gestelle auch nur ein Rad.

Für viele dieser Vehikel hat der Mensch Motore entwickelt, die ihm das Treten ersparen. Mit verbesserten Erfindungen bewegt er sich auf drei, vier oder mehr Rädern. Bei manchen Geräten werden nach einer kurzen Strecke die Räder eingezogen, und sie fliegen.

Selbstverständlich existieren viele Erfindungen, um auch am Wasser ständig in Bewegung zu sein. Somit ist gewährleistet, daß der Mensch nicht nur ebenso auf dem Wasser planlos herumirren kann sondern dies zusätzlich ständig mit wechselnden Geräten möglich ist. Neben vielen Arten benützt er vor allem alle denkbaren Größen. Auf ganz kleinen, flachen Dingern kann man tatsächlich nur stehen und hält eine Stange mit Stoff in den Wind. Entweder aus Müdigkeit oder mangels an Geschick fällt der Mensch dabei ständig ins Wasser, krabbelt aber meist sofort wieder auf das Brett und bewegt sich zwanghaft weiter.

In etwas größeren Gefährten kann man zumindest unbequem hocken und mit langen Brettern im Wasser anschieben. Leider liegen diese Geräte stabiler im Wasser, und den Menschen fehlt der häufige Sturz ins Naß. Getrieben von der Sucht nach einem Maximum an Bewegung wechselt er mit diesen Geräten daher in reißende Flüsse, wo er auch auf diese Zusatzbewegung nicht verzichten muß.

Die Örtlichkeiten, an denen der Mensch seine irre Bewegungsmanie austobt, sind ebenso vielfältig wie die verwendeten Hilfsmittel. Er bewegt sich auf und unter der Erde, auf Schnee, Eis, auf und unter dem Wasser, in der Luft und über dieser.

Da das Ausmaß der menschlichen Dummheit in der Forschung anfangs noch unterschätzt wurde, wurde versucht, in diesem unverständlichen Treiben irgendeinen Sinn zu erkennen, etwa, bestimmte Dinge für bestimmte Zwecke von einem Ort zum anderen zu transportieren. Da aber in den weitaus häufigeren Fällen überhaupt nichts transportiert wird, kann dies keine befriedigende Antwort sein.

Die zweite Annahme, daß es sich um Zweckfahrten des Menschen handelt, wie etwa der Bewegung zum Arbeitsplatz und zurück, trifft ebenfalls nur zum Teil zu. In den meisten Fällen bewegt sich der Mensch aus nicht einsichtigem Grund völlig sinnlos umher. Insbesondere in der Zeit, in der er nicht arbeitet, in der sogenannten Freizeit, fährt er unentwegt umher. Dabei benützt er all die Vielfalt der erwähnten Hilfsmittel, am häufigsten ein Gerät mit vier Rädern. Im einfachsten Fall wandert er ohne ersichtlichen Zweck durch Wälder und über Berge.

Zur Eigenart, alle historischen Zwischenstufen stets weiter zu benutzen, zählt neben den schon erwähnten Formen auch das Herumkutschieren mit Pferd und Wagen sowie das Herumfliegen mittels heißluftbetriebener Ballons, einem echten Uraltprodukt des menschlichen Bewegungszwanges. Gerade bei diesen Formen zeigt es sich, daß es sich um nackte Lust am Verkehr handelt, weil dabei nie etwas transportiert wird, ebenso handelt es sich dabei nie um zielgerichtete Zweckfahrten.

Der totale Zwang zum wahrlichen Bewegungsrausch zeigt sich in den tollsten Kombinationen. Im wilden Zusammenspiel verschiedener Bewegungsformen verfolgt der Mensch sein sinnloses Treiben. Zum Beispiel steigt er in seine vierrädrige Fahrmaschine und begibt sich zu einem langen Betonstreifen mit vielen Hallen. Dort steigt er um in ein Spezialfahrzeug, braust damit los, zieht die Räder ein und fliegt durch die Luft in große Höhe. Dort öffnet er plötzlich eine Tür, steigt aus und springt mit Todesverachtung in die Tiefe.

Damit er in dieser Orgie der Bewegungslust nicht auf dem Gipfel der wahren Triebbefriedigung seine geplagte Seele lustvoll in einer absolut tödlichen Landung aushaucht, bremst er seinen Sprung rechtzeitig mit einem sich aufbauschenden Stoffschirm. Nicht selten springen ganze Gruppen zugleich ab, purzeln glückselig durch die Luft, halten sich an den Händen und tanzen Ringelreien. Nach der Landung freuen sie sich auf das nächste Mal.

Eine ähnlich tolle Zusammenstellung ist es, mit dem vierrädrigen Gerät auf einen Berg zu fahren, dort einen urtümlich anmutenden Riesendrachen auszupacken und damit zu Tal zu segeln. Auch dieser nutzlose Vorgang wird von seinen besessenen Anhängern ununterbrochen wiederholt, assistiert von den erforderlichen Hilfskräften, die sich darum kümmern, daß auch die vierrädrige Kiste wieder rechtzeitig den Berg hinunterkommt.

Bei einer anderen Form fährt der Mensch mit speziellen senkrecht startenden und landenden Fluggeräten auf verschneite Berge und gleitet dann mit Schiern hinab. Weitere tolle Kombinationen sind, mit dem vierrädrigen Gefährt ein Tal aufwärts zu fahren und dann mit kleinen Booten im Fluß hinabzutreiben. Dabei zischen oft ganze Gruppen durch die wildesten Flußabschnitte und fahren dann mit dem absoluten Bewegungsliebling, der vierrädrigen Kiste, wieder entlang dem Fluß hinauf, um womöglich das ganze sofort zu wiederholen.

Um den Fortbestand der Bewegungsmanie zu sichern und zu verhindern, daß die Nachkommen sich auf sinnvollen Verkehr beschränken, erziehen die Menschen ihren Jungen alles in zartester Kindheit an. In fast allen Ländern wurden spezielle Erziehungsgärten gebaut. In diesen stehen Bewegungsmaschinen in unvorstellbarer Variation, riesige Räder, die sich drehen und in die sich die Menschen hineinsetzen können, wild herumkurvende Fahrzeuge, die sowohl auf und ab als auch hin und her fahren. Weiters hängen dort Kisten an Stangen und Seilen, die hin- und herschwingen und in die sich die Kinder hineinsetzen und vor Vergnügen kreischen. Wichtig bei all diesen Geräten ist die stete Bewegung und alle Kinder werden gewissenhaft immer wieder zu Bewegungskursen in diese Anlagen geführt.

Damit auch den jungen Menschen gleich von Anfang an klar ist, daß es prinzipiell nur um die Bewegung geht und nicht vordergründig um den Transport irgendwelcher Waren oder um an einen anderen Ort zu gelangen, wird in diesen speziellen Bewegungsmaschinen niemals etwas transportiert und die Reise endet immer am Ausgangspunkt. Das heißt, die Bewegung verläuft als geschlossene Linie oder gar nur als Kreis.

Um einen vollen Erfolg zu garantieren und lückenlos dem gesamten Nachwuchs die Verkehrssucht beizubringen, erhalten die Jungen der Menschen zusätzlich zu diesem regelmäßigen Training alle existierenden Verkehrsmaschinen der Erwachsenen als Spielzeug in Miniaturausgabe. Insbesondere beginnt dies in der Zeit, in der die Jungen für ein echtes Training im Übungspark noch zu klein sind. Dabei lernen sie verkleinerte Vierradfahrzeuge herumzuschieben, das fehlende Motorengeräusch wird ihnen mit der Stimme so lange vorgebrummt, bis sie es selbst erzeugen können.

In den Wohnräumen stellen die Menschen Miniatureisenspuren auf und lassen kleine Fahrzeuge darauf fahren, die den großen

Vorbildern peinlichst genau und maßstabsgerecht nachgebildet sind. Diese spezielle Form der ständigen Übung pflegen auffallend viele auch als ausgewachsene Menschen und trainieren bis zu ihrem Tode damit. Auffallend dabei ist, daß männliche Menschen, egal ob junge oder ausgewachsene, viel häufiger trainieren als weibliche.

Selbstverständlich trainiert das Kind auch mit kleinen Nachbildungen aller anderen Hilfsgeräte für die Bewegung, so lange, bis es groß genug ist, um selbst die einzelnen Formen der Bewegungsmanie ausführen zu können. Dies beginnt mit sinnlosem Herumfahren auf zuerst drei-, dann zweirädrigen Gestellen, die noch mit Fußkurbeln angetrieben werden, setzt sich fort mit kleinen, schon motorgetriebenen Kleinfahrzeugen und endet letztlich mit der erfolgreich anerzogenen und zwangsläufig ein Leben lang ausgeführten Bewegungsmanie aller ausgewachsenen Menschen.

Eindeutig feststellbar ist auch eine rasante Steigerung der Bewegungsmanie. Vor einigen Jahrzehnten noch konnten alle Menschen auf den vorgezeichneten und speziell befestigten Geländestreifen problemlos fahren. In manchen Ländern beteiligen sich so viele Menschen an dem sinnlosen Herumfahren, daß regelrechte Staus entstehen und der Verkehr über viele Kilometer zum Erliegen kommt.

Anscheinend sind diese Stauungen ebenso Teil dieser Manie und werden als genauso angenehm empfunden wie die Bewegung selbst. Dies scheint dadurch bewiesen, daß diese genußvollen Staus von den Menschen vorzugsweise an Wochenenden und in Urlaubszeiten veranstaltet werden, einer Zeit also, die ihnen als die wertvollste Zeit gilt und in der die Menschen ausschließlich freiwillig und ohne jeden Zweck herumfahren.

Daß diese Staus von den Menschen bewußt hervorgerufen werden, ist eindeutig nachweisbar. Wären sie nicht gewünscht, so würde eine einfache Verlagerung der Fahrten auf andere Routen oder in die Nachtzeit von nur einem Teil der Menschen Abhilfe schaffen. Genau das geschieht nicht. Wie auf ein geheimes Kommando starten fast alle zur selben Zeit, über Rundfunk werden noch schnell die verständigt, die noch nicht gestartet sind, und dann geht's los.

Nach kurzer Fahrt steht alles und horcht im Autoradio, in dem die Erfolgsmeldungen über alle gelungenen Staus einzeln durchgegeben werden. Dabei wird stets die genaue Lage, Länge und vermutete Dauer angegeben. In diesen Nachrichten wird auch besonders darauf hingewiesen, wenn ein Rekordstau gelungen ist.

Unbeirrt versucht der Mensch ständig, seine sinnlosen Bewegungsmöglichkeiten zu steigern. Ständig konstruiert er neue Bewegungsmaschinen, Fahrbeläge, Brückenbauwerke über Schluchten, Flüsse und Täler, Löcher durch die Berge und ganze Tunnelsysteme unter den Städten, in denen ununterbrochen herumgeirrt wird.

Wie sehr der Mensch dieser Bewegungsmanie ausgeliefert ist, zeigt am eindringlichsten die Tatsache, daß er die dabei entstehenden Probleme voll erkannt hat und nicht in der Lage ist, sein Verhalten zu ändern. Die enormen Kosten, die ständigen Unfälle und ihre Folgen, der Verbrauch an Energie und im besonderen der Landschaftsverbrauch bereiten ihm ernste Sorgen.

Alle Strategien zur Verbesserung, zur Eindämmung des sinnlosen Verkehrs und zur Beschränkung auf den notwendigen Transport sind den Menschen wohl bekannt und in Büchern, Zeitungen, Fernsehen und Schulen belehren sie sich gegenseitig darüber. Die Menschen haben auch erkannt, daß es nicht möglich ist, mit ständigen Erweiterungen dem Verkehr Herr zu werden. Zwölfspurige Autobahnen sind am Sonntag Abend genauso verstopft wie zehn Jahre früher die vierspurigen und weitere zehn Jahre zurück die zweispurigen.

Obwohl der Mensch dies alles weiß, ist ein Handeln aufgrund dieser Erkenntnisse praktisch nicht feststellbar. Nirgends konnte die Bewegungsmanie auf ein sinnvolles Maß eingeschränkt werden. In allen Ländern vollzog beziehungsweise vollzieht sich genau der gleiche Prozeß: Die Menschen befestigen ihre alten Straßen, um mit den Fahrzeugen darauf herumzufahren. Dann sind diese Straßen zu schmal und werden verbreitert. Knapp nach Fertigstellung der Verbreiterung beginnen die Menschen von vorne und verbreitern noch einmal. Dabei begradigen sie Kurven und umfahren die Ortschaften, denn interessanterweise haben immer nur diejenigen Freude am Dauerverkehr, die sich aktiv daran beteiligen. Wer nicht gerade in einem Fahrzeug sitzt, leidet an den Auswirkungen des Verkehrs.

Einige Jahre nach diesen gewaltigen Umbauten und neuen Trassenführungen für Ortsumfahrungen beginnen die Menschen völlig neu und noch gewaltiger. Sie bauen sogenannte Autobahnen mit vier Spuren, um den Verkehr zu beschleunigen. Dabei verlassen sie die ständig verbreiterten, begradigten und umgelegten alten Straßen und benützen vollkommen neues Land. Stupid und stereotyp wiederholen sie nach wenigen Jahren das gleiche Spiel mit Verbreiterungen auch dieser Autobahnen auf mehr Spuren und so fort.

Nie baut der Mensch von Anfang an so, daß diese vielen Zwischenstufen entfallen, die jeweils nur für ein paar Jahre Abhilfe schaffen. Die Spitze des absurden Theaters ist es, daß der Mensch der Meinung ist, diese Vorgangsweise aus Kostenersparnis einhalten zu müssen. Er glaubt tatsächlich, daß es billiger ist, mit dem einfachen Befestigen der primitiven Wege zu beginnen, anstatt gleich eine Autobahn zu bauen. Somit baut er mehrere Jahrzehnte am Straßennetz kostspielige Erweiterungen und errichtet am Ende dennoch die teure Autobahn.

In den modernen Ländern gibt es vereinzelte Versuche, in Wohngegenden auch zu arbeiten. Dadurch gäbe es weniger Verkehr am Anfang und am Ende des Tages. Nicht nur, daß diese Versuche auf eine jämmerlich kleine Anzahl beschränkt sind, in den meisten Planungen werden Industriegegenden und Wohngegenden sorgfältigst getrennt. Dadurch ist ein ständiges Pendeln gesichert und der morgendliche und abendliche Stau vorprogrammiert.

In vielen Gegenden existieren so viele Fahrzeuge, daß es nicht einmal genügend Platz gibt, sie ruhend abzustellen. Auch hier betreibt der Mensch eine Strategie, die in keinem Fall als weitblickend oder gar intelligent zu bezeichnen wäre. Zuerst planen die Verantwortlichen, daß 30 Prozent der Einwohner einer Siedlung oder eines Wohnhauses ein Fahrzeug besitzen werden und sehen für diese Menge Parkraum vor. In kurzer Zeit steigt die Motorisierung und niemand weiß, wohin mit dem Auto. Scharfsinnig plant der Mensch bei neuen Häusern eine 60prozentige Motorisierung ein. Enttäuscht stellt er fest, daß rasch die 100-Prozentmarke erreicht wurde und die gleiche Misere herrscht.

Insgesamt ist festzustellen, daß diese Bewegungsmanie sicher eine Geißel der Menschheit ist. Wie der Mensch damit umgeht, wie er sich ihr völlig willenlos unterwirft, ist ein besonders deutlicher Beweis für das Fehlen von Intelligenz.

ARBEITSSUCHT

Der normale Lebensablauf von uns natürlich lebenden Erdenwesen ist geprägt von Zeiten der Nahrungsaufnahme und dazwischenliegenden Ruhepausen, die in einer geschützten Lage, womöglich in einer Behausung verbracht werden. Dieser periodische Wechsel wird nur geringfügig von anderen Tätigkeiten unterbrochen, wie etwa der Zeugung von Nachkommen. In selteneren Fällen muß Zeit für den Bau von Nestern oder dem Graben von Erdhöhlen aufgewendet werden.

Selbstverständlich kann man nicht von allen Lebewesen erwarten, daß sie, so wie wir Esel, sich auch diese unnötige Arbeit ersparen, aber beim Menschen ist jede natürliche Ordnung aufgrund seiner fehlenden Intelligenz komplett aus den Fugen geraten.

Ursprünglich mag auch er in einer sinnvollen Mischung von Arbeit und Ruhepausen gelebt haben. Dann steigerte er offensichtlich seine Arbeitsmenge und begann Werkzeuge zu erzeugen, mit denen er sich die Nahrungsbeschaffung und den Bau von Unterkünften wesentlich erleichterte.

Dies hätte bei einem nur halbwegs intelligenten Wesen folgende einfache Rechnung ergeben: Die für den Werkzeugbau aufgewendete Arbeitszeit wurde durch die Einsparungen deutlich übertroffen. Nahrungsbeschaffung und der Unterkunftsbau gingen mit Werkzeugen wesentlich schneller vonstatten. Nach jeder gesunden Logik hätte der Mensch nun größere Ruhepausen genießen können. Genau dies tat er offenbar nicht. Gemäß seiner so oft nicht nachvollziehbaren Entscheidungskriterien kam er auf die wohl dümmste Idee: Er steigerte seine Arbeitsmenge weiter.

Im Gegensatz zu allen anderen Tieren begann er damit, die Speisen vor dem Verzehr ohne jede Notwendigkeit zu verändern. Er hält sie übers Feuer, erweicht sie in heißem Wasser, vermischt verschiedene Speisen vor dem Verzehr. Dafür benötigte er weiteres Werkzeug, dessen Erzeugung weitere Arbeitsvermehrung erbrachte. Im weiteren Verlauf begann er, die Nahrung selbst zu erzeugen, dies erhöhte nochmals die Menge an Arbeit.

Im Bau von Behausungen gab es eine ähnliche Entwicklung. Durch ständige Verbesserungen in der Technik des Baues von Unterkünften vermehrte sich die Arbeitsmenge ständig. Für diese Bauwut benötigte er andere, bessere Werkzeuge, wodurch sich die Möglichkeit ergab, mit viel Arbeit diese zu erzeugen. Damit sich auch Menschen totarbeiten können, die nicht in der Lage sind, am Erzeugungsprozeß mitzuwirken, wurde das Handeln mit den Produkten erfunden.

Mit dieser Meisterleistung gelang dem Menschen in Bezug auf sinnlose Tätigkeit der ganz große Wurf. Er nahm anderen Waren ab, lagerte sie und tauschte sie dann wieder gegen andere um. Zur weiteren Arbeitssteigerung begann er, diese Waren vor dem Tausch über weite Strecken zu transportieren. Dies stellte, sowohl mit den Mitteln der Frühzeit als auch in modernen Zeiten, eine vortreffliche Möglichkeit dar, die Arbeitsmenge fast grenzenlos steigern zu können.

Um diesen Tauschhandel zu erleichtern, erfand der Mensch eines der nutzlosesten Dinge der Welt überhaupt, das sogenannte Geld. Damit gelang ihm zweierlei: Erstens bot alleine die Erzeugung von Geld wieder eine weitere Möglichkeit, die Arbeitsmenge zu steigern, zweitens wurde das Ziel, wofür gearbeitet wird, völlig abstrakt. Die anfängliche Tauscherleichterung entwickelte sich zum Zweck aller Dinge. Der Mensch arbeitet nun nicht mehr primär für Nahrung und Unterkunft, sondern für Geld. Davon kann er nie genug bekommen, und er hat einen Vorwand gefunden, ununterbrochen zu arbeiten, ununterbrochen Dinge zu erzeugen, damit zu handeln, sie wieder zu vernichten - selbstverständlich mit viel Arbeit - und neue zu produzieren.

Daß es ihm dabei eigentlich nicht um das Geld geht, sondern bloß um die Arbeit, läßt sich leicht beweisen. Anfangs bestand dieses Geld aus Muscheln und Dingen, die auch als Schmuckstücke verwendet wurden. Wer viel verdiente, der hatte Kisten voll davon und konnte sich daran erfreuen. Ähnlich war es noch, als das Geld aus schönen, glänzenden Metallen bestand. Als das Geld aus wertlosem Papier gefertigt wurde, war schon ansatzweise erkennbar, daß es nur um die Arbeit gehen konnte.

In den entwickelten Länder ist man gerade dabei, das Geld überhaupt abzuschaffen. Der Mensch arbeitet dort nur noch scheinbar für Geld, er sieht dieses nicht einmal, es existiert in Wirklichkeit auch nicht. Er läßt sich in irgendwelche kleine Bücher Zahlen einschreiben und behauptet, das sei die verdiente Geldmenge.

Interessanterweise glauben ihm das die anderen, und durch gegenseitiges Verändern dieser Zahlen nach oben und unten erfolgt Tausch und Handel. Um die gegenseitige Zahlenveränderung in den richtigen Büchern zu ermöglichen, zeigen sich die Menschen dabei vollkommen wertlose kleine Plastikkarten. Sie notieren sich die Nummern der Plastikkarten und zählen dann bei den entsprechenden Büchern imaginäre Geldbeträge dazu oder ziehen sie ab.

Durch diese völlige Abstraktion des Zieles der Arbeit verstärkte sich die Arbeitssucht ins Uferlose. Der Mensch arbeitet ununterbrochen, wer nur für seinen Hungertrieb arbeitet und sich den Rest der Zeit ausruht, wird verachtet. Höchstens ein paar Wochen im Jahr ist ihm dies gestattet, meistens wird er aber genau zu dieser Zeit von einem irren Bewegungsdrang befallen und ruht wieder nicht aus.

Ein weiterer Beweis, daß es dem Menschen nur um die Arbeitsmenge geht, ist die Tatsache, daß er versucht, Pflanzen in Regionen zu züchten, die dafür nicht geeignet sind. Er baut im Norden Gemüsesorten in Glashäusern, die er heizen muß, er züchtet Weinreben unter so ungünstigen Klimabedingungen, daß der Wein sauer schmeckt und nur durch Zugabe von Zucker genießbar wird. Um die Arbeit zu steigern, kämpft der Mensch sogar unermüdlich gegen die Natur.

Ein weiteres Beispiel für diese Arbeitssucht ist der Handel, eine Betätigung, die von all den Tieren nur die Menschen kennen, weil er vollkommen unnütz ist. Dem Erzeuger wird vom ersten Händler die Ware abgekauft. Selbstverständlich transportiert dieser die Ware eine Strecke, meistens in seine Lagerhalle, wobei dort das Abladen weitere herrliche Arbeit bedeutet. Dann kommt meist ein zweiter Händler und die Ware wird wieder aufgeladen, eine neuerliche Arbeitsmöglichkeit. Dieser zweite Händler, der sogenannte Detailhändler, führt die Ware in sein Geschäft, ladet dort wieder ab und verkauft an den Endverbraucher. Nicht selten geht die Ware über mehrere Händler, um die Menge an Arbeit in Form von ständigem Auf- und Abladen und dazwischengeschaltetem Transport noch weiter zu steigern. Ebenfalls gesteigert wird dabei der Preis der Ware.

Es wird gearbeitet um der Arbeit willen, denn es konnte nachgewiesen werden, daß die Menge an Geld, die für eine Ware gezahlt oder verrechnet wird, in keinem Zusammenhang mit der Menge an Arbeit steht. Der Erzeuger einer Ware, der oft jahrelange Arbeit dafür aufgewendet hat, erhält weniger Geld als einer der Händler oder Zwischenhändler, der nur die Arbeit des Transportes leistet, verbunden mit Auf- und Abladen.

In den meisten Ländern wird ohne jeden Plan erzeugt und gehandelt, es gilt allein das Gesetz, soviel Arbeit wie nur möglich zu leisten. Es gibt aber auch Länder, in denen wird nach Plan gearbeitet. Interessanterweise ergibt das noch weniger Sinn. Um nach Plan zu arbeiten, ist es erforderlich, die Arbeitswut des Menschen einzubremsen. Dies erfolgt, nach Plan, dadurch, daß ihm die Machthaber sein Eigentum wegnehmen. Wenn sein Geschäft, sein Bauernhof oder seine Fabrik nicht mehr ihm gehört, so scheint er von seiner Arbeitswut schlagartig geheilt zu sein. Leider befällt ihn dann eine andere Krankheit, er kann nach dieser Umgestaltung der Besitzverhältnisse den Sinn der Arbeit nur noch bedingt verstehen.

In den Ländern der Planwirtschaft wird viel gearbeitet und wenig erzeugt. Dadurch, daß einem großen Teil der Menschen der Sinn der Arbeit verlorengeht, entstehen Leerläufe. Die Menge der Ruheperioden steigt dennoch nicht. Die meisten Menschen tun so, als ob sie arbeiten, und die Regierung tut so, als ob sie dafür bezahlt.

In den Ländern, in denen vollkommen ohne Plan gewerkt wird, funktionieren die Arbeitswut und Produktionsmanie deutlich besser. Es wird ein Vielfaches produziert und ein Vielfaches geschuftet. Die einzelnen Produktionsbetriebe arbeiten sogar gegeneinander. Sie versuchen intensivst, das gleiche Produkt billiger als der andere Betrieb zu erzeugen. Damit verbindet sich oft die Hoffnung, daß der bekämpfte Betrieb letztendlich die Tätigkeit einstellt. Um dieses Ziel zu erreichen wird noch mehr gearbeitet und noch weniger dabei verdient.

Weil die Sucht nach Arbeit ein allgemein anerkanntes Ideal darstellt, wird Arbeitsvermehrung auch öffentlich gefördert. Mit staatlicher Hilfe werden Betriebe gegründet, um sogenannte Arbeitsplätze zu vermehren. Diese Betriebe erzeugen dann Waren, die von vielen anderen auch schon lange produziert werden. Durch den dabei entstehenden Konkurrenzkampf geraten andere Betriebe in Schwierigkeiten, nicht selten werden diese Betriebe ebenfalls mit staatlichen Geldern unterstützt. Egal wie sinnlos und ohne vernünftiges Ziel gewerkt wird, am schönsten ist es scheinbar, der Mensch hat einen Arbeitsplatz und viel Arbeit.

Wenn es nicht gelingt, bei der Produktion eine genügend große Arbeitsmenge zu erreichen, so wird das Produkt zusätzlich noch herumtransportiert. Dafür erfand der Mensch außer dem schon beschriebenen Handel über mehrere Stationen noch die folgende Möglichkeit: Die Ware wird nicht an ein und demselben Ort fertiggestellt. Er transportiert sie in halbfertigem Zustand über weite Strecken und arbeitet dort weiter an der Fertigstellung. Nicht selten geht dies über mehrere Stationen und außer dem Transport addiert sich noch das schon erwähnte lustige Auf - und Abladen.

In den Ländern der Planwirtschaft, in denen es, zumindest laut Plan, nicht um Arbeit sondern um Steigerung der Produktion geht, haben die Menschen diesen Unsinn erkannt. Dort werden in sogenannten Kombinaten Waren vom Rohstoff bis zum Endzustand an einem Ort gefertigt. Nachdem der Mensch in der Planwirtschaft an Stelle der Arbeitswut von anderen psychischen Krankheiten befallen wird, funktioniert dort nichts nach idealen Vorstellungen. Trotz des an sich klugen Planes enden alle diese Staaten im wirtschaftlichen Chaos und wechseln zum absurden Vielarbeitsmodell.

Wird in Ländern ein Produkt trotz der damit verbundenen Arbeitsersparnis an einem Ort endgefertigt, so wird es oft nachher dennoch im sogenannten zwischenstaatlichen Handel herumgeführt. Käse und Butter wird aus dem Land A in das Land B transportiert. Dort erzeugt man auch Butter und Käse, die man aber vom Land B in das Land A führt. An den Grenzstellen treffen einander häufig die Lastentransporter und fahren ungerührt aneinander vorbei.

In einigen Sonderfällen waren die Menschen der Meinung, daß in einer bestimmten Region zu wenig Arbeit herrscht. Dies geschah zum Beispiel in der Stadt Berlin, die aus ungeklärten Gründen lange Zeit zu einem beträchtlichen Teil von einer Mauer umgeben war, obwohl in fast allen anderen Städten die Stadtmauern längst abgetragen worden waren.

Um auch in dieser Stadt die Menge an Arbeit zu erhöhen, wurde ein Förderungsprogramm beschlossen. Für Waren, die aus Berlin in andere Länder ausgeführt wurden, bekam der Erzeuger eine gesonderte Geldunterstützung. Die Förderung zu mehr Arbeit wirkte hervorragend. Die Menschen in Berlin produzierten nicht nur mehr, sie begannen auch, Waren aus anderen Ländern nach Berlin zu liefern, dort wurden diese Waren leicht verändert und dann als Berlinexport nach Erhalt der Förderung weitertransportiert. Dadurch wurde die Arbeit mit einfachsten Mitteln um ein Vielfaches gesteigert.

In einzelnen Sparten der Landwirtschaft hat der Mensch die Arbeitsmenge zur Perfektion gesteigert. In manchen Ländern werden unter größten Anstrengungen, verbunden mit künstlicher Bewässerung und künstlicher Düngung, Südfrüchte erzeugt. Dabei entsteht eine nicht unbeträchtliche Überproduktion. Dies stellt kein Problem dar, da der eigentliche Zweck, die sinnlos viele Arbeit, schon bestens erfüllt ist. Die Ernte wird dann kurzerhand vernichtet. Auf diese Weise werden unter dem Zauberwort „Preisstützung" tonnenweise Südfrüchte mit Schubraupen eingeebnet und Kaffee einfach verbrannt.

Eine weitere Möglichkeit der Arbeitssteigerung in diesem Bereich fand der Mensch in der Kulturlandgestaltung. Unter großer Arbeitsanstrengung hat er weite Landesteile zu reinem Ackerland umgestaltet. Jeder Baum, jedes Gebüsch, das den landwirtschaftlichen Maschinen im Wege stand, wurde gerodet. Bäche wurden begradigt, Teiche, nasse Wiesen und Moore trockengelegt. Dadurch stieg nicht nur die Arbeitsmenge, sondern auch die Überproduktion. Um diese zu drosseln ließ der Mensch dann Äcker, die er mit viel Mühe der Natur abgekämpft hatte, brach liegen. In einigen Fällen bezahlt der Staat den Bauern sogar eine Gebühr dafür.

Damit die Arbeitsmenge erhalten bleibt, begann er, die Landschaft wieder rückzubauen. Die Bäche bekamen wieder Kurven, Teiche wurden wieder als sogenannte Biotope neu angelegt, Bäume und Sträucher gepflanzt. Weingärten wurden mit staatlichen Prämien gerodet, dem Wald abgetrotzte Äcker wiederaufgeforstet.

Alle Länder beteiligen sich an dieser stufenweisen Arbeitsmaximierung. Die weniger entwickelten Länder beschäftigen sich mit Roden, Trockenlegen und dergleichen, die fortgeschrittenen Länder befinden sich in der Brache- und Rückbauphase, in die ihnen die sich entwickelnden Länder später nachfolgen werden.

Vollkommen kurios und wirr wird alles, wenn man erkennt, daß die Menschen ständig an Methoden der Arbeitseinsparung arbeiten. Sie erforschen alle Möglichkeiten, um die Produktion zu verbessern, den Transport zu beschleunigen und zu verbilligen.

Aufgrund dieser immensen Forschung wurde ein respektables Niveau erreicht. Der Mensch weiß genau, in welchen Regionen bestimmte Pflanzen am günstigsten mit dem geringsten Arbeitsaufwand gedeihen. Er kennt die billigsten Formen des Transportes und weiß, wie man durch Arbeitsteilung die notwendigen Produkte am einfachsten erzeugt. Er weiß ebenso Bescheid über die unsinnigen Auswüchse wie Überproduktion, sinnlose und verteuernde Transportwege und über die Möglichkeiten, dies planmäßig zu optimieren. Auch die Gründe, warum echte Planwirtschaft nicht funktioniert, hat der Mensch erkannt.

Beim Versuch, all diese neuen Erkenntnisse aus der Forschung intelligent anzuwenden, versagt der Mensch vollkommen. Ein Handeln aufgrund der gewonnenen Erkenntnisse ist nicht feststellbar. Wer Waren erzeugt, die eigentlich niemand benötigt, diese sinnlos herumführt mit mehrmaligem Zwischenlagern und sie letztendlich arbeitsaufwendig vernichtet, der ist weit davon entfernt, intelligent zu handeln.

Wer die Landschaft zuerst umbaut, Ackerwüsten gestaltet, Wälder rodet und Flüsse begradigt, um dann alles wieder rückzubauen, ist nicht Herr seiner Sinne. Wer Bauern Prämien zahlt, um Äcker brach liegen zu lassen, geerntete Früchte mit Planierraupen einebnet und Kaffeernten verbrennt, während in anderen Teilen der Welt tausende und abertausende Menschen verhungern, der kann nicht einmal ansatzweise über Intelligenz verfügen.

UND WAS SIE FÜR WERTVOLL HALTEN

Viele Lebewesen können, so wie wir Esel, zielsicher das Wichtige vom Unwichtigen unterscheiden. Wer diese Welt beherrscht, sollte ein ebenso sicheres Urteil dafür habe. Die Untersuchung des Menschen in Bezug auf diesen Aspekt war daher unbedingt erforderlich. Es kann vorweggenommen werden, daß der Mensch überhaupt keine nachvollziehbaren Schlußfolgerungen über Wertmaßstäbe hat. Er scheint bei seinen Versuchen, Wertvolles und Wertloses von einander zu unterscheiden, völlig im Dunkeln zu tappen.

Bestimmten Materialien mißt der Mensch einen unvorstellbar hohen Wert bei, obwohl sich diese weder als besonders brauchbare Werkstoffe erweisen noch durch sonstige Merkmale hervorstechen. Die enorm hohe Wertschätzung scheint durch nichts begründbar. Das einzige gemeinsame Faktum, das bei näherer Untersuchung auffiel, war die Tatsache, daß alle für wertvoll gehaltenen Materialien in relativ geringer Menge auf der Erde vorkommen. Es scheint tatsächlich so zu sein, daß der Mensch in seiner intelligenzlosen Hilflosigkeit alles, was selten ist, für wertvoll hält, ohne Rücksicht auf die Eigenschaften.

Diese vollkommen wirre Bewertungsmethode führt in Extremfällen so weit, daß zum Beispiel ein gänzlich wertloses kleines Papierstück von wenigen Quadratzentimetern mit Millionen bewertet wird. Kurioserweise repräsentierte dieses Stück Papier ursprünglich einen bescheidenen Wert und wurde als sogenannte Briefmarke zudem eigens entwertet, das heißt, mit einem Stempel gekennzeichnet, um anzuzeigen, daß sie ihren Wert verloren hat.

In weiteren Verirrungen vermeint der Mensch, einen besonderen Wert aufgrund nicht nachvollziehbarer, außergewöhnlicher Schönheit festzustellen. Auch hier geht er in Wahrheit vollkommen wirr vor, da er diesen Schönheitsbegriff ständig ändert und die Werte willkürlich verschiebt. So erlangen zum Beispiel Bilder, die niemand haben will, plötzlich und ohne erkennbaren Grund immense Werte.

Bei den als besonders wertvoll geachteten Materialien stechen besonders zwei Metalle hervor - Gold und Silber. Beide Metalle zeichnen sich bloß dadurch aus, daß sie weitgehend unbrauchbar sind. Aufgrund ihrer relativen Weichheit sind beide für Werkzeuge nicht geeignet. Silber ist zudem noch stark anfällig für Oxydation, verliert seinen Glanz und wird häßlich schwarz.

Unverständlicherweise gelten andere Metalle, die gleich aussehen wie Gold oder Silber, die aufgrund ihrer Härte und Stabilität wesentlich besser geeignet erscheinen, als deutlich weniger wertvoll. Bronze zum Beispiel sieht ähnlich aus wie Gold und wird für viele Gegenstände bestens verwendet, sein Wert liegt weit unter dem des Goldes. Das gleiche gilt für Nickel, es übertrifft Silber in allen Eigenschaften und stellt im Wert nur einen Bruchteil dar. Auch hier gilt die vollkommen dümmliche Ansicht, daß Seltenes eben wertvoll ist.

Diese geradezu mystische Bewertung führt so weit, daß in vielen Staaten tonnenweise Goldbarren in speziellen Häusern gelagert werden. Diese sogenannten Goldreserven sind nie zu irgend etwas nütze. Sie werden nie verwendet, die Menschen lagern sie und bewachen sie Tag und Nacht, da sie einen so hohen Wert haben und daher die Gefahr von Raub und Diebstahl stets gegeben ist.

Einzelne spezielle Mineralien, teils bunt, teils farblos, erreichen in den Augen der urteilsunfähigen Menschen ebenfalls eine hohe Bewertung. Obwohl diese sogenannten Edelsteine und Brillanten mittels anderer Stoffe täuschend ähnlich nachgebildet werden können, gelten nur die selten gefundenen als besonders wertvoll, die nachgebildeten hingegen als fast völlig wertlos, obwohl sie oft nur durch aufwendige Methoden und nur von Spezialisten als Nachbildungen erkannt werden können, sowie an Schönheit und Verwendbarkeit in nichts nachstehen.

Manche Bilder werden von nicht vorbelasteten Menschen einstimmig oder zumindest mehrheitlich als häßlich bezeichnet, aus nicht erkennbaren Gründen gelten sie für die sogenannten Experten als schön und somit als wertvoll. Manch zerschlissener alter Teppich, der nicht mehr verwendbar ist, hat einen tausendfach höheren Wert als ein guter und brauchbarer neuer.

Die Seltenheitsregel ist zwar erschreckend dumm, aber zumindest eine Regel. Der Mensch schafft es aber auch, noch dümmer und vollkommen ohne Regeln zu bewerten. Es handelt sich dabei um den Kauf und Verkauf bestimmter Papiere, der in speziellen Häusern durchgeführt wird. Hier werden Scheingeschäfte mit Papieren durchgeführt, die in irgendwelchen Tresoren ruhen und die kein Käufer jemals zu Gesicht bekommt. Ohne jeden erkennbaren Grund steigen solche Papiere im Wert, andere sinken. Manche Steigerungen sind so stark, daß der Besitzer der betreffenden Papiere zum Millionär wird. Der Wert anderer Papiere wiederum sinkt ins Bodenlose, deren Besitzer hält sich für ruiniert, verzweifelt, gar mancher begeht Selbstmord.

Der Mensch scheint schon sehr früh die Fähigkeit für eine sinnvolle Bewertung aller Dinge verloren zu haben. In seiner Anfangszeit hatten brauchbare Materialien zweifelsohne einen besonderen Wert. Als er begann, in einfachen Hütten zu leben und seine Werkzeuge mühselig aus Holz, Knochen und einfachen Metallegierungen herzustellen, bewertete er Gold schon unverständlich hoch, obwohl er bereits wußte, daß daraus keine brauchbaren Werkzeuge herstellbar sind. Er fertigte aus Gold sogenannte Schmuckstücke an, die zu nichts Sinnvollem zu gebrauchen waren.

Bei Schmuckstücken gilt die Seltenheitsregel sogar dann, wenn sie umgekehrt proportional zur Schönheit und Brauchbarkeit steht. Perlen aus Kunststoff sind schön, regelmäßig, äußerst haltbar und haben einen relativ geringen Wert. Zuchtperlen sind meist ebenfalls schön und regelmäßig, jedoch lange nicht so haltbar, sie werden mit der Zeit sogar matt und glanzlos. Trotz des Wegfalles einer wichtigen Eigenschaft ist ihr Wert deutlich höher, denn sie sind seltener. Natürlich entstandene Perlen sind zusätzlich zur geringeren Haltbarkeit auch noch unregelmäßiger und weniger schön. Sie sind am meisten wert, da noch seltener. Abschließend zu diesem Beispiel ist es wahrscheinlich überflüssig, festzuhalten, daß diese matt glänzenden Kügelchen natürlich zu überhaupt nichts zu gebrauchen sind.

Es wurde schon erwähnt, daß bei Kunstwerken nicht nachvollziehbare Bewertungskriterien gelten und diese obendrein noch ständig wechseln. Es gibt Maler, die Zeit ihres Lebens nur wenige oder, im Einzelfall sogar überhaupt kein Bild verkaufen konnten, da diese Bilder nicht den gerade gültigen, unergründlichen Regeln der Menschen entsprachen und als häßlich galten. Nicht selten wurden diese einst unverkäuflichen Bilder später um Millionen ersteigert. So hatte zum Beispiel der Maler Van Gogh sein Leben lang nicht ein einziges Bild verkauft, am Ende des 20. Jahrhunderts wurden seine Bilder um hunderte Millionen gehandelt, eine Spitzenleistung der Werteverwirrung, geheimnisvoll, unergründbar und erschreckend hilflos.

Ein weiteres Kuriosum sind Goldmünzen in den Schaufenstern der Banken. Sie sind den echten Goldmünzen täuschend ähnlich und werden immer wieder gestohlen. Da sie als wertlos gelten, ist der Schaden der zerbrochenen Auslagenscheiben höher als der Verlust der unechten Münzen. Da auch Einbrecher, die normalerweise sehr wenig von Regeln halten, sich an diese vollkommen unsinnigen Regeln der menschlichen Wertmaßstäbe halten, genügt es, in den Schaufenstern deutlich anzuschreiben, daß es sich um Attrappen handelt.

Die wechselnden Wertvorstellungen gelten auch für kostbare Pelze. Manche Pelzarten hatten einen so hohen Wert, daß sie nur von wenigen getragen wurden. Dabei galt natürlich nicht die Haltbarkeit oder der gesteigerte Wärmeschutz eines Pelzes als Wertmaßstab, sondern wieder die sinnlose Tatsache, wie selten die Pelztiere sind. Die oft täuschend ähnlichen Kunstpelze hatten einen wesentlich geringeren Wert und wurden nur von jenen getragen, die über weniger Reichtum verfügten. Seit ein gesteigertes Naturbewußtsein existiert, wandelten sich die Werte.

Echte Pelze sanken enorm im Preis, Kunstpelze stiegen - das perfekte Bild von kindlicher, zufallsgesteuerter Bewertung.

Noch kurioser urteilt der Mensch bei der Verwertung von Resten verendeter Tiere. Gegenstände, die aus den Zähnen von Elefanten gefertigt wurden, gelten als besonders wertvoll, obwohl der Mensch mehrere Materialien kennt, die haltbarer und schöner sind. Qualitätvolle Kunststoffe und Keramiken können leichter erzeugt und bearbeitet werden, das Endprodukt ist im Aussehen stabiler und haltbarer.

Noch wirrer und fast schon geisterhaft sind die Regeln bei zermahlenen Nashornhörnern. Das stinkende Pulver soll angeblich potenzfördernde Wunder wirken und wird um Unsummen gehandelt. Fachmänner stellen immer wieder fest, daß dem Pulver keinerlei Wirkung nachgewiesen werden kann, dennoch endet das Töten von Nashörnern nicht und die erbeuteten Hörner haben einen unvorstellbaren Schwarzmarktpreis.

Somit kann festgestellt werden, daß die Menschen in Bezug auf ihre Fähigkeit, Werte zu erkennen, keinerlei Intelligenz aufweisen. Die Menschen waren nicht einmal in der Lage, ihre eigene dumme Regel der Seltenheit zu erkennen. So versuchten die sogenannten Alchimisten Jahrhunderte lang, Gold zu erzeugen. Dieses Unterfangen ist als doppelt sinnlos zu bezeichnen. Erstens sahen die Menschen ein, daß die Erzeugung von Gold aus anderen, billigeren Stoffen nicht möglich ist. Andererseits hätten die Menschen wissen müssen, daß bei Gelingen der Erzeugung die einzige Ursache für den Wert des Goldes geschwunden wäre, nämlich das seltene Vorkommen.

Es ist also nicht nur für Esel klar erkennbar, daß die Fähigkeit, Werte zu erkennen, bei den Menschen praktisch nicht vorhanden ist. Ein Rückschluß auf etwaig vorhandene Intelligenz kann auf diesem Gebiet sicher nicht gezogen werden.

UND WENN SIE SICH REGELN MACHEN

Das Zusammenleben von uns Eseln funktioniert völlig problemlos und auf natürliche Weise. In seltenen Fällen sind Maßnahmen erforderlich, meist genügt ein Tritt in den Hintern des anderen. Es war von Anfang an klar, daß die Menschen mit dieser einfachen und klugen Form der Konfliktbewältigung nichts anzufangen wissen. Nachdem sie ihr ganzes Leben so verrückt und kompliziert aufgebaut haben, war zu erwarten, daß ihre Regeln für das Zusammenleben ebenso verrückt und kompliziert sein müssen. In Wahrheit ist die Situation jedoch noch viel ärger.

Die Menschen befolgen in ihrem täglichen Leben normalerweise bestimmte Regeln. Viele dieser Regeln sind in Büchern niedergeschrieben, viele auch nicht. Allen gemeinsam ist, daß sie schwer verständlich sind und, was noch mehr verwirrt, sie werden ohne ersichtlichen Grund plötzlich ungültig und ebenso wieder gültig. Womit zwar der Ausdruck Geheimregeln nur bedingt zutrifft, es sich aber sicher um geheimnisvolle Regeln handelt.

Die menschlichen Lebensregeln sind das kurioseste System, das jemals erforscht wurde. Eine große Anzahl von ihnen befaßt sich mit der Bereicherung des Menschen. Normalerweise scheint die Bereicherung durchaus erwünscht und wird von den Mitmenschen als positive Leistung geachtet. Wird bei dieser Bereicherung jedoch nur eine einzige Regel verletzt, so gilt sie als niederträchtig, verachtenswert und wird schwer bestraft.

Gleiches gilt für die Gewaltanwendung. Vollkommen unverständliche Regeln erlauben bestimmte Arten der Gewaltanwendung, fast wesensgleiche Gewaltarten sind hingegen verboten. Wer diese komplizierten Gesetze verletzt, egal ob er sie nun verstanden hat oder nicht, wird bestraft. In Anbetracht der geringen geistigen Fähigkeiten der Menschen kann man sich gut vorstellen, wie viele hilflos in diesem Normenwirrwarr herumtorkeln und ständig in verbotene Bereiche abgleiten.

Bei der Einhaltung vieler Vorschriften wird es noch kurioser. Die Nichteinhaltung einer Norm, der sogenannte Gesetzesbruch, ist je nach handelnden Personen und zeitlichem Umfeld einmal erwünscht und begünstigt und dann wieder verboten und mit Strafe bedroht. Dies gilt insbesondere dann, wenn die handelnden Personen ident mit jenen sind, die diese Gesetze verfassen oder über deren Einhaltung wachen.

In fast allen Ländern werden Gesetzesverfasser bei Übertretung von Vorschriften milder als normale Menschen oder gar nicht bestraft. In vielen Ländern ist sogar eigens festgehalten, daß gesetzesbeschließende Menschen nicht bestrafbar sind, sie sind dagegen immun. Somit brauchen sich jene, die die Gesetze wenigstens kennen, nicht daran zu halten, die anderen, die diese oft nicht kennen oder nicht verstehen, werden bei Regelverstoß bestraft.

Die Unverständlichkeit der Vorschriften im Falle der Bereicherung mag nur an einigen Beispielen erläutert werden. Das Schürfen nach Gold und anderen unbrauchbaren Dingen ist normalerweise erlaubt, wer dabei reich wird, gilt als tüchtig und wird allseits geachtet. Vergißt er dabei, sich den Platz, auf dem er schürft, in ein Buch auf seinen Namen eintragen zu lassen, so gilt genau die gleiche Tätigkeit als unerlaubt und strafbar. Wer sich so bereichert und diese Kleinigkeit vergißt, wird unverständlicherweise nicht geachtet, sondern verfolgt und nach Möglichkeit bestraft.

Gänzlich unverständlich sind die Regeln im Bereich des Geldes und der Banken. Viele Menschen werden geradezu ermutigt, mehr Geld auszugeben, als sie besitzen. Es wird ihnen empfohlen, sogar dann noch Geld von ihren Konten abzuheben, wenn diese leer sind oder schon negative Beträge aufweisen. Dies beinhaltet das Recht, über diese nicht vorhandenen Beträge Zettel auszustellen, die als Zahlungsmittel gelten und einen Umtausch in echtes Geld garantieren.

Andere Menschen hingegen, die ebenfalls null oder einen Minusbetrag auf ihrem Konto haben, gelten bei weiteren

Abhebungen in Form dieser kleinen Zettel als Scheckbetrüger und werden bestraft. Dabei kann sogar die Höhe ihres Minusstandes geringer sein als der jener Menschen, die nicht bestraft werden, bei denen dies alles erlaubt ist. Es scheint so, daß allein die Bankbeamten darüber entscheiden, was erlaubt ist oder ob es sich um strafbaren Scheckbetrug handelt. Dabei ist festzuhalten, daß Bankbeamte bei allen anderen Regeln über keinerlei Entscheidungsgewalt verfügen und auch keine Gesetze machen können.

Viele Menschen kennen sich in diesem Wirrwarr nicht mehr aus, überziehen ihre Konten, sind hilflos verschuldet, die Banken pfänden ihren Arbeitslohn, und die Betroffenen haben ein Leben lang keine Verfügungsgewalt über ihr Geld, das sie verdienen. In Versandhauskatalogen wird ihnen empfohlen, lustig zu bestellen und später in Raten zu bezahlen. Sie befolgen diese Empfehlung und sinken tiefer in den Schuldensumpf. Bestraft werden nicht diejenigen, die diese Empfehlungen abgeben, sondern jene, die sie befolgen.

Noch um einen Grad schwerer durchschaubar sind die Regeln für Gewaltanwendung im Kreis der Familienangehörigen. Um so näher verwandt die Menschen sind, um so eher scheint Gewaltanwendung straffrei zu sein. Schlägt ein Vater sein eigenes Kind, so scheint dies erlaubt, schlägt er ein fremdes Kind, so kann dies schwere Strafen nach sich ziehen. Gleiches scheint bei Frauen zu gelten. Prügelt der Mann seine eigene Frau, so zieht dies in den seltensten Fällen eine Bestrafung nach sich. Prügelt er eine fremde Frau, so wird dies fast immer bestraft. Noch deutlicher zeigt sich dies beim erzwungenen Zeugungsakt. Wird die eigene Frau dazu gezwungen, so kräht kein Hahn danach, zwingt ein Mann eine fremde Frau mit Gewalt zum Zeugungsakt, so fällt dies unter die wirklich schweren Vergehen und wird dementsprechend schwer bestraft.

Geradezu lächerlich sind die Regeln, wenn einer den anderen mit den Fäusten niederschlägt. Geschieht dies innerhalb eines Seilgeviertes, unter der Aufsicht eines weißgekleideten Mannes, so ist alles straffrei, auch Verletzungen und Totschläge. Der Täter wird überschwenglich gefeiert. Findet der Faustkampf wo anders statt, zum Beispiel in einem Wirtshaus, so wird der Sieger nicht bejubelt sondern bestraft, insbesondere wenn es Verletzte oder Tote gibt.

Ähnliche Verwirrung verursachte die Untersuchung der Regeln für Gesetzesbruch. Bricht zum Beispiel ein Politiker Gesetze und fördert den Export von Waffen an kriegführende Länder, so gilt dies als Sicherung von Arbeitsplätzen und wird gerne gesehen. Wechselt das Regime, so wird eben diese Tat als Gesetzesbruch gewertet und der gefeierte Politiker wird bestraft, eine Regelumkehr, die nicht nachvollziehbar ist.

Ebenso unverständlich wie die Regeln selbst erwiesen sich die in den verschiedenen Ländern und Zeiten angewendeten Formen der Schuldfindung und Bestrafung.

In manchen Ländern wird bei Gerichtsverhandlungen ein enormer Aufwand getrieben. Es werden unzählige Zeugen gehört und mehrere Verfahren in verschiedenen Ebenen durchgeführt. Dann erst wird ein Urteil gesprochen, das in die Tat umgesetzt wird. Bei der ganzen Verhandlung scheint der Angeklagte über klare Rechte zu verfügen und in Zweifelsfällen wird für ihn entschieden.

In anderen Ländern ist dies genau umgekehrt. Es wird eine eher willkürliche Anklage erhoben, alle Personen bei Gericht scheinen gegen den Angeklagten zu agieren und in einem kurzen Prozeß wird geurteilt, fast immer gegen den Angeklagten, im Zweifel auf alle Fälle gegen den Angeklagten. Die in diesen Fällen verhängten Strafen sind meist strenger, es wird wesentlich öfter die Todesstrafe ausgesprochen. In der Vergangenheit gab es Fälle, in denen die Todesstrafe so häufig ausgesprochen wurde, daß eine eigene Tötungsmaschine erfunden werden mußte, um den großen Arbeitsanfall bewältigen zu können. Mit dieser sogenannten Guillotine konnte in einem respektablen Tempo in relativ kurzer Zeit einer größeren Anzahl von Menschen der Kopf abgeschlagen werden.

Zusammenfassend kann festgestellt werden, daß der Mensch im Bereich der Regeln für das Zusammenleben vollkommen unintelligent und planlos vorgeht. Er gibt zwar vor, sich mit der Regelerstellung und den Regelverletzungen intensiv zu befassen und tut auch so, als halte er dies für besonders wichtig. In Wirklichkeit produziert er nur wirres, auch für ihn selbst unverständliches Machwerk.

Ein relativ geringer Kreis verfügt über die Erkenntnis, daß der derzeit übliche Strafvollzug eher das Gegenteil von dem erreicht, was gewünscht ist. Diese kleine Gruppe von Menschen, beschränkt auf Psychologen, mitfühlende und nachdenkliche Personen weiß darüber Bescheid. Der Rest verfügt über praktisch keine Erkenntnisse. Die überwiegende Mehrheit der Menschen glaubt fest daran, daß nur durch strengere Strafen die Kriminalität eingedämmt werden kann. Entsprechend ihrer Unfähigkeit, irgendwelche intelligente Rückschlüsse zu ziehen, erkennen sie nicht, daß in Ländern mit diesen strengen Strafen durchaus auch erhöhte Kriminalität auftritt, daß das Ausmaß der Kriminalität von anderen Faktoren wie Armut, Hoffnungslosigkeit und Elend abhängt.

Versuche, die Problematik der Kriminalität einer breiten Öffentlichkeit nahe zu bringen, stoßen auf offene Ablehnung. Die Bereitschaft, sich Gestrauchelter anzunehmen, ist praktisch nicht vorhanden. Politiker, die sich als besonders strenge Gesetzeshüter und Verächter aller Kriminellen geben, haben besten Zulauf. Obwohl jedem klar ist, daß der derzeit übliche Strafvollzug keine Lösung des Problems darstellt, wird keine neue Erkenntnis angewendet. Bei vielen Kriminellen wird das Rad von Einsperren - Auslassen - Einfangen solange gedreht, bis der Betroffene an Altersschwäche zugrunde geht, oder der Betreffende hat in seinen Gefängnisaufenthalten genügend dazugelernt, um letztendlich eine schwere Tat zu begehen. Dann wird er nicht mehr ausgelassen.

Somit kann festgehalten werden, daß der Mensch auf diesem Gebiet nicht aufgrund gewonnener Erkenntnisse handelt. Bei der geringen Menge an Erkenntnissen kann ja auch keine sinnvolle

Handlung folgen. Das ganze Kapitel der menschlichen Lebensregeln ist ein weiterer Beweis für das vollkommene Fehlen von Handlungen und Verhaltensweisen, die von Intelligenz gesteuert sein könnten.

UND WENN SIE KRANK WERDEN

Aufgrund unserer weitgehend natürlichen Lebensweise sind wir Esel den Krankheiten nur in geringem Maße ausgesetzt. In den seltenen Fällen, in denen einer von uns dennoch krank wird, genügt richtiges Verhalten, meist in Form geeigneter Ruhigstellung und entsprechender Einschränkung bei der Nahrungsaufnahme, um bald wieder gesund zu werden. Die Menschen haben es durch ihre unnatürliche Lebensweise geschafft, von unzähligen Krankheiten geplagt zu werden, und können damit nur mühselig zu Rande kommen.

Für intelligente Wesen wäre es selbstverständlich, daß sie über die Funktionen ihres Körpers Bescheid wissen und bei Fehlfunktionen auch erforderliche Verhaltensmaßnahmen einhalten beziehungsweise „Reparaturen" vornehmen können.

Der Mensch allerdings hat noch keine allgemein gültige Form der wirksamen Selbstreparatur gefunden. Somit ist es erklärlich, daß er auf verschiedenste Arten an dieses Problem herangeht. Es ist dabei auffällig, daß der Mensch zu keiner erkennbar klaren Unterscheidung zwischen sinnvollen Ansätzen und vollkommenem Humbug fähig ist. Dies dürfte damit zusammenhängen, daß er bei seinen Erfolgen auf bloße Zufallstreffer angewiesen ist und von den wahren Wirkungsweisen seiner Heilmethoden keine Ahnung hat.

Eine der ältesten und in großen Teilen der Erde noch heute praktizierte Form der Selbstreparatur wird als sogenannte Zaubermedizin bezeichnet. Sie war früher wesentlich weiter verbreitet als heute, die Umstellung auf die derzeit praktizierte Art der Medizin führte sicherlich nicht zu einer Verbesserung des Erfolges. Bei dieser Zaubermedizin tanzen sogenannte Medizinmänner oder Geisterheiler um den Kranken herum und stoßen heilende Sprüche aus.

Die Erfolgsquote dieser Art von Selbstreparatur der Menschen ist zwar als mäßig zu bezeichnen, sie weicht jedoch nicht wesentlich von jener so mancher anderer Arten ab. Offenbar genügt es, zumindest in irgendeiner Form auf die Psyche des Menschen einzugehen, und die Erfolgsquote der Heilung wächst. Der bloße Glaube der Kranken, daß es sich um eine wirksame Heilmethode handelt, genügt.

Eine weitere Form der Menschenheilung kann als Örtlichkeitsmedizin bezeichnet werden. Tausende Kranke pilgern an bestimmte Orte, an denen sie Heilung erwarten und offenbar auch erreichen. An diesen Orten erfolgen keine bestimmten Medizinkulte, es handelt sich um die üblichen Religionskulte. Somit kann die heilsame Wirkung nur auf den Ort bezogen werden. Solche heilsamen Orte befinden sich auf Bergen, in Grotten, meist aber in Kirchen und Gotteshäusern.

Ebenso wie bei den Zauberkulten wird eine mäßige Heilungsquote erreicht, die sich jedoch nicht wesentlich von allen anderen unterscheidet. Aber ebenso wie bei der Zaubermedizin wird auch diese Art von der sogenannten wissenschaftlichen Medizin verachtet, ja sogar bekämpft, obwohl diese keine höhere Erfolgsquote aufweist.

Eine ebenso bekämpfte Medizin ist die personenbezogene Heilmethode. Dabei heilen einzelne Wunderheiler mittels Worten, Handauflegen und Prophezeiungen. In mehreren Fällen konnten sogar solche Heilversuche per Telefon festgestellt werden. Die durch diese Heilmethode erzielte Erfolgsquote entspricht der vorhin beschriebenen. Ein wesentlicher Unterschied besteht darin, daß die Ausübung dieser Art von Heilmethode den Wunderheilern nicht selten riesige Reichtümer beschert.

Wohl nicht zuletzt aus diesem Grunde existiert eine vehemente Ablehnung dieser Reparaturpraktiken durch die schon erwähnte Schulmedizin. Geisterheiler werden oft streng verfolgt, bestraft und mit Berufsverbot belegt. Der erbitterte Kampf der geschulten Mediziner gegen diese personenbezogene Wunderheilmethode erstaunt um so mehr, als die örtlichkeitsbezogene Wunderheilung nicht bekämpft wird. Insbesondere bei Wunderheilorten, die mit einer Religion in Verbindung stehen, entfällt der Kampf dagegen vollständig.

Eine spezielle Variante der personenbezogenen Heilmethode ist das Bearbeiten von Körperteilen des Erkrankten mit den bloßen Händen des Heilers. Dabei werden ganze Körperpartien dieser Behandlung unterzogen, oft auch nur kleine Teile. Manche bearbeiten speziell Schulter und Nacken, andere beschränken sich auf das Drücken einzelner Punkte auf der Fußsohle. In den meisten Fällen ist diese Art von den Gesetzen akzeptiert, womöglich deshalb, weil eine gewisse Zusammenarbeit mit der übrigen Medizin gepflogen wird, wobei als wichtigster Faktor eine Teilung der Einnahmen erfolgt.

Eine Erklärung dieses Phänomens könnte wie folgt lauten: Wenn jemand ohne Beiziehung und finanzieller Mitbeteiligung eines Arztes, also eines Vertreters der wissenschaftlichen Medizin, heilt und dabei große Erfolge erzielt, gilt er als Wunderheiler und wird verfolgt.

Bei der wissenschaftlichen Medizin dominieren Geräte und Medikamente, das sind meist chemische Mischungen, die bestimmte Reaktionen und Wirkungen im Körper des Menschen hervorrufen oder zumindest hervorrufen sollen. Ausgeübt wird diese Schulmedizin von eigens dafür ausgebildeten Menschen in Studios, in denen meist einzelne arbeiten, manchmal auch mehrere, oder in riesigen Häusern, die vollgefüllt sind mit vielen Ärzten, noch mehr Pflegern und einer Unmenge von Kranken, die sich ständig gegenseitig anstecken. In diesen Häusern befinden sich unendlich viele und unterschiedlichste Geräte und Apparaturen. Dazu kommen noch unübersehbar große Mengen an chemischen Mitteln.

Die Erfolgsquote dieser Art von Medizin scheint auf das erste Hinsehen höher zu sein als bei den anderen Heilmethoden. Wenn jedoch die Rückfallquote mitberücksichtigt wird und weiters die

Tatsache der weiten Verbreitung dieser Art der Menschenreparatur, so erscheint dieser Unterschied durchaus nicht mehr als gesichert. Auf alle Fälle verhindern die Menschen jeden ernsten Vergleich, denn sie nehmen in ihren Statistiken nur die Erfolge der Schulmedizin auf.

Grundsätzlich müßte man glauben, daß die wissenschaftliche Medizin einen, ohne jede Untersuchung, erkennbar größeren Erfolg hat als alle anderen Methoden. Daß dem nicht so ist, beruht womöglich darauf, daß bei dieser Art von Heilmethode der Geist fast vollkommen außer acht gelassen wird. Es wird praktisch nur versucht, mit Ersatzteilen, Messer, Bohrmaschine, Gips, Nägeln und Schrauben, mit Reparaturschnitten und chemischen Mitteln jede Krankheit zu bekämpfen, so als handelte es sich nur um einen Motor, der der Reparatur bedarf.

In eigenen Betrieben und Werkstätten werden Ersatzteile in jeder erforderlichen Menge hergestellt, in riesigen Fabriken erzeugen die Menschen chemische Mittel von unvorstellbarer Vielfalt. Bei diesen Mitteln wird streng angegeben, welche positiven Wirkungen erhofft werden und auch welche negativen Nebenwirkungen auftreten können. Nicht selten wird ein Erfolg mit einer neuen, noch schlimmeren Krankheit erkauft.

Ein völlig unverständlicher Aspekt in den hoch entwickelten Ländern ist die Vorgangsweise, wenn der Reparaturbedürftige aufgrund seiner vielen Fehlfunktionen und seines hohen Alters den Wunsch äußert, keine Reparatur mehr vornehmen zu wollen. In fast allen Naturvölkern kann ein hochbetagter Mensch selbst entscheiden, wann er jede medizinische Hilfe oder auch die Nahrungsaufnahme einstellt und stirbt. Bei einem nordamerikanischen Indianerstamm ist es sogar üblich, daß alte Menschen, die eine Heilung und ein Weiterleben nicht mehr anstreben, bei großer Kälte absichtlich ihr Zelt verlassen und die nächste Nacht nicht mehr überleben.

In den Medizinmännerhäusern der zivilisierten Länder werden ebensolche alte und hoffnungslos kranke Menschen oft gegen ihren Willen mit Medikamenten vollgepumpt und mit Geräten behandelt, ja sogar klinisch Tote jahrelang an Maschinen angehängt. Wer jemandem, auf seinen ausdrücklichen Wunsch hinauf, sterben hilft, gilt als Gesetzesbrecher und wird vor Gericht gestellt. Wäre der Kranke noch in der Lage, Selbstmord zu begehen, so könnte kein Gesetz ihn daran hindern. Nachdem er dabei auf fremde Hilfe angewiesen ist, ist er dazu verurteilt, sich so lange behandeln und quälen zu lassen, bis er trotz aller chemischer Mittel und medizinischer Apparate stirbt. Wie lange er dabei zu leiden hat, wird in den Gesetzeswerken nicht berücksichtigt. Dies ist wohl die höchste Form des Nichtbeachtens der menschlichen Psyche, die bei der wissenschaftlichen Medizin als bloßem Fetischismus für Medikamente und Geräte sowieso zu kurz kommt.

Die ständige Weiterentwicklung dieser bescheidenen Kenntnisse der Menschen erfolgt völlig unterschiedlich. Im Bereich der kultischen Medizin ist überhaupt keine Entwicklung feststellbar. Im Gegenteil, die Riten, Tänze und Zauberformeln sind durchwegs unverändert aus grauer Vorzeit übernommen. Oft sind die Riten und insbesondere die Sprüche so alt, daß sie keiner mehr versteht. Nachdem offensichtlich nicht die Riten heilen, sondern der Glaube an die Heilwirkung, spielt dies keine Rolle.

Ebenso festgefahren wird die örtlichkeitsbezogene Medizin durchgeführt. Der Heilung bringende Besuch an heiligen Orten erfolgt seit Jahrhunderten ohne Veränderungen. Die Krankenbehandlung umfaßt Gebete, Gesänge und Besprühungen mit Wasser, dem sogenannten Weihwasser, dem vorher durch Sprüche, Zeremonien und sonstigen Unsinn eine angebliche Heilkraft verliehen wurde. Wie vor Jahrtausenden werden nicht selten Spenden und Opfergaben an die ausübenden Heiler übergeben, sei es auch nur in der einfachen Form, daß ihnen Kerzen zu überhöhten Preisen abgekauft werden, um sie nutzlos, sogar bei Tageslicht, zu verbrennen.

Bei der wissenschaftlichen Medizin hingegen ist eine ausgeprägte Entwicklung und Veränderung nachweisbar. Das Ausprobieren neuer Mittel erfolgt oft vorher an anderen Wesen, vorwiegend auch Säugetiere, dann am Menschen selbst. Hier ist festzustellen, daß bei den Anhängern der mechanischen Richtung mehr geforscht wird. Der Versuch, alles mit Ersatzteilen, mit chemischen Mitteln und mit dem Messer zu reparieren, scheint die Forschung eher zu fördern, als der Versuch, die Heilung im psychischen Bereich anzusetzen.

Die Ansicht, ein kranker Mensch ist eine Maschine mit einer Fehlfunktion, die mit dem Austausch eines Teiles oder dessen Reparatur beseitigbar ist, begünstigt die gleichermaßen gegenständliche Forschung. Die Ansicht, daß alle Krankheiten seelisch bedingt sind, daß eine angeschlagene Psyche dem Körper förmlich erlaubt, krank zu werden, indem das Abwehrsystem geschwächt wird, scheint die Mehrheit der Menschen nicht zu teilen.

Im Bereich der wissenschaftlichen Medizin gewinnt der Mensch entsprechend der umfangreichen Forschung Unmengen von Erkenntnissen. Die Menge dieses Wissens erreicht derartige Ausmaße, daß es praktisch nicht mehr möglich ist, alle notwendigen Informationen weiterzugeben und zu verarbeiten.

Der Mensch versucht dem dadurch zu begegnen, daß für jeden einzelnen Körperteil ein eigener Heilungsspezialist ausgebildet wird, der sich nur mehr mit diesem Körperteil befaßt und vorwiegend die damit verbundenen Erkenntnisse verarbeitet. So gibt es zum Beispiel Ärzte, die sich nur mit den Augen des Menschen befassen, andere nur mit den Zähnen, wieder andere nur mit dem Herzen und so weiter. Eine Gesamtsicht und insbesondere eine Berücksichtigung der so wichtigen Psyche wird durch diese extreme Spezialisierung zweifelsohne deutlich erschwert.

Teilweise wegen des Unvermögens, die wahren Zusammenhänge zu verstehen, teilweise aufgrund des noch größeren Unvermögens, durch gewonnenes Wissen das eigene Handeln zu ändern, versagt der Mensch auf dem Gebiet der Gesundheit und Selbstreparatur völlig.

Die Menschen wissen, daß übermäßiges Essen und Trinken die Gesundheit beeinträchtigt, zeigen sich davon aber in ihrer Lebensweise vollkommen unbeeinflußt. Die Erkenntnis, daß Gifte zu meiden sind, daß viel Bewegung die Gesundheit fördert, findet wenig Niederschlag in den menschlichen Lebensgewohnheiten. Daß ein gesunder Lebensrhythmus mit genügend langen Schlaf- und Ruheperioden Schädigungen hintanhält, hat der Mensch voll erkannt und beachtet dies nur mäßig. Lebt ein Mensch entsprechend dieser Erkenntnisse, so währt dies meist nur kurze Zeit, und er kehrt bald zur üblichen Lebensweise zurück.

Sind jedoch Schädigungen bereits eingetreten, so besinnt sich der Mensch in den meisten Fällen auf all dieses gewonnene Wissen. Er nützt es insbesondere dann, wenn das ignorieren unmittelbare Schmerzen zur Folge hat. Somit ist auch beim Menschen der einzige Steuermechanismus wirksam, der für alle intelligenzlosen Wesen gilt. Er ißt erst dann kein fettes Fleisch mehr, wenn die Gallenanfälle unmittelbar folgen, er meidet Zucker erst dann, wenn sich sofort Zahnschmerzen einstellen.

Das heißt, er ist nur in der Lage, die gewonnenen Erkenntnisse anzuwenden, wenn sein Körper unmittelbar mit Schmerzen reagiert. Treten die Schmerzen und Schädigungen mit einer zeitlichen Verzögerung auf, so sind die Menschen mehrheitlich nicht mehr in der Lage, vernünftig zu handeln. Das Wissen, daß auf lange Zeit gesehen Schädigungen auftreten, läßt den Menschen ungerührt. Somit kann jedes intelligente Handeln verneint werden, bei der Reaktion auf unmittelbar folgende Schmerzen ist auch nur der klassische Steuermechanismus festzustellen, der für alle dummen Lebewesen der einzig wirksame ist.

BAUWUT

Ein Esel kann auf jede Art von Bauwerken verzichten. Jene Lebewesen, die vom Idealzustand der Esel abweichen und aufgrund körperlicher Mängel Bauwerke benötigen, sind natürlich auch in der Lage, diese zu errichten. Dabei vergessen sie nie den Sinn und Zweck eines Bauwerkes. Sie bauen für gefahrloses Schlafen, zum Lagern von Nahrung, für die Überwinterung oder für die Aufzucht der Nachkommen.

Die Menschen zählen aufgrund ihrer vielen körperlichen Mängel und fehlender Widerstandskraft zu den Wesen, die am dringendsten einer Behausung bedürfen. Wohl aus diesem Grund verfügt der Mensch über die größte Variation in seinen Bauwerken, dies ließe zumindest die Vermutung zu, daß er auf diesem Gebiet mit Vernunft zu Werke geht. Es kann jedoch vorweggenommen werden, daß es sich bei der unvorstellbar reichhaltigen und aufwendigen Bautätigkeit der Menschen nur um eine krankhafte Sucht handelt, bei der Bauen zum Selbstzweck degeneriert ist.

Beim Errichten von Bauwerken verfällt der Mensch in die gleiche Maßlosigkeit wie in all seinen anderen Lebensbereichen. So wie er den in gewissen Grenzen sinnvollen Verkehr zum totalen Inferno übersteigert, so irrwitzig vollführt er seine Bautätigkeit. Nicht nur, daß er außer den nützlichen Wohnbauten eine Vielzahl von vollkommen unsinnigen Bauwerken errichtet, er wendet dabei im umgekehrten Sinn seinen Eifer an: Um so unsinniger und unnützer ein Bauwerk ist, desto mehr strengt er sich an.

Bei den Wohnbauten beschränkt er sich auf eher einfache Formen, bei Kirchen, Tempeln, öffentlichen Bauwerken und, als Gipfelpunkt der Dummheit, ganz besonders bei Gräbern entwickelt er die unglaublichste Prachtentfaltung. Die gotischen Dome des Mittelalters wurden teilweise so groß gebaut, daß sie von den Einwohnern der jeweiligen Stadt gar nicht gefüllt werden konnten.

Die eigentlichen Wohnbauten der Menschen dieser vergangenen Völker hinterließen fast keine Spuren, ihre nutzlosen und nicht bewohnbaren Religionsbauten und Gräber stehen heute noch, und das größte Bauwerk der Menschen überhaupt ist ein Grab, das möglicherweise nie benutzt wurde.

Die Bauwut des Menschen manifestiert sich somit insbesondere im Bau von völlig unnötigen Werken. Am häufigsten sind hier sogenannte Türme anzutreffen. Abgesehen von manchen Türmen vergangener Zeiten, die der Verteidigung dienten, ist das Bauen von Türmen eine Sucht, von der die Menschen jeden Alters und jeder Zeit befallen werden. Es gibt Türme der alten Ägypter, sogenannte Obelisken, die nicht einmal begehbar sind.

In religiösen Geschichtsbüchern ist überliefert, daß die Menschen das sinnlose Bauen von Türmen sogar als solches erkannt haben, dennoch wurde seit der Zeit des Turmbaues zu Babel dieser Wahn nie aufgegeben. In Paris wurde ein riesiger Metallturm ohne jeden sinnvollen Zweck erbaut, in fast jeder Großstadt der neuesten Zeit entsteht ein Turm in Form einer riesigen Betonsäule, darauf wird meist ein Restaurant eingerichtet, welches viel billiger und einfacher am Boden zu errichten wäre. Alle Kirchen werden mit einem oder mehreren nutzlosen Türmen versehen. Spezielle Kirchen der Araber haben häufig mehrere Türme, vier sind oft anzutreffen, manchmal fünf, sechs und sogar sieben Türme in unmittelbarer Nähe.

Trotz seiner Jahrtausende währenden Bauwut entwickelte der Mensch in keinem Fall eine Art von Idealform. Er scheint diese nicht einmal zu suchen. In einer riesigen Vielfalt baut er in den verschiedensten Formen und Arten. Die einfachste Form sind primitive Blöcke, die in ihrer würfelförmigen oder schachtelartigen Bauart meist Wohnzwecken dienen. Sie erinnern in ihrer gleichförmigen Eintönigkeit an Zuchtanstalten für Hühner oder Hasen. Manche Kritiker unter den Menschen nennen sie auch Wohnbatterien für Nutzmenschen, da wohlhabendere Menschen meist in kleineren und zierlicheren Häusern wohnen.

Sobald die Bauten nicht mehr Wohnzwecken dienen, somit in Richtung Nutzlosigkeit tendieren, sind sie einfallsreich und keineswegs eintönig gebaut. Kirchen, Tempel und andere Bauten, manche davon ohne klar erkennbaren Zweck, sind reichlich verziert. Der Mensch scheut dabei weder Kosten noch aufwendigste Arbeit.

Im Gegensatz zu allen anderen bauenden Tieren, die für sich eine Idealform der Bauwerke gefunden haben, seien es die Bienen mit ihren Waben oder Vögel mit ihren Nestern, ist dies dem Menschen wegen fehlender Intelligenz nicht möglich.

Die gleiche Hilflosigkeit zeigt sich auch bei den verwendeten Materialien. Die Haltbarkeit scheint manchmal vollkommen unwichtig zu sein oder wird ohne näheren Grund plötzlich gefordert. Die Materialvielfalt kennt keine Grenzen. Häuser werden aus Stroh gebaut, aus Fellen, Geweben und sogar aus Schnee. Der Mensch verwendet Metall und Glas, so daß die Häuser bei starker Sonneneinstrahlung so heiß werden, daß sie unbewohnbar sind.

Der Mensch kühlt dann diese aus schwachsinniger Materialverwendung zu heiß geratenen Bauten mittels elektrischer Apparaturen auf ein erträgliches Maß. Dabei steigert er sowohl den Verbrauch von wertvoller Energie als auch seine latent vorhandene Anfälligkeit für Entzündungen der Atemwege.

Es ist auch nicht auszuschließen, daß der Mensch in seiner Dummheit so weit geht, daß er gar keine Idealform oder ideale Baumaterialien anstrebt, denn in keiner Weise scheint er darauf aus zu sein, erstens den besten Baustoff zu finden und zweitens dann vorwiegend diesen zu verwenden. Die geringe Haltbarkeit einiger Baustoffe versetzt ihn in die offensichtlich beabsichtigte Lage, daß er bald nach Errichtung eines Bauwerkes zur Reparatur schreiten und hurtig weiterbauen kann. Der nicht seltene Fall, daß sich eine Reparatur als zu aufwendig erweist, scheint den Menschen besonders zu beglücken, denn dann kann er sogar alles niederreißen und vollkommen neu aufbauen.

Dieses triebhafte Dauerbauen zeigt sich schon beim Kleinkind. Die jungen Menschenkinder verbringen viele Stunden beim spielerischen Bauen mit Bausteinen. Dabei ist eine der beliebtesten Tätigkeiten das ständige Umwerfen, um von neuem beginnen zu können. Dieser Kreislauf scheint eine Vorform seiner späteren Bauwut zu sein, bei der sich nur die Zykluszeit zwischen Bauen, Umbauen, Zerstören und Wiederaufbauen verlängert. Bei manchen antiken Städten wurde so oft gebaut, zerstört und wiederaufgebaut, daß die Stadt letztendlich auf einem riesigen Hügel aus Bauschutt stand. Dadurch waren viele Hügel im wüstenhaften Orient für Archäologen ein Wegweiser zum Auffinden versunkener Städte und Kulturen.

Im Umgang mit sehr alten Bauwerken gerät der Mensch vollkommen in unlogisches Handeln. In manchen Zeiten baut er diese Uraltbauten ununterbrochen um, erweitert und verändert sie. Manchmal reißt er sie wieder brutal nieder, verwendet sie als regelrechte Steinbrüche für neue Bauten.

In neuester Zeit scheinen die Menschen gänzlich die Logik für Bauwerke verloren zu haben. Sie begannen die sehr alten Bauten plötzlich religiös zu verehren, und sei es die nutzloseste Ruine. Sie entfernen alle späteren Einbauten, die sie über viele Jahre mühselig zustande brachten. Sie restaurieren alles und bringen den Bau womöglich in den ältesten Urzustand.

Es handelt sich dabei um eine neue Form der krankhaften Bauwut, die nur in einem mit der bisherigen übereinstimmt, dem Bemühen um Bauwerke, die keinerlei Zweck erfüllen. Durch den Rückbau aller Veränderung und Herstellung des Urzustandes eröffnen sie vermutlich die herrliche Möglichkeit für spätere Generationen, wieder alles von neuem beginnen zu können.

Von der festgestellten Bauwut war der Mensch in seiner Geschichte schon sehr früh befallen. Er begann schon zyklopische Mauern zu bauen, als er noch nicht in der Lage war, diese mit Mörtel zu verbinden. In manchen Fällen schlichtete er riesige Steine zu Mauern auf, die noch irgendeine Schutzfunktion hatten, in den meisten Fällen vollbrachte er diese mühselige Arbeit jedoch damals schon ohne jeden Sinn und Zweck.

In Stonehenge, dem uralten Tempel der Vorzeit, türmte er so große Steine übereinander und stellte sie in einem großen Kreis auf, daß man sich heute gar nicht mehr recht vorstellen kann, wie diese übermenschliche Arbeit ohne ausgereifte technische Hilfsmittel gelang. Auf den Osterinseln meißelte der frühe Mensch unentwegt wie besessen große Statuen aus dem Gestein, schleppte diese weite Strecken und stellte sie am Rande der Insel auf. Ebenso wie Stonehenge haben auch diese Statuen keinen erkennbaren Sinn.

Oberflächlich gesehen, könnte man annehmen, daß die vielfältige und kunstvolle Bautätigkeit der Menschen ein Zeichen von Intelligenz sei. Denn trotz der an sich sinnlos erscheinenden Bauwut betreibt der Mensch eine ausgeprägte Forschung auf diesem Gebiet.

Er unterzieht viele Materialien den kompliziertesten Haltbarkeits- und Festigkeitstests, er untersucht und optimiert die für den Bau erforderlichen Kosten und somit auch den dafür erforderlichen Arbeitsaufwand. Er erforscht die Bearbeitbarkeit der Baumaterialien, ihre verschiedene Verwendbarkeit und ihre Wärmedämmung, die Fähigkeit, Kälte abzuhalten und Hitze zu verhindern. Auch auf dem Gebiet der Standfestigkeit, der Statik, forscht der Mensch sehr fleißig und beherrscht viele Möglichkeiten, die Belastbarkeit der verschiedensten Baumaterialien zu verstärken und zu optimieren.

Somit könnte man tatsächlich dazu neigen, Ansätze von Intelligenz zu vermuten. Nachdem es sich bei der menschlichen Bautätigkeit aber nicht um eine von Intelligenz gesteuerte Vorgangsweise handelt, sondern um eine klar erkennbare Wutkrankheit, ist sein ganzes Wissen nutzlos.

All die erworbenen Erkenntnisse berücksichtigt er in den wenigsten Fällen, sie gehen in der weitverbreiteten, manischen Bauwut unter. Selbst all sein Wissen über die Haltbarkeit der verschiedenen

Baustoffe nutzt er nur äußerst mangelhaft. Er verwendet Holz in Bereichen, in denen diesen Bauwerken nur eine kurze Lebensdauer beschieden ist, er verwendet Bleche, die er ununterbrochen streichen muß, damit sie überhaupt eine geringe Zeit bestehen und letztlich doch unrettbar verrosten. Er verwendet Außenverkleidungen und Mörtelputze, die binnen kürzester Zeit häßlich werden und abbröckeln. Er klebt Fliesen an die Wände, die ebenfalls in geringen Zeitabständen erneuert werden müssen. Wände beklebt er gar oft nur mit Papier, das noch schneller unansehnlich wird und überklebt werden muß.

Wenn in Städten, in denen Wohnungsnot herrscht, sinnlose Türme gebaut werden, in denen kein einziger Mensch wohnen kann, ist es unmöglich, diese Verhaltensweise als intelligent zu bezeichnen.

Beim Bau von sinnlosen Grabmälern ist über Jahrtausende auch keine Besserung erkennbar. Nach den Pyramiden aus 2000 v.Chr. folgten überdimensionale Grabhügel aus 1000 v.Chr., römische Monumentalgräber um die Zeitenwende, das Frauengrab Taj-Mahal in der Mitte des zweiten Jahrtausends n.Chr. und in der neuesten Zeit das Kolumbuskreuz in Venezuela, ein über hundert Meter hoher Monumentalbau, der als Museum und als Grabmal des Christoph Kolumbus, mehr als 500 Jahre nach seinem Tode, dienen soll. Dieses riesige Bauwerk steht in Sichtweite der Slums, deren Bewohner in ihren Wellblechhütten in erbärmlicher Armut leben. Der Grabbauwahn beherrscht somit die Menschen auch noch im ausgehenden 20. Jahrhundert.

Die ganze Bautätigkeit des Menschen ist geprägt von einem ständigen, ruhelosen Variieren, Bauen um des Bauens willen, Zerstören, Niederreißen und zwanghaftem Wiederaufbau. Das fortgesetzte Bemühen um insbesondere die sinn- und zwecklosen Bauten läßt nicht im entferntesten den Verdacht aufkommen, daß in diesem Teilbereich des menschlichen Wesens eine Spur von Intelligenz, von intelligentem Handeln zu finden ist.

HASS GEGEN DIE EIGENE ART

Wir Esel haben klugerweise die Vormachtstellung auf dieser Erde nie angestrebt. Dazu hätten wir uns mit der Bekämpfung und Unterdrückung der anderen Lebewesen auseinandersetzen müssen. Der Mensch hat alles dafür Erforderliche gründlich erlernt und einen folgenschweren Fehler begangen. Er wurde von einer Eigenschaft befallen, unter der nur er und sonst kein einziges Lebewesen leidet: dem Haß gegen die eigene Art.

Abgesehen von der den Menschen immer wieder befallenden Krankheit des „Kriege-führen-Müssens" manifestiert sich der Haß gegen die eigene Art darin, daß sich die Menschen untereinander, ohne jeden Krieg, in den verschiedensten Formen bekämpfen. Einzelne Gruppen werden benachteiligt, verachtet, verfolgt und unterdrückt. In manchen Fällen geht die Verfolgung bis zur Tötung und Ausrottung vieler Menschen.

Es ist offenbar unerheblich und auch unergründbar, wer wen unterdrückt und verfolgt, wichtig scheint nur, daß jemand unterdrückt und verfolgt wird. Um sich dieses sinnlose Treiben selbst zu erklären, werden stets recht fadenscheinige Begründungen angegeben und interessanterweise auch geglaubt. Diese erfundenen Begründungen wechseln von Land zu Land und auch innerhalb der Länder in längeren Zeitabschnitten. Auch die Intensität der Unterdrückung und Verfolgung ist starken Schwankungen unterworfen, sie ist zu manchen Zeiten besonders heftig, dann wieder nur schwach erkennbar, sie erlischt jedoch nie gänzlich.

Ob die Mehrheit die Minderheit unterdrückt oder umgekehrt, die Mächtigen die Armen oder sonst irgendwer irgendwen, ist vollkommen unerheblich. Wichtig ist dabei nur, daß die vorgetäuschten Gründe für Verachtung und Verfolgung von der Mehrheit der Unterdrücker geglaubt wird, egal wie falsch und verlogen diese Gründe sind. Aufgrund der ärmlichen geistigen

Fähigkeiten der Menschen ist das Erfinden und Glauben dieser Gründe aber kein Problem.

In vielen Fällen wird ein rassischer Unterschied als Grund für Unterdrückung und Verfolgung vorgetäuscht. Weiße unterdrücken Schwarze, die angeblich weniger intelligent und weniger fleißig, mit einem Wort, weniger wert sind. Es ist zwar unglaublich aber Tatsache, die vollkommen intelligenzlosen Menschen sind der Meinung, daß bestimmte Rassen unter ihnen über weniger Intelligenz verfügen als andere. Weniger als Nichts gibt es jedoch nicht.

Häufig unterdrücken gebildete Menschen die ungebildeten, halten sie wie Sklaven und achten darauf, daß der Zustand der geringeren Bildung anhält. In manchen Fällen organisieren die Ungebildeten einen regelrechten Aufstand, eine Revolution, die mit Zerstörung und Elend für alle endet. Die gescheitere und disziplinierte Oberschicht erholt sich davon wesentlich schneller und zuguter letzt ist der alte Zustand wieder hergestellt.

Ein weiterer Vorwand für Unterdrückung sind die verschiedenen Religionen, der Glaube an eine andere Traum- und Geisterwelt, die sich durchaus so ähnlich sein können, daß eine Unterscheidung fast nicht möglich ist. Obwohl Barmherzigkeit und Nächstenliebe Wesensmerkmale vieler Religionen sind, treten haßerfüllte Unterdrückung, Verfolgung und Vertreibung aus religiösen Gründen besonders häufig auf.

Ist die unterschiedliche Religion für Verfolgung und Haß nicht anwendbar, so wird häufig die verschiedene Sprache herangezogen. Die Menschen stört es dann durchaus nicht, daß alle der gleichen Rasse und der gleichen Religion angehören. Es erscheint ihnen vollkommen selbstverständlich, daß es in diesen Fällen eben die verschiedene Sprache ist, die den wahren Grund für Haß und Verfolgung darstellt.

Es geht dem Menschen anscheinend nur um die Unterdrückung als Selbstzweck. Alle angeführten, ständig wechselnden Begründungen sind vollkommen unlogisch. In manchen Fällen ist fast überhaupt kein Unterschied mehr feststellbar, und dennoch finden die erfinderischen, jedoch geistlosen Menschen, genügend Gründe für Haß und Verfolgung.

Im ehemaligen Jugoslawien sind die meisten Sprachen sehr ähnlich, die Kultur fast ident und die Religionen schon seit langer Zeit im friedlichen Nebeneinander. Dennoch fanden sich genügend Gründe für unendlichen Haß, gegenseitige Tötung und Krieg. Um Serben, Kroaten, Slowenen, Mazedonier, Montenegriner, Bosnier und Kosovo-Bewohner auseinanderzukennen, bedarf es eingehender Studien, als Begründung für gegenseitigen Haß bedurfte es keiner näheren Erklärung. In einer fatalistischen Selbstverständlichkeit sieht jeder sein Ziel in der Unterdrückung, oft auch Vernichtung und Ausrottung der anderen.

Ein wesentliches Merkmal der allgemeinen Unterdrückung ist es, daß die Menschen sich einbilden, die Gründe und die Sinnhaftigkeit dieser Vorgangsweise vollkommen zu verstehen. Interessanterweise trifft dies nicht selten auch auf die Unterdrückten selbst zu. Sie finden sich mit ihrem Los oft vollkommen ab und halten diesen Zustand für eine richtige, sinnvolle, höhere Weltordnung.

Ein besonderes Kuriosum bildet hier ein kleines Volk, das in seiner Gesamtheit nicht einmal ein bestimmtes Territorium als eigenes Land besitzt. Verteilt in aller Herren Länder zeichnet sich dieses Volk eher durch Fleiß, Tüchtigkeit und Zusammenhalt, als durch schlechte Eigenschaften aus. Dennoch bildete gerade dieses Volk das häufigste Ziel für Verachtung, Unterdrückung und grausamste Verfolgung.

Dieses Volk, Juden genannt, wurde in den letzten zweitausend Jahren immer wiederkehrend für die verschiedensten Ereignisse verantwortlich gemacht und dann unerbittlich und grausam verfolgt. In unregelmäßigen Abständen fielen die Menschen über diese relativ kleine Bevölkerungsgruppe her.

Zwischen diesen Verfolgungsanfällen lebten die Juden meist friedlich und vielfach geachtet wegen ihres Fleißes, der oft mit

Bildung und Wohlstand verbunden war, mitten unter den übrigen Menschen vieler Staaten. Oft dauerte diese friedliche Periode Jahrhunderte, es gab aber immer wieder unerwartete und unbegründete Ausbrüche des Hasses.

Am Höhepunkt aller Verfolgungen, einer systematischen Vernichtung der Juden machte ein Diktator die Juden für fast alles Böse der Welt verantwortlich. Folgsam und bereitwillig glaubte das ganze Volk alle abstrusen Geschichten und arbeitete fleißig an der Judenverfolgung mit, und sei es nur als Denunziant und Mitläufer. In unvorstellbarer Grausamkeit wurden von den Schergen dieses Staates ganze Familien wie Tiere abgeholt, verfrachtet und in Zwischendeponien, die sogenannten KZ-Lager, gebracht. Diese Lager existierten letztendlich nur deshalb, weil die Tötungsmaschinerie nicht schnell genug arbeitete.

Die vollkommen auf Lügen und Falschheit aufgebauten Begründungen waren für die Masse des Volkes einleuchtend genug, um Abtransport und Vertreibung der Juden für richtig zu halten, für Eingeweihte waren sie sogar Grund genug für Tötung und Ausrottung.

Die Menschen hielten diese unendlich grausame Vorgangsweise für so normal, daß sich nicht einmal eine Spur von Mitleid regte. Dennoch hatten die Menschen das Mitleid nicht verloren, sie hatten eine Menge davon, nicht für die verschleppten Menschen, sondern für die verlassenen Haustiere.

Wenn ganze Familien abgeholt und abtransportiert wurden, kam es immer wieder vor, daß Hund oder Katze dieser Familie hungernd und klagend zurückblieb. Diese Kreaturen erweckten dann das Mitleid der Nachbarn und wurden liebevoll aufgenommen. Den verschleppten, gequälten und zuletzt grausam getöteten Menschen weinte praktisch niemand eine Träne nach. Die Menschen stritten sich eher darum, wer die verlassenen Wohnungen, Häuser und Betriebe an sich reißen konnte.

Selbstverständlich bildet die Verfolgung der Juden keinen Einzelfall. Da der Mensch von der Richtigkeit seiner Handlungen überzeugt ist, weil er aufgrund seiner armseligen geistigen Fähigkeiten die Irrationalität seiner Handlungen nicht erkennen kann, ist auf diese grausame Beständigkeit Verlaß. Somit gab und gibt es in vielen Völkern eine Parallele zur Judenverfolgung unter Hitler.

Zeitgleich gab es in Ungarn ebenfalls eine grausame Judenverfolgung, die Verfolger hießen dort Schwarzkreuzler, die Brutalität war die gleiche, nach der Besetzung durch Hitlers Soldaten wurde die Vernichtung dann nur mehr ausgeweitet und deutlich gründlicher.

Das türkische Volk verfolgte ähnlich grausam die Armenier. Zu Tausenden führten sie diese regelrecht in die Wüste und ließen sie dort verhungern und verdursten, Männer, Frauen, Greise und Kinder.

Die Begründungen waren verschieden, die Vorgangsweise und die Auswirkungen paßten genau in das verläßlich anzutreffende Muster der menschlichen Selbstvernichtung und des unbegründeten gegenseitigen Hasses.

Nach genau dem gleichen Muster wurden von den Einwanderern in Nordamerika die einheimischen Indianer verfolgt, unterdrückt, niedergemetzelt und letztendlich fast ausgerottet. Was als kläglicher Rest überlebt hat, wird mit Alkohol gründlich und regelmäßig vergiftet, in Reservate gesperrt und dort wie in einem Tierpark gehalten.

Diese Praktiken sind nicht auf vergangene Jahrhunderte beschränkt. In seiner Unfähigkeit, wirklich zu lernen und danach zu handeln, wiederholt der Mensch verläßlich alle Greuel. In Brasilien werden die Ureinwohner des Dschungels von profitgierigen Grundspekulanten vertrieben, enteignet, abgeschossen und hingeschlachtet.

Interessant ist auch, daß die Unterdrückung richtigen Wellenbewegungen unterworfen ist. In Zeiten geringer Unterdrückung gilt diese sogar als unmenschlich und wird verachtet. Dabei schwelt sie im Untergrund weiter und bricht dann plötzlich an die Oberfläche. Die Verachtung der Unterdrücker weicht plötzlich dem Gegenteil, die Verfolgung wird staatlich gefördert und angeordnet, zumindest aber begünstigt. In einer weiteren Wellenbewegung gilt Unterdrückung und Verfolgung wieder als verachtenswert und wird bestraft - bis zum nächsten Mal, wenn alles wieder von vorne beginnt.

Bei der Erforschung der Ursachen für dieses Verhalten ist nichts Befriedigendes zu finden. Als eine der wenigen nachvollziehbaren Ursachen für Unterdrückung anderer Bevölkerungsgruppen konnte in wenigen Fällen nachgewiesen werden, daß die Unterdrücker daraus einen gewissen wirtschaftlichen Vorteil ziehen. Das heißt, daß auf Kosten der Unterdrückten eine gewisse Besserstellung der herrschenden Gruppe folgte.

Dies gilt jedoch nur für einen verschwindend kleinen Teil aller Fälle. Es kam auch vor, daß eine Bevölkerungsgruppe verfolgt wurde und die erfolgreichen Unterdrücker sich dadurch selbst in unsagbares Elend stürzten. Im Uganda des Diktators Idi Amin wurde die indische Bevölkerungsgruppe, nicht zuletzt wegen ihres relativen Reichtums, aus dem Lande gejagt. Es folgte trotz Aufteilung der verlassenen Geschäfte und Fabriken auf die Einheimischen der totale Zusammenbruch, die Unterdrücker der Einwanderer, die selbsternannte „Herrenrasse" versank in Hunger und Elend.

Die Wurzeln des Dranges zur Unterdrückung zeigen sich schon bei jugendlichen Menschen. In Schulklassen herrscht ein gewisses Zusammengehörigkeitsgefühl und ohne jeden rationalen Grund werden die Kinder der Nachbarklasse allgemein für minderwertiger, unsympathischer gehalten als die Mitschüler aus der eigenen Klasse. Jeder Schüler erkennt diesen Unterschied so scharfsinnig und deutlich, daß ein Hinterfragen oder gar Bezweifeln nicht verstanden wird. In Fortsetzung dieser so logischen Haltung kommt es zu den beschriebenen Verhaltensweisen gegenüber anderen Bevölkerungsgruppen bei den Erwachsenen.

Die bei den Menschen vollkommen fehlende Intelligenz zeigt sich gerade auf diesem Gebiet besonders stark. Für keinen Römer war es ein Problem, die oft höher gebildeten Griechen als minderwertigere Sklaven zu betrachten, obwohl diese oft Lehrer und Ratgeber ihrer Herren waren.

Die Lehrbücher des Dritten Reiches mit den Darstellungen der Rassenmerkmale für Juden, gekrümmte Nasen, dicke Bäuche und schlechte Körperhaltung, wurden problemlos geglaubt. Dabei wußte man, daß Juden keine Rasse sind, sondern Anhänger einer Religion, wie allein die Existenz von schwarzen Juden beweist. Jedermann konnte und kann ein Jude werden, niemals jedoch ein Weißer ein Schwarzer oder umgekehrt.

In seiner Selbstgefälligkeit und Dummheit hielt der Mensch die von ihm messerscharf erkannten Rassenmerkmale auch in Lexika fest, in denen man sie heute noch nachlesen kann: Die Araber sind besonders geldgierig, „Neger" furchtbar verspielt und für die Arbeit nur bedingt geeignet. Die Polen sind faul und stinken. Engländer sind besonders fair und die Deutschen edel und heldenhaft.

Das hilflose Ausgeliefertsein der Menschen an ihre Dummheit und den wechselhaft auftretenden Rassenhaß zeigt die Tatsache, daß eine Landesgrenze die totale Sinnesumkehr bilden kann. Wie ein Hohn auf alle Versuche, Unterdrückung und Verfolgung logisch zu begründen, kann folgende Geschichte gelten. Im jugoslawischen Bürgerkrieg bekämpften Serben die Kroaten, diese mußten zu Tausenden flüchten. Im Nachbarland wurden Frauen und Kinder als Flüchtlinge aufgenommen, wobei dort oft Serben, die seit Jahren im Lande waren, hilfreich einsprangen. Von Serben vertriebene Kroaten wurden von Serben im Ausland hilfsbereit aufgenommen. Der Wechsel der Örtlichkeit über eine nicht sichtbare, nur in der menschlichen Phantasie existierenden Grenzlinie brachte diesen totalen Wechsel der Verhaltensweise.

Einer Verhaltensweise, der der Mensch aufgrund seiner fehlenden Intelligenz hilflos ausgeliefert ist.

UMGANG MIT ANDEREN LEBEWESEN

Wir Esel wissen genau, warum wir auf das Erringen der Vormachtstellung auf dieser Erde verzichtet haben. Vermutlich tun dies auch, mit Ausnahme des Menschen, die anderen Tiere. Der hat lediglich durch den klugen Verzicht der anderen seine Vormachtstellung erlangt und nützt diese auf das schändlichste aus. Von Lebewesen, die ohne entsprechende Fähigkeiten diese Macht innehaben, ist auch nichts anderes zu erwarten.

Manche Tiere scheint er zu lieben, andere haßt er, und diese Einstellung wechselt und variiert unerklärbar, sei es in verschiedenen Zeitabschnitten oder in verschiedenen Ländern und Völkern.

Tiere, die der Mensch zu einer bestimmten Zeit zufällig haßt, verfolgt und tötet er so lange, bis er sie in weiten Teilen der Erde praktisch ausgerottet hat. Dann ändert er plötzlich seine Meinung, siedelt sie wieder an und stellt sie unter besonderen Schutz. Wenn ihm sein Ausrottungswerk so gründlich gelungen ist, daß kein einziges Exemplar auf Erden mehr existiert, dann versucht er, durch Rückzüchtung die Art wieder herzustellen und anzusiedeln.

Bei Nutz- und Haustieren ist das Vorgehen und Verhalten der Menschen eher vernünftig. Er schützt diese Lebewesen, pflegt sie und sorgt sogar im Rahmen eines ärztlichen Dienstes für ihre Gesundheit. Dabei scheint er bei den meisten Arten den Zweck der Tiere im Auge zu behalten. Bei manchen Tieren verliert er dieses Augenmaß. In Steigerung des menschlichen Wahnwitzes scheint der Grundsatz zu gelten: je geringer der Nutzen für den Menschen, desto größer die Sorgfalt und Pflege für das betreffende Haustier.

Werden Hühner oder Rinder krank, so unternimmt der Mensch geringe Anstrengungen, um eine Heilung herbeizuführen. Bei Erfolglosigkeit oder zu hoher Kosten dieser Bemühungen erfolgt die Tötung und Verwertung der Tierkadaver. Bei weniger nützlichen Tieren, wie zum Beispiel einem Pferd, das nur bei bestimmten Rundläufen über Hürden und Gräben ohne einen ersichtlichen Zweck Verwendung findet, ist immer ein ungemein größeres Bemühen zur Wiedererlangung der Gesundheit feststellbar.

Den Gipfel dieser absurd ungleichen Handlungsart bilden einige wenige Arten von speziellen Haustieren. Der Mensch ißt nicht ihr Fleisch, nutzt nicht ihr Fell, schlachtet sie nicht, sondern wartet, bis sie an Altersschwäche sterben. So behandelt er Hunde wie seinesgleichen, oft sogar besser. Auch Katzen verleiten den Menschen zu diesem atypischen Verhalten, sie leben nicht selten wie ein echtes Familienmitglied mit ihm. Nicht einmal im Falle des Todes erfolgt eine Nutzung des Tierkörpers. Vielmehr geschieht es immer häufiger, daß diese Haustiere begraben werden wie ein Mensch.

Entsprechend dem verkehrt proportionalen Verhältnis von Nutzen und aufmerksamer Pflege geht der Mensch bei sehr nützlichen Tieren gänzlich anders vor. Die Optimierung des Nutzens brachte es mit sich, daß der Mensch weitverbreitet für diese Tiere eine nahezu maschinelle Lebensweise geschaffen hat.

Hühner, um nur ein Beispiel zu erwähnen, werden maschinell ausgebrütet, leben in Legebatterien unter ausschließlich künstlichem Licht und legen Eier wie Maschinen, von maschinellen Förderbändern werden sie automatisch gefüttert. Dies geschieht so lange, bis sie in eine Lebensperiode kommen, in der die Menge der pro Woche gelegten Eier nachläßt, dann werden sie mittels eines anderen Förderbandes zu den Schlachtmaschinen gebracht und dienen als Bestandteil maschinell verarbeiteter Fleischprodukte.

Da diese Hühner nicht für so ein Leben geschaffen sind, verlieren sie dabei noch zu Lebzeiten ihr Federkleid und ebenso ihre Abwehrkräfte gegen Krankheiten. Deshalb verabreicht ihnen der Mensch gleich mit dem Futter die nötigen Medikamente, die diese Abwehrkräfte ersetzen. Mit den Eiern und dem Fleisch der Hühner nimmt der Mensch dann die Reste dieser Medikamente unfreiwillig in seinen Körper auf und bringt seinen eigenen Abwehrkräftehaushalt in Unordnung.

Trotz der geschilderten Ungereimtheiten ist das menschliche Verhalten zu Haus und Nutztieren zumindest in kleinen Teilbereichen verständlich. Wesentlich unsinniger verhält sich der Mensch gegenüber jenen Tieren, die er jagt. Dabei ist zu unterscheiden zwischen Jagdtieren, die im Freien leben und solchen, die wie Haustiere gehalten werden.

Bei Jagdtieren, die im Freien leben, wandte der Mensch in der Anfangszeit, in unterentwickelten Ländern jetzt noch, eine durchaus verständliche Vorgangsweise an. Er jagte diese Tiere, erlegte sie und verwertete sie wie seine Haustiere, indem er das Fleisch als Nahrung verzehrte und Felle sowie Knochen verarbeitete. Eine Fütterung der Tiere unterblieb, diese war nur bei Haustieren üblich. Er erlegte auch nur so viele Tiere, wie er benötigte.

Im späteren Verlauf wurde die Vorgangsweise des Menschen immer unverständlicher. Er begann, auch die wild lebenden Tiere zu füttern, bevor er sie verfolgte und tötete. Dabei legt er sich freiwillig Behinderungen auf. Er erschießt die Tiere nicht an Orten und zu Zeiten, in denen dies leicht erscheint, wie zum Beispiel im Winter bei der Fütterung. Dort könnte er sie leicht und einfach rudelweise erlegen. Nein, er jagt sie in Zeiten, in denen sie äußerst schwierig und meistens nur einzeln zu schießen sind.

Solch wirre Regeln werden je nach Tierart verschieden festgelegt und zusätzlich je nach Region oft geändert. Bei manchen Tierarten, wie zum Beispiel den Wölfen und Bären, gab es anfangs überhaupt keine Regeln. Der Mensch erschoß sie ganzjährig und so oft er nur konnte. Dies währte so lange, bis in weiten Teilen beide Tierarten als ausgerottet galten. Dann trat plötzlich eine totale Haltungsänderung des Menschen ein. Er begann damit, Bären auf kostspielige Art wieder anzusiedeln. Die daraus hervorgegangenen Tiere bejagt er überhaupt nicht und bestraft Menschen, die dies trotzdem tun. Ähnlich „klug" ging er bei vielen anderen Tierarten vor, bei Luchsen, Bibern, Adlern und Steinböcken.

Trotz intensiver Forschung konnte für diese schwer nachvollziehbare Vorgangsweise keine sinnvolle Erklärung gefunden werden. Insbesondere für den plötzlich eintretenden Meinungswechsel und die total veränderte Haltung. Falls der Mensch eine Mindestpopulation dieser ausgerotteten Tiere für sinnvoll hält, wäre es viel billiger gewesen, kurz vor der totalen Ausrottung mit der Jagd aufzuhören, als mit immensen Kosten eine komplizierte Wiederansiedelung durchzuführen.

In weiterer Folge wurde die Form der Jagd immer sonderbarer, immer ähnlicher einer speziellen Kultform mit geheimnisvollen Riten. Das ursprüngliche Ziel, Fleisch, Fell und Knochen stellt nur mehr eine unwichtige, lästige Nebensache dar. Dafür erreicht der Preis für die Erlaubnis, ein Tier erschießen zu dürfen, Höhen, die mit dem realen Wert des erlegten Tieres keinen Zusammenhang mehr haben.

Wie in grauer Vorzeit verfällt der Mensch in finstere und geheimnisvolle Bräuche. Er sammelt Hörner, Zähne und ganze Schädelknochen der erlegten Tiere und hängt sie, wie vor Tausenden von Jahren, in seinen Behausungen auf. Der Rückfall ist so vollständig, daß er die alte Kunst der Knochenverarbeitung wieder betreibt. Er fertigt Messergriffe, Knöpfe, Kleiderhaken und Zierrat aus Hörnern und Zähnen an.

Immer komplizierter werden die Regeln, wer auf Wildtiere schießen darf und wer nicht. In manchen Ländern ist dies einer kleinen Oberschicht vorbehalten, in anderen, wie zum Beispiel Italien, knallt eine ganze Nation in der Jagdzeit um sich. Das Jagdergebnis spiegelt dies in seinen Ergebnissen wider - es werden hunderttausende Stück Niederwild erschossen, zehntausende Stück Hochwild und hunderte Jäger.

Völlig anders wird die Jagd auf Tiere durchgeführt, die nicht in Freiheit leben. In manchen südlichen Ländern werden Stiere zuerst wie normale Haustiere gezüchtet, gefüttert und gepflegt. Wenn sie ausgewachsen sind, beginnt dann die sonderbare Jagd, die sich von der zuvor beschriebenen grundlegend unterscheidet.

Nicht geheim und alleine wird diese Jagd durchgeführt, sondern vor riesigen Zuschauermengen, in eigens nur für diesen Zweck erbauten Jagdarenen. Mehrere Jäger reizen das Tier, stechen es langsam blutig, bis es ein bunt gekleideter Oberjäger dann tötet. Er schießt es nicht ab, sondern gebraucht eine als uralt zu bezeichnende Waffe, ein überlanges Messer. Es handelt sich jedoch nicht um einen Schlachthof, denn dafür wäre die Häufigkeit und die Menge der Schlachtungen viel zu gering. Auch der Aufwand an menschlicher Arbeit, umgerechnet auf die Anzahl der Schlachtungen, wäre dafür zu hoch.

Eine weitere sonderbare Art des Umganges mit Lebewesen anderer Art findet in sogenannten Tiergärten statt. Dort züchtet der Mensch offenbar ohne jeden Zweck allerlei Arten von Tieren, hegt und pflegt sie. Alle Deutungsversuche versagten, es konnte kein Grund dieser gänzlich anderen Vorgangsweise gefunden werden. So spielt die Fleischgewinnung sicherlich keine Rolle, denn er läßt die Tiere solange leben, bis sie an irgendeiner Krankheit sterben, und dann ist das Fleisch ungenießbar. Der Mensch scheint plötzlich seine sonst üblichen Ziele zu vergessen: möglichst viele Tiere, auf kleinstem Raume mit geringstem Arbeitsaufwand zu nutzen, am besten zu erreichen durch Spezialisierung auf eine bestimmte Art.

Bei diesen Tiergärten legt er sogar Wert darauf, möglichst unterschiedliche Tiere zu halten und sorgt sich darum, jedes Tier seiner Art gerecht unterzubringen. Dies bewirkt das Gegenteil seiner sonstigen Ziele. Der erforderliche Raum umfaßt ein Vielfaches und ebenso der Arbeitsaufwand für Pflege und Erhaltung.

Zusätzlich erscheint es wichtig, zwischen den Käfigen Wege anzulegen, so daß viele Menschen dort planlos herumgehen können. Im Zusammenhang mit diesen Spaziergängern ist ein regelrechter Fütterungskult zu beobachten. Einerseits werden die

Tiere von Wärtern gefüttert, anderseits füttern diese Spaziergänger wie besessen. Manchmal viel zu viel oder gar falsches Futter, so daß Krankheiten bei den Tieren die Folge sind.

Der Fütterungsdrang des Menschen in der Tiergartenhaltung hat sogar krankhafte Ausmaße angenommen. Nicht nur, daß die Besucher selbst wie die Irren alle Tiere füttern, sie warten auch geduldigst täglich darauf, bis sie zusehen können, wie die Wärter die Tiere füttern. Vor manchen Käfigen versammeln sich sogar ganze Massen, um der Fütterung wie einem religiösen Akt beizuwohnen.

Die psychischen Wurzeln für diesen krankhaften Fütterungstrieb konnten trotz intensiver Forschung nicht eruiert werden. Es war nicht einmal möglich, Ansätze einer Erklärung zu finden, vor allem auch deshalb, weil der Mensch sich sonst gerade bei der Fütterung durchaus von sinnvollen Zielen leiten läßt. Er füttert zumeist in der richtigen Menge, das richtige Futter und zur richtigen Zeit. In den Tiergärten scheint er außer Rand und Band zu geraten und alles zu vergessen.

Gänzlich anders verhält sich der Mensch gegenüber bestimmten anderen Arten von Lebewesen. Obwohl er in Einzelfällen und in Tiergärten auch diese Tiere hegt und pflegt, scheint er sie ansonsten bewußt auszurotten, oder dies zumindest zu versuchen. Wenn auch einzelne Menschen Ratten oder Mäuse züchten, sie sogar als Haustiere halten, so versucht die Mehrheit der Menschen diese Tiere ständig zu bekämpfen. Ebenso ergeht es vielen Insekten. Gegen sie führt der Mensch oft sogar einen regelrechten Krieg. Begonnen von Fallen über chemische Gifte setzt er sogar Kanonen und Flugzeuge gegen sie ein.

Ganz unverständlich ist es wiederum, daß in Ländern mit schlechter Nahrungsversorgung der Kampf gegen Ratten und Mäuse größtenteils unterbleibt. Aus religiösen Gründen, aus der Vorstellung, daß viele Ratten einst Menschen waren und im Zuge der Reinkarnation sogar Verwandte sein könnten, unterbleibt weitgehend der Vernichtungsfeldzug. Die Ratten und Mäuse revanchieren sich dafür mit merkbarer Dezimierung der hart erarbeiteten Ernte und verstärken die Hungersnöte der Menschen, die an den Unsinn der Wiedergeburt in Tiergestalt glauben.

Klar erkennbar ist bei allen Menschen die Tendenz, daß mit steigendem Bildungsniveau der Umgang mit anderen Lebewesen dümmer wird. Dies ist in der geschichtlichen Zeitabfolge und auch in dem momentanen Bildungsgefälle der verschiedenen Völker nachweisbar. Menschen auf geringerer Entwicklungsstufe haben einen weitgehend natürlichen und nachvollziehbaren Umgang mit anderen Lebewesen, bei höher gebildeten verstärken sich die dümmlichen Verhaltensmuster wie Jagd, Tiergärten und übertriebene Sorge um verhätschelte Haustiere.

Eine spezielle Form der Jagd ist als besonders zwiespältig zu beschreiben. Bei der Jagd nach Fischen erlegt sich der Mensch in bestimmten Gegenden ganz besonders viele, die Arbeit erschwerende Regeln auf. Wenn der betreffende Fisch auf Würmer besonders anspricht, so verwendet der Mensch als Erschwernis einen metallenen Blinker. Wenn die Fische zu einer bestimmten Zeit besonders leicht zu fangen sind, wie etwa in der Laichzeit, so ist genau dann die Jagd verboten.

Stundenlang sitzt so ein Fischer am Ufer und wartet, bis trotz dieser Hindernisse dennoch ein Fisch anbeißt. Ist der Fisch endlich gefangen, so ist damit noch lange nicht gesagt, daß er verzehrt wird. Viele Fische werden aus unbekannten Gründen wieder in das Wasser geworfen, nicht selten kommt es vor, daß ein Fischer überhaupt keine Fische ißt und die wenigen Fische, die er nicht gleich wieder in das Wasser wirft, an Freunde verschenkt.

In anderem Umfeld kennt der Mensch all dies plötzlich nicht. Er optimiert die Jagd auf Fische bis aufs Letzte. Er zieht riesige Netze mit Schiffen durch das Meer und fängt die Fische tonnenweise. Er saugt sie mit Rohren zu Millionen in den Schiffsbauch und verarbeitet sie dort gleich in einer eingebauten Fischfabrik. Dabei nützt er genau jene Zeiten, in denen die Fische besonders leicht und zahlreich zu fangen sind.

Als weiteres Kuriosum konnte festgestellt werden, daß Tiere, nach ihrem Tode so präpariert werden, daß sie der Verwesung widerstehen. Der Mensch präpariert alle Arten von Tieren und lagert sie, unterschiedlich je nach Zeitepoche. Im alten Ägypten in Grabmälern ähnlichen Bauten und endlosen unterirdischen Felshöhlen, in neuerer Zeit in Wohnungen, Schulklassen und Gasthäusern. In bestimmten Museen finden sich ganze Massen von präparierten Tieren, dort lagern sie auch in Kellergewölben, die eine bestimmte Ähnlichkeit mit den unterirdischen Grüften für einige Tierarten im alten Ägypten aufweisen.

Ein weiterer Auswuchs skurriler Verhaltensweisen des Menschen findet bestimmten Haustieren gegenüber statt. Hunde und Katzen scheint der Mensch als seinesgleichen anzuerkennen. Nicht nur, daß er häufig mit ihnen in gemeinsamen Wohnungen lebt, mit ihnen sogar das Bett teilt, er behandelt sie auch sonst wie menschliche Verwandte. Er ißt mit ihnen nicht selten die gleichen Speisen, wobei der Hund oder die Katze manchmal auch aus wertvollem Geschirr frißt. Er unterhält eigene Pensionen für diese Tiere, baut spezielle Friedhöfe, auf denen er sie wie Menschen beerdigt und es gibt Fälle, in denen ein Hund oder eine Katze als regelrechter Erbe für das Vermögen eines Menschen testamentarisch eingesetzt wird.

Es scheint zwar, daß die so bedachten Tiere relativ wenig Notiz von all dem nehmen, sie genießen jedoch alle Annehmlichkeiten bereitwillig. Oft wird so ein Haustier auch bewußt für wertvoller als ein menschlicher Partner gehalten. Nicht selten ist ein sogenannter Tierliebhaber und Menschenverächter der Meinung, sein Hund habe ihn noch nie enttäuscht, die Menschen jedoch schon oft. Dabei wird gewollt übersehen, daß ein Konflikt mit einem Haushund meist ganz einfach bewältigt wird - das Herrl setzt sich durch und der Hund hat zu kuschen, nötigenfalls helfen ein paar Schläge nach. Viel schwieriger gestaltet sich dies mit einem menschlichen Lebenspartner. Da ist eine viel größere Fähigkeit der Konfliktbewältigung gefragt. Einfacher ist es, sich ausschließlich mit Hunden und Katzen zu umgeben, was im Alter, mit sinkender Fähigkeit zur aufwendigen Konfliktbewältigung, häufig erfolgt.

Man kann eindeutig feststellen, daß der Mensch Bescheid weiß über die artgerechte Haltung von Tieren. Er weiß auch Bescheid über die körperlichen und psychischen Probleme der Tiere, er weiß genau, was zu tun ist, damit sich die Tiere wohl fühlen. Infolge der fehlenden Intelligenz ist der Mensch allerdings mehrheitlich nicht in der Lage, so zu handeln, daß die Berücksichtigung dieses Wissens erkennbar wäre.

Jenes Wesen, welches alle anderen dieser Erde beherrscht, sollte einen besseren, von Klugheit geleiteten Umgang mit diesen haben. Dem Menschen blieb es vorbehalten, die dümmsten Formen zu finden.

MYSTIFIKATION ALLER TÄTIGKEITEN

Ein Esel beschränkt sich generell auf notwendige und sinnvolle Tätigkeiten. Eine Unterscheidung in notwendige und nicht notwendige entfällt durch diese kluge Einstellung. Nachdem der Mensch von dieser intelligenten und somit für ihn wohl schwer zu verstehenden Haltung abging, begab er sich in einen Teufelskreis. Abgesehen von seiner grundlegenden Unfähigkeit einer sinnvollen Unterscheidung und Bewertung, ist dadurch ein zusätzlicher Realitätsverlust feststellbar.

In dieser allgemeinen, durch fehlende Intelligenz begründeten Unsicherheit, kann der Mensch bestimmte Tätigkeiten nicht mehr real einschätzen. In seiner Hilflosigkeit begann er, viele davon zu mystifizieren. Fast jede normale menschliche Tätigkeit kann demnach, unter völlig unbekannten Voraussetzungen und Regeln, zu einer ganz besonderen Tätigkeit werden. Sie gilt dann plötzlich als wertvoll, wird bewundert und der Ausübende, der ansonsten völlig unbeachtet seine Arbeit vollführt, wird dann geachtet, verehrt und nachgeahmt.

Für diese Mystifikation hat der Mensch auch einen eigenen Namen. Er erklärt die Tätigkeit zur Kunst und die erschaffenen Werke zu Kunstwerken. Verblüffender Weise konnte nicht die Spur einer Ursache für diese Vorgangsweise gefunden werden.

Auf fast jede Arbeit und Tätigkeit kann dieses Zauberwort ohne allgemein verständliche Regeln plötzlich angewendet werden. Dabei ist wissenschaftlich kein Unterschied zu weiterhin als normal geltenden Tätigkeiten und Werken feststellbar. Wie aus heiterem Himmel und in keiner Weise nachvollziehbar, vollkommen vom Zufall gesteuert, erfolgen diese "Zur-Kunst-Erklärungen".

Reden gilt dann als Theater, Schreiben als Literatur, mit Stiften und Pinseln alle Arten von Flächen zu bearbeiten als Malerei. Normales Bauen nennen die Menschen dann Architektur, Holzbearbeitung Schnitzerei. Für fast jede Tätigkeit, vor allem, wenn dabei irgendwelche Dinge entstehen, ist diese Mystifikation möglich.

Egal ob dabei Gläser erzeugt werden, Teller, Töpfe und Schüsseln, oder auch Kleidung, Stoffe und Skulpturen. Dabei ist es nicht einmal erforderlich, daß die erzeugten Dinge etwas Sinnvolles oder auch nur annähernd Erkennbares darstellen. Es entstehen unter dem Zauberwort auch vollkommen undefinierbare Dinge, die nachweislich zu nichts zu gebrauchen sind. Bei bestimmten Kunstrichtungen sind letztere Gebilde sogar deutlich in der Überzahl.

Trotz allem Forschen konnten keine Regeln für diese Mystifikation gefunden werden. Im Grunde genommen scheinen auch die Menschen selbst keine gültigen Regeln zu kennen, da immer wieder nur ein Teil von ihnen bestimmte Erzeugnisse mit dem Zauberwort Kunst bezeichnet, der andere Teil lehnt dies ab. Gar nicht selten ist nur ein einziger Mensch, nämlich der Erzeuger selbst, der Meinung, daß es sich um Kunst handelt, und niemand sonst teilt mit ihm diese Meinung.

Wenn man in ehrlichem Forschungsbemühen die einzelnen Erscheinungsformen unter die Lupe nimmt, so kann man beim besten Willen keine nachvollziehbaren Kriterien erkennen, es erhöht sich nur die Verwirrung. Normales Reden zum Beispiel wird, wenn es in anderen Frequenzen erfolgt, zum Gesang. In vielen Fällen gilt nun dieser Gesang als Kunst. Ohne objektiv erkennbaren oder mit Instrumenten meßbaren Unterschied gilt aber nicht jeder Gesang als Kunst.

Der Mensch selbst zeigt sich völlig unsicher und unfähig, nach sinnvollen Regeln das Prädikat Kunst zu vergeben. Gesänge, denen Millionen lauschen, werden von anderen abfällig als Gassenhauer bezeichnet und solche, die weithin als Kunst anerkannt sind, strapazieren die Nerven vieler Zuhörer. Eine kleine Minderheit kann diesen Kunstwerken verzückt lauschen. Sie pilgern in große Säle, zahlen einen hohen Eintrittspreis und einige von ihnen schlafen nach kurzer Zeit selig ein. Bei Konzerten, die nicht als Kunst gelten, ist dies nie zu beobachten. Kein einziger schläft ein.

Noch unerklärlicher ist, daß gesprochene Texte auf Bühnen fast immer als Kunst bezeichnet werden. Dies gilt auch, wenn die gesprochenen Texte häufig aus dem normalen Leben gegriffen sind und in dieser oder ähnlicher Form millionenfach an anderen Orten auch gesprochen werden, ohne daß dies auch nur irgend jemand als Kunst bezeichnen würde.

Die auf diesen Bühnen zumeist errichteten Bauwerke gelten ebenfalls häufig als Kunst. Dies verwundert um so mehr, als diese Gebilde aus den billigsten Materialien errichtet sind und meistens nur Bauten vortäuschen. Sie bestehen aus Pappe, Holz und Papier, haben eine jämmerlich geringe Haltbarkeit, sind zu nichts sonst zu gebrauchen und werden nach einer relativ kurzen Zeit achtlos weggeworfen.

Noch verwunderlicher mutet das Ganze an, wenn man feststellt, daß viele dieser auf Bühnen gesprochenen Texte seit Jahrtausenden oder zumindest seit Jahrhunderten dem Inhalt und manchmal auch der Sprache nach immer völlig gleich gesprochen werden. Die Vorstellung erfolgt nur mit anderen Leuten und anderen Scheinbauten. Nach jeder Premiere dieser endlosen, nur in den Randerscheinungen variierten Wiederholungen, wird eifrig und ausgiebig in den Medien berichtet. Dabei beschreiben und beurteilen Menschen, die Kunstkritiker genannt werden, ob die zweitausendsiebenhunderteinundsechzigste Wiederholung des gleichen Stückes neue Variationen hervorgebracht hat, Variationen in der Betonung, in den aus billigen Materalien aufgebauten Bühnengebäuden oder in sonst einem unwichtigen Detail. Es wird nur über Details geschrieben und geurteilt, da ja der Inhalt der Stücke aufgrund der Jahrhunderte oder gar Jahrtausende andauernden Wiederholungen immer gleich bleibt.

Diese Beurteilungen fallen, da es keine gültigen Regeln gibt, oft vollkommen verschieden und konträr aus. Dann streiten Künstler, Publikum und Kritiker, nach welchen Regeln dies alles eigentlich zu beurteilen sei. Sie bezichtigen einander abwechselnd des Unverstandes, fehlenden Einfühlungsvermögens, konservativer Gesinnung und allgemeiner Verständnislosigkeit, gepaart mit aggressiver Intoleranz. Abschließend versöhnen sich die Streitparteien und einigen sich darauf, daß wahre Kunst eben keine Regeln kennt. Somit ist bewiesen, daß den Menschen die reine Zufälligkeit der Kunstauffassung selbst bekannt ist, daß die Mystifikation ohne jede Regel erfolgt.

Die Haltung der Menschen selbst zu den als Kunst anerkannten Stücken ist sehr unterschiedlich. Eine kleine Minderheit kann nicht genug davon haben. Sie versäumen keine erreichbare Aufführung und lassen sich das Ganze eine schöne Menge Geld kosten. Eine etwas größere Gruppe der Menschen zeigt sich relativ unberührt und die überwältigende Mehrheit kann ihnen praktisch nichts abgewinnen. Sie betrachten den Besuch dieser sogenannten Kunststücke als verzichtbar, manche halten sie sogar für lächerlich überzeichnet, aufgeblasen und unverständlich. Diese große Mehrheit bevorzugt Stücke, die sicher nicht als Kunst gelten, wobei die Wiederholung aber eine Ausnahme darstellt, meist wird ständig etwas Neues geboten.

Im Bereich des geschriebenen Wortes zeigt sich ein ähnliches Bild. Von der Unmenge, die geschrieben wird, egal ob in Büchern oder Zeitungen, gilt nur ein kleiner Teil als Kunst, auch wenn dabei die gleichen Themen behandelt werden wie in anerkannten Kunstwerken. Die Beurteilungskriterien sind ebenso unverständlich wie bei allen Mystifikationen. Auch, wie vorhin, ist die Akzeptanz der übrigen Menschen kein Hinweis darauf, ob es sich um Kunst handelt oder nicht. Manche Bücher begeistern Millionen und gelten nicht als Kunst.

Bei der Mystifikation der Arbeit mit Zeichenstift und Pinsel wird alles noch einmal um eine Stufe, wenn nicht gar um Potenzen verwirrender. Hier konnten nicht einmal Spuren von Regeln erkannt werden. Es wird eine Unmenge produziert, aber nur ganz wenige Werkstücke gelten als Kunst. Hinzu kommt noch, daß die an sich schon unklare Einteilung in Kunst und Minderwertiges sich mit der Zeit ständig ändert und dadurch die totale Verwirrung gesteigert wird.

Nichts was einer Regel ähnlich ist, konnte gefunden werden, lediglich Spuren: Bilder, die von der Mehrheit für abscheulich gehalten werden, haben mehr Chancen, als Kunst zu gelten. Ebenso steigt die Wahrscheinlichkeit, wenn der Künstler stirbt.

Das Errichten von Häusern und anderen Bauwerken wird eher selten mystifiziert. Bei monumentalen Bauwerken, insbesondere Kirchen und Residenzen von Herrschern wird häufiger von Kunst gesprochen als bei Bauten für Wohnzwecke, Geschäfte und Betriebe. Hier kann am ehesten erahnt werden, daß es so etwas wie Regeln geben könnte. Mit Sicherheit stellt die Tatsache, ob das Bauwerk zweckmäßig ist oder nicht, kein Beurteilungskriterium dar. Am ehesten scheint die Anzahl der unnötigen Teile eines Bauwerkes einen Hinweis auf Kunst zu geben. Um so mehr nutz- und zwecklose Teile ein Bauwerk hat, um so häufiger wird es als Kunstwerk angesehen.

Die Ursachen für diese Mystifikation von Tätigkeiten konnte ebenso nicht ergründet werden wie die Regeln, nach denen sie vollzogen wird. Es konnten nicht einmal gültige Regeln dafür gefunden werden, was für den Menschen als schön gilt und was nicht. Dementsprechend konnte auch nicht eruiert werden, warum die Beurteilungskriterien mit dem Faktor Zeit sich ständig ändern. Es kann aber durchaus angenommen werden, daß die Menschen selbst die Regeln ihrer Beurteilung der Kunst nicht kennen. Die unterschiedlichen Beurteilungen und der nicht seltene Streit darüber bekräftigen diese Annahme.

Kunst wird von den Herrschenden stets gefördert. Da aber die Regeln auch den Herrschenden nicht bekannt sind, so obliegt es diesen zu entscheiden, was Kunst ist und was nicht. Wenn sie sich geirrt haben, so gilt dies eben nur für ihre Regierungszeit als Kunst, danach geraten all die geförderten Werke wieder in Vergessenheit, die Künstler und ihre Förderer verfallen nicht selten der Lächerlichkeit.

Die so tonangebenden Herrscher betonen stets, die Kunst möge sich frei, selbständig und ohne fremde Einflüsse entfalten. Dabei geben sie durch Förderung, Preisverleihungen und Ankauf alles vor: Motive, Richtung und Themen. Somit bestimmen sie, was Kunst zu sein hat und was nicht. Künstler, die sich diesem Diktat widersetzen und in wilder Themensuche variantenreich produzieren, werden in den mildesten Fällen ignoriert oder rechtschaffen behindert, gar nicht selten aber verfolgt und eingesperrt, die Aufführung ihrer Werke verboten, ihre Bücher verbrannt, ihre Bilder als entartete Kunst abgelehnt. Dies alles erfolgt, ohne vom geäußerten Prinzip der freien Kunstentfaltung auch nur einen Millimeter abzurücken.

Die Menschen selbst finden sich mit den zufallsbedingten Entscheidungskriterien ab und beschränken sich bescheiden auf das Entwickeln von Techniken. Die Hauptfrage, was Kunst eigentlich ist, wonach sie gültig zu beurteilen ist, scheint die Menschen wenig zu berühren, für die Ergründung dieser Frage sind nur stümperhafte Versuche zu vermerken. Ebenso egal ist ihnen die Ursache des ständigen Wechsels der Ansicht über Kunst.

Bewußt ist ihnen diese Unwissenheit durchaus nicht. Wie hilflose Kinder nehmen die Menschen hin, daß sie keine Regeln für die Beurteilung von Kunst und Nichtkunst besitzen, und daß sie überdies dem ständigen Wandel von Geschmack, Schönheit und Kunstverständnis ausgeliefert sind. Zudem sind sie der felsenfesten Meinung, genau beurteilen zu können, was Kunst ist und was nicht - ein klassischer Fall debiler Selbstsicherheit.

So wie der Mensch nicht forscht, was Kunst ist, so untersucht er auch nicht, wozu sie eigentlich gebraucht wird und warum es sie gibt. Um nicht offen einzugestehen, daß der Mensch hier etwas hinnimmt und nicht hinterfragt, betreibt er eine Pseudoforschung. In dieser begnügt er sich damit, penibel die einzelnen Kunstrichtungen zu beschreiben und die Werke zu katalogisieren. Oft scheint es für ein Kunstwerk das wichtigste zu sein, mit einer

Katalognummer versehen im Keller eines Museums für immer zu verschwinden.

Um sich seinen jämmerlichen Erklärungsnotstand erträglicher zu gestalten, kam der Mensch auf die Feststellung, daß sich die Kunst durch sich selbst erklärt, Forschung unangebracht ist, denn wissenschaftliche Erkenntnisse wären der Tod der Kunst. Für ein wirklich intelligentes Lebewesen wäre dies keine Begründung sondern eine geistige Bankrotterklärung.

Indirekt dürfte dem Menschen selbst diese Situation bewußt sein, da gerade über Kunst mehr geschrieben und gesprochen wird als über andere Dinge. Somit beschäftigt sich der Mensch besonders intensiv mit dem, was er offensichtlich am wenigsten versteht.

Wäre der Mensch intelligent, so nähme er seine Unkenntnis über Kunst nicht fatalistisch hin, er hätte nicht tausend Erklärungen dafür, die alle nicht gültig sind und untereinander bestritten werden. Er hätte die Regeln erforscht, Erkenntnisse gewonnen und dann danach gehandelt. Er tut dies jedoch nur über die Technik der verschiedensten Kunstarten, der geistlosen Aufzählung und Katalogisierung und nicht über das Wesen und den Sinn der Kunst selbst.

Der Mensch beweist gerade in diesem Gebiet ein weiteres Mal, daß er fähig ist, die verschiedensten Techniken zu beherrschen, daß er im wahrsten Sinne kunstfertig ist, daß ihm aber der Endzweck und der wahre Sinn der Sache verborgen bleiben. Er erfreut sich am Schönen und kann nicht erklären, was es eigentlich ist. Das entspricht dem klassischen Bild eines hoch entwickelten Lebewesens ohne wahre Intelligenz.

LEBENSSIMULATIONEN

Da wir Esel, so wie die anderen Tiere übrigens auch, mit unserem Leben fertig werden und es harmonisch, im Einklang mit der Umwelt verbringen, fehlt uns jeder Sinn für gespieltes Leben. Lediglich unsere Jungen erlernen spielerisch jene Tätigkeiten, die sie später im Leben brauchen. Von all den Tieren ist nur der Mensch in seiner Einfalt nicht in der Lage, diese kindliche Erscheinungsform als ausgewachsenes Individuum abzulegen.

Er befaßt sich stets weiter damit, sein eigentliches Leben spielerisch zu simulieren. Alleine oder in Gruppen ahmt er Lebenssituationen nach, ohne daß dahinter ein Sinn erkennbar wäre. Teilweise ist der Bezug auf die simulierte Lebenssituation leicht erkennbar, teilweise so abgewandelt, daß erst nach langer Nachforschung ein Zusammenhang mit dem wirklichen Leben erkennbar wird.

Im weitesten Sinne nennt der Mensch diese Simulation ein Spiel. Vielfach gelten dabei allgemeinverständliche, einfache Regeln, und Millionen beschäftigen sich damit. Es konnte jedoch auch festgestellt werden, daß die Abstraktion so weit geht, daß unvorstellbar komplizierte Regeln das Spiel derart erschweren, daß kein Zusammenhang mit irgendeiner Lebenssituation erkennbar ist und nur noch eine elitäre Minderheit, die alle Regeln beherrscht, sich mit diesem Spiel befaßt.

Diese Simulationen haben einen schier unermeßlichen Variantenreichtum und eine unüberblickbare Vielfalt. In den meisten Fällen wird offensichtlich nur gespielt, um die Zeit tot zu schlagen. Es existiert jedoch auch ein Bereich der Simulationen, in dem es um Geld geht. Dabei wird dann plötzlich aus dem Spiel bitterer Ernst. Aufstieg und Fall eines Menschen können dann vom Spiel entschieden werden, dies ist nur davon abhängig, ob er Spielveranstalter oder Mitspieler ist.

Bei den verschiedenen Erscheinungsformen herrscht bei Kindern die reine Simulation von Lebensbereichen vor. Auf Spielbrettern oder in Computern wird ver- und gekauft, werden Häuser, Kirchen und Schlösser gebaut, Kontinente entdeckt, Kriege geführt und Tiere gerettet. Es existiert alles wie in der nachgeahmten, wirklichen Welt: Spielgeld, Spielhäuser, Spielländer, Spielautos, Spielkrieger, Spieltote, wirklich alles.

Stets ist, wie im Leben, eine Zufallskomponente eingebaut, meist in Form eines Würfels. Und so wie die Menschen im wirklichen Leben können sich im Spiel die Mitspieler gegenseitig helfen und ebenso gut bekämpfen. Spielerisch stellt sich dabei heraus, daß, wie im wirklichen Leben, die Schadenfreude über die Schicksalsschläge der anderen die schönste Freude des Menschen ist, die ihm das größte Vergnügen bereitet.

Bei Kindern und Erwachsenen ebenso beliebt sind leicht oder stärker abstrahierte Spiele, die zum Zeitvertreib gespielt werden. Dabei sind die sonderbarsten Regeln anzutreffen und sehr oft auch eine starke Zufallskomponente. Obwohl die dabei auftretenden Schicksalsschläge einen Spieler kurz vor dem Erreichen des Zieles weit zurücksetzen können, ist es ein Kennzeichen dieser Spielarten, daß sowohl Sieg als auch Niederlage nicht tragisch genommen werden. Da immer wieder einer der Spieler plötzlich zu vergessen scheint, daß es sich nur um eine Simulation handelt, und sich furchtbar ärgert, trägt eines dieser Spiele den schützenden Namen: Mensch-ärgere-dich-nicht. Echten Schutz vor cholerischen Anfällen der Spieler bietet dieser Name jedoch nicht.

Manche Spiele schlagen aus der Reihe. Die Menschen sitzen dabei meist zu zweit vor einem Brett mit Figuren und schieben diese schweigend umher. Zwischen dem Herumschieben lassen sie eine nicht zu kurze Zeit vergehen und starren meist hypnotisiert auf das Brett. Fast nie wird dabei gelacht, gegessen oder getrunken. Ab und zu wird eine Figur vom Brett genommen und noch seltener ein oder maximal zwei genau vorgeschriebene Wörter gesprochen. Häufig wird gespielt, bis fast keine Figuren mehr auf dem Brett stehen, manchmal überlegen es sich die

Spieler und hören mit einem gegenseitigen Händedruck auf, obwohl noch fast alle Figuren im Spiel sind. Die Figuren stellen unter anderem Könige und Bauern dar. Womöglich ist die Simulation des tatsächlichen Umganges dieser beiden Gruppen der Grund für diese Art des freudlosen Spieles.

Meist ist jedoch Fröhlichkeit eine häufige Begleiterscheinung bei spielenden Menschen. Jedoch ab dem Zeitpunkt, ab dem Geld direkt oder indirekt eine Rolle spielt, sind der Spaß und die Freude plötzlich verschwunden. Jede Niederlage wird dann als solche tief empfunden, das Lachen während und nach dem Spiel ist auf die Sieger beschränkt.

Lachen, Essen und Trinken scheint bei manchen Spielen dazuzugehören, obwohl alle drei Tätigkeiten für das Spiel unmittelbar durchaus nicht erforderlich wären. Dabei werden zum Beispiel neun oder zehn Figuren in einiger Entfernung aufgestellt und mit einer Kugel umgeworfen. In unermüdlicher Wiederholung werden diese Figuren aufgestellt, umgeworfen, aufgestellt und wieder umgeworfen, dies oft nächtelang.

Sowohl Kugelwürfe, die viele Figuren auf einmal umwerfen, als auch solche, die nur eine oder keine treffen, werden mit besonderem Gelächter bedacht. Mit fortschreitendem Trinken wird dann über fast jeden Wurf gelacht und auch über sonst alles rundherum. Das vermehrte Lachen steht in umgekehrtem Verhältnis zur Qualität der Würfe und ihrer Zielsicherheit.

In ähnlicher Form verlaufen Spiele, bei denen die Spieler an einem Tisch sitzen und kleine Bildchen in Händen halten. Diese Bilder werden unermüdlich gemischt, ausgeteilt, in der Hand sortiert und dann reihum auf den Tisch gelegt. Die abgelegten Bildchen werden auf verschiedenen Stapeln zwischengelagert, dann gezählt und wieder zusammengeworfen. Daraufhin folgt das Mischen und Austeilen von neuem. Das Zählen erfolgt nach komplizierten Regeln, das Ergebnis wird niedergeschrieben und alles mit Plaudern, Lachen und reichlichem Trinken begleitet.

Wird um Geld gespielt, so kann unterschieden werden in Spiele mit so viel Geldeinsatz, wie die Getränke kosten, die während des Spieles konsumiert werden, sowie in Spiele, bei denen es um mehr Geld geht. Im ersten Falle ändert dies an der Art, wie das Spiel vor sich geht, nichts. Es wird genauso gelacht, gewitzelt und geplaudert. Im zweiten Falle wird fast nie gelacht, sehr wenig oder überhaupt nichts getrunken und nicht selten heftigst gestritten.

Es gibt auch Spiele, bei denen Erwachsene gänzlich primitiv die Zufallsgeneratoren der kindlichen Spiele, die Würfel, als alleinigen Spielinhalt benützen. Dabei werfen die Menschen ideenlos die Würfel, lassen sie ausrollen und wenn sie ruhig liegenbleiben, zählen sie die Punkte der oben liegenden Flächen. Dann wiederholt sich dieser einfache Ablauf. Die Rolle des Geldes ist ähnlich wie bei den vorher beschriebenen Spielen.

Die reinen Geldspiele sind ebenso einfache bis gänzlich primitive Spiele. Eines der häufigsten besteht darin, daß eine Kugel in einen Kessel geworfen wird, dessen Boden sich dreht. Die Kugel kommt letztendlich auf einer Zahl zum Liegen und die Mitspieler versuchen, diese vorher zu erraten, ebenso ob sie schwarz oder rot angemalt ist, ob sie gerade oder ungerade ist und ähnlich einfachste Kriterien. Es handelt sich somit um einen, von den Spielern völlig unbeeinflußbaren Ablauf, bei dem sie gänzlich auf den Zufallsgenerator und das zufällige Erraten des Ergebnisses angewiesen sind.

Korrespondierend mit der Menge des umgesetzten Geldes verhält sich offensichtlich die Freude am Spiel. Je mehr Geld, desto geringer wird der Spaß daran, die Spieler wirken häufiger verbissen, zumindest gelangweilt. Es herrschen Geldgier und Mißgunst, die sich auf die Mitspieler bezieht. Eindeutig gilt auch die Regel, um so primitiver ein Spiel und um so mehr Geld dabei umgesetzt wird, um so mehr Neid und Gier befallen die Spieler.

Es gibt Berichte, nach denen ab und zu ein Mensch bei diesem Spiel reich geworden sein soll. Dies erscheint äußerst unglaubwürdig, da die Chancen mathematisch so verteilt sind, daß nur der Spielveranstalter, die sogenannte Bank, auf Dauer gewinnen kann.

Obwohl es unglaubwürdig klingen mag, das so beschriebene Spiel ist bei weitem nicht das primitivste. Ein noch wesentlich stumpfsinnigeres Spiel erfreut sich einer noch größeren Beliebtheit und Verbreitung. Es handelt sich um eine Maschine mit einem Hebel, mittels dessen drehende Symbole zum Stillstand gebracht werden können. Wenn am Ende eine bestimmte Gleichheit der Symbole aufscheint, so hat der Spieler gewonnen, im anderen und wesentlich häufigeren Fall schluckt der Automat die eingeworfene Münze und behält sie.

Nicht selten zeigen Spieler bei diesen Maschinen alle Anzeichen von krankhafter Süchtigkeit: In der freien Hand ein Glas alkoholhaltiger Flüssigkeit, im Mundwinkel eine schräg hängende Zigarette. Diese Szenen spielen in halb abgedunkelten Hallen mit Hunderten von einarmigen Maschinen und ebenso vielen Süchtigen.

Und obwohl es noch unglaubwürdiger klingen mag, es gibt ein noch primitiveres Spiel, das tatsächlich beliebter und weitverbreiteter ist. In vielen südlichen Ländern wird eine kleine Kette mit Kugeln ständig und spielerisch in der Hand herumgeschoben. Dabei dürfte es nun tatsächlich überhaupt keine Spielregeln geben. Gerade bei diesem dümmsten aller Spiele ist stundenlanges bis tagelanges Spielen durchaus üblich. Interessanterweise wird dieses Spiel, womöglich wegen dieser unübertreffbaren Primitivität, nur von Männern gespielt.

Interessant war auch die Feststellung, daß die Menge und Vielfalt der Spiele direkt mit dem Entwicklungsstand eines Volkes zusammenhängen. Um so primitiver ein Volk, desto einfacher und insgesamt weniger wird gespielt. Dabei stehen Spiele im Vordergrund, die Lebenssituationen nachahmen oder zumindest als solche erkennbar sind.

Je höher ein Volk entwickelt ist, desto variantenreicher und insgesamt mehr wird gespielt. Hochkomplizierte aber auch vollkommen primitive Spiele wechseln einander ab. Automatenhallen, Computer- und Fernsehspiele, Einarmige Banditen und sonstige Geräte wurden ausschließlich von höher entwickelten Völkern erfunden. Generell ist ein höherer Entwicklungsstand eher ein Garant für geistloseren Umgang mit dem Spielphänomen und vor allem der damit verbundenen Spielsucht.

Der Mensch selbst befaßt sich mit diesem Phänomen relativ ausgiebig, da es in weiten Bereichen sein Leben beeinflußt. Wie es seinem unintelligenten Naturell entspricht, erforscht er nicht die generellen Ursachen des unverständlichen Spieltriebes, sondern widmet sich mehr den Details. Er untersucht, welche Spiele den Geist und die Geschicklichkeit von Kindern fördern, welches Material geeignet ist und welches nicht.

Da sich der Mensch mit dem beschriebenen Phänomen intensiv befaßt, verfügt er über eine nicht unerhebliche Menge an Erkenntnissen. Selbstverständlich ist der Mensch auch auf diesem Gebiet nicht in der Lage, diese Erkenntnisse in seiner Handlungsweise zu berücksichtigen.

Trotz der völlig richtigen Erkenntnisse bei Kinderspielzeug wächst praktisch kein Kind ohne Kriegsspielzeug auf. Jedes Kind beschäftigt sich in irgendeiner Form mit Spielzeugwaffen, der Kampf dagegen beschränkt sich auf einige höher entwickelte Länder und manifestiert sich auch dort nur in einigen zarten und erfolglosen Appellen an die Eltern. Gleichzeitig produziert eine mächtige Spielzeugindustrie ständig neue, die Kinder begeisternde Waffen und Waffenspiele.

Auch auf dem Gebiet der Suchtspiele sind nur die Spielveranstalter fähig, Erkenntnisse zu verwerten, Erkenntnisse über die Schaffung von Spielsucht und deren ständige Pflege. Sowohl die staatlichen Stellen als auch die verführten Spieler beachten keinerlei Erkenntnisse. Die Spieler widmen sich den dümmsten Spielen und liefern dort ihr Geld ab, die Ärzte, Lehrer und Soziologen warnen wirkungslos vor den zerstörerischen Auswirkungen der Spielsucht und nehmen sie fatalistisch als unausrottbar hin, oftmals beteiligen sie sich sogar selbst daran.

Wer je die Massen an Einarmigen Banditen gesehen hat, wer erlebt hat, wie Menschen in okkult anmutenden, abgedunkelten Hallen mit Zigarettenrauch die Atmosphäre und mit alkoholischen Getränken ihren Geist benebeln, dabei bis zur Erschöpfung stereotyp an den Hebeln ziehen und ständig enttäuscht auf die drei Gurken oder drei Bananen hoffen, die als Schaubild nebeneinander aufscheinen sollen, wer das gesehen und erlebt hat, der stellt sich die Frage nach eventueller Intelligenz in diesem Bereich des menschlichen Lebens nie mehr.

PERIODISCHE ANFÄLLE

Selbstverständlich sind wir Esel stolz darauf, Esel zu sein. Es würde uns nicht im Traume einfallen, darüber zu klagen und den Wunsch zu hegen, jemand anderen darzustellen. Allerdings tun wir uns leicht damit, denn ein richtiger Esel ist eben kein Mensch.

Bei denen ist dies natürlich nicht so. Ihre extreme Orientierungslosigkeit äußert sich demnach auch auf eine weitere Art. Ohne sichtbaren Grund werden sie immer wieder vom Drang befallen, sich zu verkleiden, sich ungewöhnlich anzuziehen und noch ungewöhnlicher zu benehmen. Offenbar will er dadurch ein anderer sein, etwas anderes darstellen, seinem von ihm selbst vollkommen unverstandenen Dasein entfliehen. Ein klares Anzeichen dafür, daß er mit seiner Rolle und Stellung auf dieser Erde heillos überfordert ist. Bewußt ist ihm dies nicht ständig, sondern periodisch wiederkehrend in Form von Anfällen.

Diese Verkleidungsanfälle erfolgen somit in bestimmten Zeitabständen, aber regelmäßig. Dabei dürfte ein Zeitzyklus von etwa 365 Tagen eine wichtige Rolle spielen. Wenn die Zeit gekommen ist, so beginnen die Menschen sich urplötzlich zu verkleiden und anders zu benehmen. Häufig verkleiden sich die Menschen dann als Figuren, die nur in ihrer Phantasie existieren, z.B. als Teufel, Hexen, Geister, Märchenprinzessinnen und Ähnliches. Dabei wird nicht nur besondere Kleidung benutzt, die Menschen tragen dabei auch andere Haare, bemalen ihre Haut und bewaffnen sich mit allerlei Geräten.

In einer Sonderform, vorwiegend in den anglikanischen Ländern, ist es jederzeit üblich, daß sich Richter vor den Angeklagten, Mitarbeitern und Zuschauern altertümlich verkleiden und tote Haare aufsetzen. Diese Attribute scheinen jedoch nicht den Frohsinn zu steigern, sondern dürften unerklärlicher Weise eine andere Wirkung ausüben, zumindest auf die Angeklagten. Warum zu allen anderen Anlässen genau die gleiche Maskerade lustig wirkt, konnte nicht ergründet werden.

Die in regelmäßigen Zeitintervallen auftretenden Verkleidungsanfälle sind stets mit Übergenuß an Essen und Trinken verbunden. Es wird dabei herumgehopst und gelärmt, mit und ohne Lärmgeräte. Die Verkleidung ist manchmal so gründlich, daß der betreffende Mensch unkenntlich wird. Es gibt aber auch recht spärliche Verkleidungen, wobei oft jene Attribute vorherrschen, die bei fleißigem und regelmäßigem Trinken von selbst eintreten, wie rote Nasen, schielende Augen und dümmlicher Allgemeineindruck.

In Einzelfällen kann man von rudimentärer Verkleidungssucht sprechen. Davon werden vornehmlich deutsche Lokalpolitiker befallen. Diese kleiden sich in ganz normale Abendanzüge, setzen aber eine sogenannte Schelmenmütze auf. Ihr Gehabe und Benehmen unterscheiden sich jedoch nur anfänglich von dem der anderen. Am Ende der Verkleidungssitzungen zeigen alle die gleichen Wesensmerkmale, indem sie lärmen, schunkeln und auf schwankenden Beinen häufiger als sonst die Toilette aufsuchen.

In jenen Ländern, in denen der regelmäßige Anfall in die warme Jahreszeit fällt, liegt der Schwerpunkt des irren Treibens nicht in geschlossenen Räumen. Der ganze Klamauk wird vorwiegend im Freien abgehalten. In manchen Ländern sind Millionen in Ekstase. Alles tanzt, grölt und singt durch die Städte, trägt die kostbarsten Verkleidungen und ist außer Rand und Band. Aus der ganzen übrigen Welt kommen Menschen, sogar von weit her per Flugzeug, um an dem irren Treiben teilzunehmen. Die Menschen geraten dort derartig durcheinander, daß in der ganzen Welt teils hämisch, teils mit Bestürzung nach Abschluß des Massenanfalles penibel verlautbart wird, wie viele Menschen dabei den Tod fanden.

In einer weiteren Erscheinungsform wird die allgemeine Verkleidungspsychose noch erweitert. Es werden zusätzlich Figuren und Figurengruppen gestaltet und diese dann auf Fahrzeugen durch die Städte gezogen. Mit enormem Zeit- und Geldaufwand wird monatelang an diesen Gestalten und Fahrzeugen gearbeitet. Auf den Fahrzeugen nehmen neben den künstlichen Figuren dann die verkleideten Menschen Platz und der riesige Umzug durch die Stadt beginnt. In manchen Städten erreichen die gezogenen Figuren riesige Ausmaße. Der Mensch scheint davon besessen, stets neue und noch ungewöhnlicher wirkende Figuren und Fahrzeuge zu kreieren.

In gebirgigen Gegenden überwiegt das Auftreten von furchtbaren Teufeln, Hexen und Urgeistern, alles Figuren, wie sie in den Phantasiegeschichten vorkommen, die vornehmlich Kindern erzählt werden. Diese Kinder sind es auch, die sich vor den sich wild gebärdenden, Schrecken einflößenden Figuren gehörig ängstigen. Mit Ruten, Peitschen und Glocken versuchen die Teufel auch, den Erwachsenen beizubringen, was Schrecken und Angst bedeuten.

Während die beschriebenen Anfälle die Menschen zirka alle 355 bis 370 Tage befallen, gibt es einen speziellen, etwas anders gearteten Anfall, der fast genau alle 365 Tage auftritt. Dieser Anfall dauert nicht wie die anderen mehrere Tage, sondern nur ein paar Stunden, tritt stets um Mitternacht auf und verläuft dafür um so heftiger. In den meisten Fällen überschlägt sich der Mensch dabei mit Essen, Trinken bis zum Exzeß und dem Abschießen von in allen Farben leuchtenden Raketen, teils mit ohrenbetäubendem Knallen.

Dabei ist festzustellen, daß das Abschießen der Raketen nicht von Fachleuten durchgeführt wird, wie das der Fall ist, wenn dies zu anderen Zeiten erfolgt. Alle beteiligen sich daran, nichts scheint organisiert zu sein. Vor jedem Haus, auf jedem Platz kracht und knallt es. Niemand hat Erfahrung im Umgang mit den explosiven Geräten, sogar Kinder beteiligen sich an dem Wahnwitz.

Dementsprechend häufig ereignen sich Unfälle mit oft furchtbaren Folgen. Auch hier wird am nächsten Tag weltweit berichtet, wie viele Tote und Verletzte der Spuk gefordert hat. Ebenso stolz oder auch ironisch wird berichtet, welche Unsummen an Geld dabei im wahrsten Sinne des Wortes verpulvert wurden. Auch in Ländern, in denen es am Notwendigsten fehlt, werden riesige Summen für diesen totalen Nonsens ausgegeben.

An diesen alle 365 Tage auftretenden Anfällen findet zwar keine Verkleidung statt, jedoch ist die Stärke und die gestiftete Verwirrung wesentlich intensiver. Manche Menschen scheinen mehr oder weniger von Sinnen zu sein. Sie springen bei Minusgraden fast nackt von Brücken in die Flüsse, sie waten bekleidet in Springbrunnen umher, oder sie versammeln sich um Mitternacht zu Zehntausenden auf Plätzen, um dort zu lärmen, zu saufen und herumzuspringen. In manchen Gegenden kennt der Wahnwitz keine Grenzen, es ist dort üblich, zu dem irren Anlaß alte Möbel aus dem Fenster zu werfen, was die Zahlen an Verletzten und Toten deutlich steigert.

Schon vor diesem regelmäßigen, heftigen Anfall zeigen die Menschen ein abnormes Verhalten. Sie beginnen plötzlich wie die Irren Geschenke zu kaufen. Sie hetzen herum und sind bestrebt, für viele ihrer Mitmenschen krampfhaft irgend etwas einzukaufen, dies auch für solche, die sie in der übrigen Zeit kaum beachten. Zur Steigerung der totalen Verwirrung bezeichnen die Menschen diese überlaute und hektische Periode als die ruhige und besinnliche Zeit des Jahres.

Die Menschen fällen viele kleine, noch lange nicht ausgewachsene Bäume, tragen sie in ihre Wohnungen und behängen sie mit allerlei Glitzerzeug und Eßbarem. Diese Bäume werden beleuchtet, wobei ein Rückfall in die Beleuchtungstechnik früherer Jahrhunderte erfolgt. Alte und antiquierte Lichtquellen finden häufige Verwendung. Es werden spezielle Texte gesprochen und eigene Lieder gesungen, Lieder, die nur zu dieser Zeit erklingen. Diese sich so anbahnende und sich stetig steigernde Abnormität des Menschen gipfelt dann in dem allgemeinen Wahnsinn am 365. Tag.

Alle Versuche, diesem Wahnwitz irgendeinen Sinn zu unterstellen, scheiterten. Es konnte nichts Befriedigendes gefunden werden. Für die Verkleidungsanfälle existiert nicht die Spur einer Erklärung. Die Erscheinungsbilder von Teufel, Hexen und Urgeistern bleiben ebenso unerklärbar wie die religiösen Neigungen der Menschen. Es dürfte sich auch nicht um einen rätselhaften Gottesdienst handeln, denn es wird keinerlei Ehrfurcht oder Anbetung gezeigt, es verläuft alles unter Gelächter und Geschrei.

Unübersehbar ist auch, daß bei den beschriebenen Anfällen eine extreme Polarisierung auf besonders Schönes oder besonders Negatives erfolgt. Einerseits wimmelt es von Königen und Prinzessinnen, Helden, Supermännern und Engeln, andererseits treiben massenweise Hexen, Teufel, Krüppel, Räuber, Urtiere und Wehrwölfe ihr Unwesen. Womöglich ist dies darin begründet, daß der Mensch, im Gegensatz zu allen vernünftigen Lebewesen dieser Erde, unter jeder Art von normalem Leben leidet und auf diese Weise seine geheimen Wünsche auslebt.

Bei diesem völlig unerklärbaren Erscheinungsbild fällt es schwer, auch nur im entferntesten an intelligentes Handeln zu denken. Der Mensch selbst scheint sich mit den wirren Handlungen wie mit einem unabänderlichen Schicksal abzufinden. Er verzichtet völlig darauf, die Ursachen zu erforschen, eine Erklärung für das Ungewöhnliche zu finden. Jene wenigen, die sich damit näher befassen, beschränken sich auf Berichte, wie toll das Treiben vor sich geht, wie viele Jahrzehnte oder gar Jahrhunderte der Wahnsinn schon stattfindet.

Als höchstes Glück empfindet es dann ein sogenannter Wissenschafter, wenn er feststellt, daß eine bestimmte Variation des Unsinns schon nachweislich vor vielen hundert Jahren stattfand. Keiner dieser wissenschaftlichen Giganten hinterfragt jedoch jemals, warum der ganze Unfug heute noch stattfindet.

Obwohl es kaum vorstellbar ist, daß so ein riesiger Aufwand an Arbeit und Kosten vollkommen ohne Sinn sein kann, ist dies mit Sicherheit tatsächlich so. Es handelt sich um den eindeutigen Beweis von reiner Triebsteuerung. Insbesondere die Tatsache, daß der Mensch die Sinnlosigkeit des Wahns voll erkennt und ihn fatalistisch über sich ergehen läßt, sich ohne Abwehr dem allen freudig hingibt und nichts ihn dazu bewegen kann, damit aufzuhören, charakterisiert wohl einen der dunkelsten und dümmsten Wesenszüge des Menschen.

FLEISCHBEWERTUNG

Jeder Esel ist der Ansicht, daß seine Erscheinung von einer geradezu idealen Statur und Ebenmäßigkeit geprägt ist. Es blieb dem einfältigen Menschen vorbehalten, für das Aussehen von Lebewesen eigene Bewertungskriterien aufzustellen.

Ohne zu erkennen, daß er nicht einmal sich selbst halbwegs realistisch erkennt, wähnt der Mensch sich in seiner Selbstgefälligkeit klug genug, alles bewerten zu können und auch zu müssen. Dafür hat er Techniken und Regeln entwickelt, nach denen er sich selbst und andere Lebewesen der Erde beurteilt.

In eigenen Bewerben erfolgt diese Bewertung rudelweise. Die Menschen und anderen Tiere werden vorwiegend nach ihrem Wuchs und Fleisch bewertet, aus diesem Grunde erfolgen die Bewerbe ganz oder nahezu nackt. Die zu bewertenden Wesen vollführen bestimmte Bewegungen, wobei Menschen dies von selbst tun, die anderen Tiere, die die Sinnlosigkeit dieser Bewerbe erkennen, nur über Veranlassung oder gar Zwang. Die Bewertung erfolgt hauptsächlich nach äußeren Körpermerkmalen. Bei männlichen Menschen scheint die Menge des Fleisches besonders wichtig.

Ebenso wichtig scheinen die Erbanlagen und die Körperteile für die Weiterzüchtung zu sein. Insbesondere bei weiblichen Wesen, egal ob Kühe, Ziegen oder Menschen, werden besonders die Größe der Milchdrüsen und das Becken hoch bewertet. Ein weiteres Indiz für die Wichtigkeit der Züchtung ist die Tatsache, daß weibliche Lebewesen, die bewertet werden, altersmäßig stets am Anfang ihrer gebärfähigen Zeit stehen.

Im Zuge dieser Forschungsarbeit wurden nur die häufigsten Erscheinungsformen untersucht. Rinder werden auf großen freien Flächen meistens in der schönen Jahreszeit in Massen bewertet. Die Größe der Milchdrüsen gilt bei den weiblichen Tieren als besonders wichtig, die männlichen sollen viel Fleisch haben und stark sein. Wenn sie ein wenig wild sind, gilt das nicht als Nachteil. Auffallend ist, daß am Körper der Rinder keinerlei Korrekturen vorgenommen werden. Es wird weder an den Schwänzen noch an den Ohren herumgeschnipselt. Mit Sicherheit gehen keinerlei Fähigkeiten des Rindes mit in die Bewertung ein.

Die ebenfalls sehr häufig durchgeführten Bewertungen von Hunden verlaufen ähnlich, mit geringen Unterschieden. Sie finden ebenfalls in Massen statt, und stets wird das zu bewertende Wesen an einer Leine vorgeführt. Hunde sind allerdings in vielen Fällen körperkorrigiert, und zwar männliche wie weibliche. Die Ohren sind zugeschnitten, die Schwänze auf die verschiedensten Längen brutal gekürzt bis zu totalen Amputationen. Die Größe der Milchdrüsen wird nicht bewertet, wenn sie übermäßig groß sind, gilt dies als eher störend. Dafür findet in manchen Fällen eine Bewertung der Fähigkeiten statt. Es wird bewertet, wie der Hund auf Signale und Zeichen reagiert, wie geschickt er Hindernisse überwindet und wie schnell er Gegenstände wiederbringt.

Die Bewertung, die der Mensch bei der eigenen Spezies vornimmt, ähnelt eher der, die bei den Rindern praktiziert wird als der bei den Hunden. Die fast völlige Nacktheit unterstreicht, daß der Körperbau und das Fleisch vornehmlich bewertet werden. Bei weiblichen Menschen gilt, wie bei den Rindern, die Größe der Milchdrüsen als wichtig. Ein bemerkenswerter Unterschied ist noch, daß bei den Rindern und Hunden oft auch eine Bewertung erfolgt, wenn sie schon geboren haben, bei weiblichen Menschen sehr selten.

Auch die Bewertung der männlichen Menschen ähnelt der bei den Rindern. Die Menge an Fleisch und Muskeln muß möglichst groß sein. Es soll ein starker Eindruck entstehen und insgesamt ein hohes Gewicht erreicht werden. Ebenso wie bei den Stieren schadet anscheinend ein bißchen Wildheit nicht, diese beschränkt sich jedoch auf einen grimmigen Gesichtsausdruck und auf das Zeigen der Zähne.

Etwas abweichend vom üblichen Muster dürfte eine vollkommen neue Bewertungsart für weibliche Menschen sein. Diese kam erst in den letzten Jahren auf, und es gelten plötzlich die gleichen Kriterien wie bei den männlichen Menschen. Es zählen Fleischmenge und Stärke, dafür wird die Größe der Milchdrüsen nicht mehr beachtet. Die Ursachen dieser völlig unterschiedlichen Art von Bewertung konnten wegen des selteneren Vorkommens und wegen der relativen Neuheit nicht genügend erforscht werden.

Eindeutig konnte nachgewiesen werden, daß ebenso wie bei den Rindern und im Gegensatz zu den Hunden, bei den Menschen keinerlei Fähigkeiten mitbewertet werden, sowohl bei weiblichen als auch bei männlichen.

Die Ursachen der Bewertungen an sich und die dafür geltenden Kriterien konnte zumindest zu einem guten Teil erforscht werden. Der Zweck liegt eindeutig in der Zucht, in der Zeugung von gesunden Nachkommen und in der Gewinnung von Milch, Fleisch und sonstigen Produkten wie Eier, Fell und Fett. Eine Bewertung von Fähigkeiten findet, wenn überhaupt, so nur bei intelligenten Wesen statt, somit fallweise bei Hunden oder Pferden, niemals bei Menschen.

Entsprechend der Ähnlichkeit der beschriebenen Bewertungen erfolgt auch die Prämierung der Sieger. Insbesondere bei Hunde- und Menschenbewertungen werden den Siegern Schärpen und Medaillen umgehängt. Es wird gefilmt und fotografiert, und die Medien berichten darüber. Die Zeitungen bringen die Siegerfotos, und in Film und Fernsehen werden die Sieger kurz vorgestellt. Bei Hunde- und Menschenbewertungen reagieren die Medien stets auf diese Art, bei Rinderbewertungen fast nie.

Etwas unverständlich blieb die Tatsache, daß bei den Bewertungen von Menschen diese zwar sehr spärlich bekleidet sind, jedoch nie völlig nackt auftreten. Da Fortpflanzung und Zucht eindeutige Endziele für die Bewertung bilden, werden die Geschlechtsteile und Milchdrüsen, wie schon beschrieben, als wichtig erachtet. Während bei Rindern und Hunden diese voll sichtbar bleiben, sind bei annähernder Nacktheit der Menschen gerade diese Teile notdürftig abgedeckt. Die Wertungsrichter können somit die Größe und Form nur indirekt sehen, den Rest müssen sie erahnen.

Zu dieser unsinnigen Abdeckung von Körperteilen scheint es zusätzliche Bekleidungsregeln zu geben, die ebenfalls nicht ergründet werden konnten. Weibliche Menschen tragen bei der Bewertung immer Schuhe mit hohen Absätzen. Diese Regel gilt anscheinend ganz streng und wird niemals durchbrochen. Männliche Menschen gehen bei der Bewertung barfuß. Auch diese Regel wird aus unbekannten Gründen penibel eingehalten.

Es konnte nicht restlos geklärt werden, warum Bemalung bei Hunden und Rindern eindeutig als Betrug gewertet wird. Bei den Menschenbewertungen zählt diese Einschränkung überhaupt nicht. Weibliche Menschen sind praktisch immer bemalt, zumindest die Augenumgebung, die Lippen, das Gesicht und teilweise auch der Körper. Männliche Menschen bemalen manchmal das Gesicht, immer aber ölen sie den Körper ein, damit er glänzt, was beim Fell von Hunden im Rahmen von Bewertungen streng verboten ist.

Während der Bewertung zeigen weder Rinder noch Hunde einen veränderten Gesichtsausdruck, die Menschen versuchen ständig zu lächeln. Da ihnen dabei aber nicht wirklich zum Lachen zumute ist, schaffen sie nur ein gekünsteltes Lächeln, das sehr oft zu einer Grimasse erstarrt. Offenbar sollen durch dieses Lächeln die Wertungsrichter beeinflußt werden, es ist aber auch nicht auszuschließen, daß Lächeln ein wichtiges Bewertungskriterium darstellt. Die Menschen haben nämlich die Angewohnheit, den Zeugungsakt im Normalfall mit Lächeln zu beginnen, womit ein Zusammenhang zwischen Lächeln und potentiell reichlicher Nachkommenschaft gegeben ist.

Ohne wirklich einen tieferen Einblick zu erlangen, bemühen die Menschen sich redlich um Vermehrung ihres Wissens in Bezug auf Zucht und Fortpflanzung. Sie untersuchen die Einflußgrößen für hohe Milchleistung, für schnelle Fleischproduktion und für die Ausmerzung von Erbkrankheiten bei der Nachkommenschaft.

Entsprechend seiner Bemühungen gewann der Mensch viele Erkenntnisse. Er beherrscht die Gesetze der Vererbung, er weiß, wie man gute Eigenschaften weiterzüchtet und schlechte auslaufen läßt. Er erwarb großes Wissen über erfolgreiche Befruchtungen und ist auch in der Lage, diese künstlich durchzuführen.

Bei der Züchtung bestimmter anderer Tiere ist der Mensch sogar in der Lage, Teile dieser Erkenntnisse umzusetzen. Er ist in der Lage, Hunderassen zu züchten, die so klein sind, daß sie in ein Körbchen passen und als Schoßhündchen zu gebrauchen sind. Andere Hunde züchtet er zum Laufen, diese sind vollkommen schlank inklusive der Form des Schädels. Dabei wird die Schnauze so schmal, daß für die Nase wenig Platz bleibt, und der sagenhaft gute Geruchsinn schwer beeinträchtigt wird. Jedes beliebige Zuchtziel ist für den Menschen erreichbar: Hunderassen mit Kraft und Stärke für erfolgreiche Wächter ebenso wie spezielle Rassen mit reichlich zartem Fleisch für den Verzehr.

Bei den Menschen selbst fehlt jede Spur irgendeiner sinnvollen Handlungsweise. Bei der Planung der Nachkommenschaft ist nicht nur das natürliche Prinzip der Bevorzugung gesunder und starker Individuen vollkommen ausgeschaltet, es kann sogar das Gegenteil festgestellt werden. Weniger hoch entwickelte Menschen zeugen durchwegs mehr Nachkommenschaft als höher entwickelte. Die Länder der dritten Welt registrieren einen wesentlich höheren Bevölkerungszuwachs als Industrieländer, und innerhalb dieser modernen Staaten produzieren die niederen Schichten immer deutlich mehr Nachkommen als die höchst gebildeten.

Im Gegensatz zu den anderen Tieren werden sogar die Ergebnisse der auf Fortpflanzungseigenschaften beruhenden Bewertungen vergeudet. Weibliche Bewertungssieger enden nicht selten als leichte Flittchen, die keine Familie gründen, männliche Sieger arbeiten oft als billige Leibwächter oder Rausschmeißer in Nachtlokalen. Relativ häufig enden beide Typen im kriminellen Milieu, nachdem sie den Fall von relativer Beliebtheit in plötzliche

Namenlosigkeit nicht verkraften. Sehr selten, wenn überhaupt, sind die Sieger solcher Bewertungen die Stammeltern großer Familien mit vielen gesunden und erfolgreichen Nachkommen.

Die Tatsache, daß der Mensch bei der Zeugung seiner eigenen Nachkommen jede Vernunft vermissen läßt, ist auch der tiefere Grund dafür, daß er intelligenzmäßig auf einer derart niederen Stufe steht.

VON DER ENTSCHEIDUNGSFREIHEIT

In Wahrheit führen alle Esel ein freies Leben, indem sie unbeeinflußt immer selbst entscheiden und alles störrisch ablehnen, was ihnen nicht gefällt. In der dem Menschen eigenen Einfältigkeit glaubt dieser nur dann, daß er nicht frei lebt, wenn er in einen Käfig oder ein Zimmer eingesperrt ist. In Wirklichkeit ist er nie frei, nicht einmal in seinen Entscheidungen und Meinungen. Womöglich wäre es für ihn auch noch chaotischer und gefahrvoller, wenn er mit seinen bescheidenen geistigen Fähigkeit tatsächlich selbst frei entscheiden könnte.

Unter anderem haben die Menschen einen Wirtschaftszweig entwickelt, der den Zweck hat, mit allen Mitteln andere Menschen zu bestimmten Handlungen und Meinungen zu bewegen - das heißt, sie massiv zu beeinflussen. In den meisten Fällen ist es Ziel der Beeinflussung, daß die Manipulierten etwas kaufen, egal ob sie das Produkt brauchen oder nicht. Das heißt weiter, der Mensch hat aufgehört, wie früher das zu kaufen, was er braucht, sondern er kauft, was er glaubt zu brauchen, und dieser Glaube wird nicht mehr von ihm selbst, sondern von anderen bestimmt.

In den hoch entwickelten Ländern wird dem Menschen mit den verschiedensten Mitteln suggeriert, was er kaufen soll, welche Meinung er haben soll, wie er seine Freizeit am besten verbringt, was schön ist und was nicht, kurz gesagt, wie sein gesamtes Leben abzulaufen hat. Mittels Filmen, Plakaten, Anzeigen, Radiosendungen und Sonderaktionen erfolgt diese massive Beeinflussung, die nicht selten die totale oder halbe Lüge zum Arbeitsmittel erhob. Auf die raffinierteste Art erfolgt diese Beeinflussung direkt oder indirekt.

In den einzelnen Erscheinungsformen dominiert in letzter Zeit deutlich das Fernsehen. In schnell aufeinanderfolgenden bunten und meist auch lustigen Kurzfilmen wird den Menschen erklärt, was sie kaufen sollen, welcher Dienstleistungen sie sich am besten bedienen mögen und welche Meinungen sie haben sollen. Dabei wird oft darauf verzichtet, auf eine besonders hervorragende Eigenschaft des beworbenen Produktes hinzuweisen. Die Beeinflussung enthält wenige oder fast keine Begründungen, wirkt aber dennoch überzeugend.

Ein direkter Vergleich zu anderen, gleichartigen Produkten unterbleibt zur Gänze, es wird nur deutlich festgehalten, daß das vorliegende Produkt das eindeutig beste ist. In wenigen Sekunden folgt der nächste Kurzfilm, in dem genau das gleiche von einem anderen Produkt behauptet wird, im normalen Leben der klassische Fall einer glatten Lüge. Eine der beiden Behauptungen muß falsch sein, die Vorsätzlichkeit dieser falschen Behauptung kann unterstellt werden.

Die Anzahl der direkten Lügen wird nur noch übertroffen von der der indirekten. Es werden Begriffe und Bilder zusammengebracht, die aufgrund ihrer Unvereinbarkeit jeder aufrichtigen Gesinnung Hohn sprechen. Bei der Werbung für Zigaretten werden ausschließlich gesunde, kraftstrotzende Männer und schöne Frauen gezeigt, anstelle von Krankheit und Tod.

Die Werbung für Alkohol verläuft nach dem gleichen Muster. Mit keinem Wort wird auf die Gefahren, das Elend und die Selbstzerstörung durch Alkohol hingewiesen. Niemals wird auf einem Plakat mit Schnapsflaschen ein durch übermäßigen Alkoholgenuß debil gewordener Mensch gezeigt. Anstelle von unterstandslosen, kranken Menschenwracks zeigen die Plakate, wie elegante Kellner traumhaft schönen Paaren die köstlichsten Getränke in einer Welt von Luxus und Schönheit kredenzen.

Wenn nicht direkt gegenteilige Dinge gemeinsam dargestellt werden, so handelt es sich zumindest um völlig Unzusammenhängendes, wie zum Beispiel Frauen, die sich auf einer blumenübersäten Wiese den Kopf waschen, schneidige Bergfexen, die auf einem eisigen Gletscher flaschenweise Mineralwasser trinken, Kinder, die in den Armen eines mächtigen Bären friedlich schlafen und ähnlich groteske Ungereimtheiten.

Bezogen auf die Art, wie die ganze Werbung präsentiert wird, gilt der Grundsatz: Alles ist erlaubt, je dümmer und grotesker, desto besser. Es wird gesungen und gelärmt, die Sprecher kreischen und jodeln, jaulen wie Tiere oder geben sich absichtlich hysterisch. Offensichtlich besteht direkt die Absicht, so ungewöhnlich wie nur möglich zu sein. Der Erfolg gibt diesem irrwitzigen Prinzip recht: je ungewöhnlicher, desto erfolgreicher wird manipuliert und beeinflußt. Im extremsten Fall werden sinnlose Silben und noch sinnlosere Bilder aneinandergereiht, das einzig erkennbare ist der Name des beworbenen Produktes. Dies genügt vollkommen und zeigt bei den Menschen die gewünschte Wirkung.

Die Menge der Werbung und die Artikel, die besonders beworben werden, orientieren sich keinesfalls an der Häufigkeit des Gebrauches oder deren Wichtigkeit. Würde man am Mengenprofil der Artikel aus der Werbung Rückschlüsse auf deren Wichtigkeit ziehen, so käme man zu der Meinung, Waschmittel sind der Inbegriff des Wichtigen, dicht gefolgt von Hunde- und Katzenfutter, selbstverständlich verpackt in bunten Dosen mit netten Bildern, wie es eben die Hunde und Katzen gerne haben.

Radiowerbung unterscheidet sich im Prinzip nicht von der im Fernsehen, es wird sinngemäß alles auf Akustik umgearbeitet. Ebenso ist alles Ungewöhnliche besonders gefragt. Lüsterne Stimmen stöhnen oder schreien, alles wird mit Lärmgeräten untermalt, die zu überbringende Botschaft wird dem Hörer monoton und stur eingehämmert.

Wer dieser intensiven Bearbeitung entgehen will und nur bei den Nachrichten den Radioapparat einschaltet, kann dennoch nicht entkommen. Es sei denn, er schaltet auf die Sekunde genau ein und anschließend sofort wieder ab, denn kurz vor und nach den Nachrichten geht die Werbung massiv und verdichtet auf Sendung.

So wie in der Radiowerbung der akustische Teil extrem gesteigert wird, trifft dies bei der Zeitungswerbung auf den optischen Part zu. Mit auffälligen Farben und ungewöhnlichen Bildern wird versucht, das flüchtige Auge des Menschen einzufangen, denn im Grunde genommen mag er die Werbung nicht und will eigentlich die Artikel und Berichte lesen. Wer besonders hartnäckig die Zeitungswerbung ignoriert und sich nur auf die Texte konzentriert, fällt dann erst recht herein, wenn ihn Werbung als Artikel getarnt täuscht. Ehe er merkt, daß es sich um Werbung handelt, ist die Botschaft schon in ihn eingedrungen wie eine Droge, sein Geist manipuliert, seine Entscheidungsfreiheit beeinflußt.

Der nahe verwandten Plakatwerbung wurde das Aussehen ganzer Städte geopfert. Riesige Plakatwände durchziehen praktisch alle Metropolen der Erde, wie ein Ersatz der zumeist zerstörten Wehrmauern der mittelalterlichen Städte. Auf diesen endlosen Holzwänden findet das Gemetzel der Werbung statt. Auch hier dominiert Unwichtiges am stärksten. Aufgrund der Plakate könnte man meinen, daß Coca-Cola, ein bei den Menschen beliebtes Getränk von so schlechtem Geschmack, daß kein Tier es freiwillig zu sich nehmen würde, das wichtigste Produkt der ganzen Erde sei. Es wird in allen Ländern übermäßig beworben, eine Weltstadt ohne Coca-Cola-Plakat ist praktisch undenkbar.

Das ganze Leben des Menschen ist voll Werbung, außer Fernsehen, Radio, Zeitungen und Plakate beherrscht die Werbung auch den Sport, die Messen und Ausstellungen, alle gut besuchten Plätze, Bücher, Verkehrsmittel, Schulen und Freizeiteinrichtungen. Nichts ist frei von Werbung.

Außer der Schutzfunktion, die verhindert, daß der unfähige Mensch vielleicht gar selbst entscheidet, was er tut, denkt und kauft, konnte keine weitere Begründung dieses irren Treibens gefunden werden. Mit Sicherheit handelt es sich nicht um eine besondere Art von Belehrung. Dafür werden eindeutig zu viele Halbwahrheiten, ja sogar halbe und ganze Lügen verbreitet.

Weiters handelt es sich mit Sicherheit nicht um den Zweck, dem Konsumenten einen Überblick zu verschaffen. Dafür ist jede Botschaft zu sehr auf ein bestimmtes Produkt ausgerichtet und verhindert sogar den objektiven Vergleich. Zudem wäre das irrwitzige Übergewicht von Produkten wie Waschmittel, Getränken, Zigaretten, Hunde- und Katzenfutter nicht sinnvoll.

Ein klar erkennbares Ziel der Werbung ist es, Menschen so zu beeinflussen, daß sie Dinge kaufen, die sie nicht benötigen. Notwendige Artikel kaufen die Menschen ja auch ohne Werbung. Die Bedarfsweckung dominiert daher vor der Bedarfsdeckung. In der den Menschen eigenen Kurzsichtigkeit war der Zweck der Werbung ursprünglich der Versuch, einen Konkurrenten zu übertreffen, mehr zu verkaufen als dieser. Natürlich war dies nur solange ein Vorteil, als die Konkurrenten für ihre Produkte nicht warben. Seit alle werben, das ganze Leben der Menschen voll Werbung ist, wandelte sich auch die Zielsetzung in die vorerwähnte Richtung der Verbrauchssteigerung, vornehmlich für nicht notwendige Dinge.

Nachweislich ist die vergleichende Information für die Konsumenten kein Zweck der Werbung. Dies würde dem unsinnigen Treiben durchaus einen Sinn geben, aber kurioserweise ist dies sogar verboten. Wer im Rahmen der Werbung einen echten Vergleich zwischen verschiedenen Produkten anstellt, wird bestraft. In totaler Verkennung aller Sinnhaftigkeit nennt der Mensch diese Art von Werbung, die sehr wohl nützlich wäre, einen unlauteren Wettbewerb und verfolgt ihn mit speziellen Gesetzen.

Die Durchdringung des Sportes durch die Werbung brachte es mit sich, daß erfolgreiche Sportler als wandelnde Plakatwände herumgeistern. Der Overall der Autorennfahrer ist mit Werbung, Namen und Pickerln so vollkommen übersät, daß das Grundmaterial nicht mehr erkennbar ist.

Egal um welches Produkt es sich handelt, die Wirkung eines unbekleideten, weiblichen Menschen scheint dabei eine besondere Rolle zu spielen. Bei fast allen beworbenen Artikeln findet sich immer wieder die Darstellung eines nackten, weiblichen Menschen, ohne daß ein Zusammenhang erkennbar ist. Auffallend dabei ist, daß dabei vorwiegend nur junge Menschen abgebildet werden, selten ein alter weiblicher Mensch. Wenn solche doch abgebildet werden, so sind sie stets bekleidet. Die nähere Begründung für dieses immer wiederkehrende Motiv liegt sicherlich nicht im geistigen Bereich, sondern in dem für die Menschen so wichtigen Bereich der Gefühle und Triebe.

In den großen Verkaufstempeln, den sogenannten Supermärkten, werden die Konsumenten noch zusätzlich mit Hintergrundgeräuschen berieselt. Dieser spezielle Lärm wirkt wohltuend auf das menschliche Ohr und versetzt den Berieselten in eine positive, einkaufsfreudige Stimmung. Die Wahrscheinlichkeit, daß er dann Dinge kauft, die er nicht braucht, steigt enorm. Die Perfektion der Einkaufsanimation findet vor den Kassen statt, wo der letzte Rest an Kaufvermögen aus den Konsumenten gepreßt wird. Dort stauen sich die Menschen und müssen durch eine enge Gasse. In diesem Anstellkanal lauern links und rechts die unsinnigsten Krimskrams-Angebote. In Ermangelung sonstiger Beschäftigungsmöglichkeit werden diese Angebote genau betrachtet und verläßlich gekauft. Vorausberechnet werden Menschen, die widerstehen, von ihren ungeduldigen Kindern, auf die ein Teil der Waren genau abgestimmt ist, zum Kauf animiert oder brutal dazu aufgefordert, im Notfall mit hysterischem Geplärr dazu erpreßt.

Um den Verbrauch weit über das sinnvolle Ausmaß zu steigern, scheuen die Werbung betreibenden Menschen vor nichts zurück. Konträr zu angenehmen Bildern und Geräuschen wird auch Schockierendes als Mittel eingesetzt. Es wird versucht, mit extremen Bildern Ablehnung, Aufregung und Entsetzen zu erregen, zum Beispiel durch ein über und über mit Blut verschmiertes, neugeborenes Kind oder einen jungen katholischen Priester, der innigst eine ebenso schöne Nonne küßt.

Diese Gegensätzlichkeiten verfehlen ihre Wirkung nicht. Alle protestieren, die Passanten untereinander, die Politiker in öffentlichen Reden, die Lehrer und Priester vor ihren Zuhörern. Und genau dadurch wird der optimale Werbeerfolg sichergestellt. Alle, die sich erregen, fungieren als Multiplikator und sorgen dafür, daß sich auch jene den beworbenen Namen einprägen, die an Plakaten normalerweise achtlos vorbeigehen.

Nach dem gleichen Muster funktioniert die Dummerlwerbung. Ein Produkt wird in auffällig blöder Art beworben. Die Werbung erscheint so dumm, daß alle sich darüber ärgern und somit darüber sprechen. Dadurch wird der erwünschte Multiplikatoreffekt ebenfalls erreicht, alle schimpfen und kaufen.

Auf ähnliche Weise wirken Rätselwerbungen. Ein Plakat oder eine Zeitungsannonce bewirbt etwas Unbekanntes, niemand kennt sich dabei aus. Die Menschen beachten diese Werbung deshalb mehr, weil sie sie nicht verstehen. Es fehlt ihnen der so vertraute Befehl, was sie zu tun haben. In einer Fortsetzung wird dann klar, was beworben wird, mit absoluter Sicherheit ein Produkt, daß niemand wirklich benötigt.

Der Mensch kam viele Jahrtausende vollkommen ohne Werbung aus. Er kaufte, was er benötigte, und für dieses Ziel wurde auch produziert. In manchen Ländern und Gegenden wird bis heute praktisch keine Werbung betrieben. Dies trifft vor allem für weniger entwickelte Länder zu. In allen fortgeschrittenen Völkern beherrscht die Werbung alles und in den anderen wird es nicht lange dauern, bis auch diese den Quantensprung der Dummheit nachvollziehen.

Da für alle nur denkbaren Waren geworben wird und dadurch nicht mehr feststellbar ist, was und wieviel ohne Werbung verkauft werden kann, kann niemand mehr ohne Werbung wirtschaftlich überleben. Wer nicht wirbt, hat keinen Erfolg. Um diesen Erfolg sicherzustellen, hat die Werbung auch in Bereiche Einzug gehalten, die mit dem Verkauf von Waren nichts mehr zu tun haben. Es wird für Politiker geworben, für Hilfsorganisationen und Spenden, für Religionsbeiträge und Kinderhilfe, gegen Fremdenhaß und Intoleranz. Letztendlich betreibt der Mensch sogar Werbung für die Werbung.

Werbung für Medikamente und Krankheitsbekämpfung gelten als Sonderfall. Es wird zwar noch nicht dafür geworben, sich vorher die notwendigen Krankheiten anzueignen, für die Behandlung einer Krankheit mit einzelnen Medikamenten läuft die Werbung jedoch in allen Varianten. Die Steigerung des Verbrauchs erreichen die Werber, indem sie die Einnahme der Medikamente schon im gesunden Zustand empfehlen. Unverständlicherweise wird am Ende jedes Werbespots stets empfohlen, vor Gebrauch des Medikamentes mit einem Arzt zu sprechen, obwohl es laut Werbung wahre Wunder wirkt.

Im Vergleich zu einer wirksamen Werbung sind Faktoren wie Qualität, Nutzwert, Haltbarkeit oder besondere Eignung geradezu vernachläßigbar. Auch ein gerechter Preis stellt keinen Erfolgsfaktor dar. Für gut beworbene Produkte kann ein Vielfaches des Preises verlangt werden. Mit dem ungerechtfertigt höheren Preis wird die Werbung bezahlt, und es verbleibt noch ein deutlicher Gewinn.

Aufgrund dieser Tatsachen stecken viele Produzenten folgerichtig mehr Geld in die Werbung als in die Verbesserung ihrer Waren. Der Fortschritt begrenzt sich dadurch auf unsinnige Verkaufsförderung anstatt auf die Qualitätsverbesserung der Erzeugnisse. Die Menschen selbst können mangels Intelligenz diese Tatsache nicht wahrnehmen. Sie belustigen sich über die Auswüchse der Werbung und befolgen sie in allen Formen. Sie kaufen entsprechend der Werbung, wählen beworbene Politiker und haben Meinungen, die durch Werbekampagnen hervorgerufen werden.

In der ihnen eigenen Verblendung behaupten sie sogar, daß durch die Werbung alles beschleunigt werde, nicht nur der Verkauf sondern auch die Weiterentwicklung der Produkte. Sogar wenn dies so wäre, würde sich ein intelligentes Wesen die Frage stellen, wie schnell der Fortschritt erst sein müßte, wenn man all die Energie, die für die Werbung aufgewendet wird, für Verbesserungen nützte, wenn die Menschen, die in der Werbebranche tätig sind und zu den kreativsten und fleißigsten überhaupt zählen, an der Verbesserung der Produkte mitarbeiteten.

Und trotz dieser, von keinem Esel dieser Welt zu übersehenden Dauerbeeinflussung in allen Lebensbereichen, wähnt sich der Mensch in seiner selbstgefälligen Intelligenzlosigkeit für überragend klug und vor allem vollkommen entscheidungsfrei.

SIE GLAUBEN AN GEISTER UND WUNDER

Trotz der Feststellung, daß den Menschen wahre Intelligenz fehlt, muß auch ein Esel erkennen, daß sie zumindest sehr realistisch denken, daß sie Realitäten von Fiktionen normalerweise unterscheiden können. Im Verlaufe der Forschungen war zu erkennen, daß der Mensch sogar diese Fähigkeit nur zufällig besitzt und daß er sie ebenso wieder verliert, ohne daß er dies steuern könnte.

Dabei wurde ein Lebensbereich der Menschen entdeckt, in dem nicht die Spur von realem Denken erkennbar ist, in dem sie im finstersten Urzustand der Gefühle und Ängste leben. Dabei wird jeder Rest von logischem Denkvermögen einfach ausgeklinkt, vollkommen Unlogisches kritiklos geglaubt und fatalistisch der totale Schwachsinn ausgelebt.

Den sehr ähnlichen religiösen Vorstellungen, bei denen ebenfalls ein höheres Wesen in die Schicksale der Menschen unerklärbar eingreift, liegt zumindest teilweise ein sinnvoller Plan zugrunde, meist eine zielgerichtete Moralvorstellung mit Belohnung der Guten und Bestrafung der Bösen.

In dem hier gemeinten Lebensbereich wird auf jeden sinnvollen Zusammenhang verzichtet. Ohne Ziel und Zweck wird der größte Stumpfsinn geglaubt. Unvorstellbar viele Menschen glauben, daß unergründbare magische Kräfte einmal das Ausbleiben des Regens und Dürreperioden, dann wieder Sintfluten und Stürme hervorrufen. Ebenso glauben sie, daß bestimmte Ereignisse wie Schicksalsschläge, Erdbeben, Krankheiten und Unglücksfälle durch übersinnliche Kräfte vorausgeahnt und beeinflußt werden können. Zusätzlich glauben sie daran, daß durch die Gestirne alles vorherbestimmt und ständig beeinflußt wird. Bemerkenswert dabei ist, daß dieser unglaubliche Humbug vollkommen isoliert von den jeweils gültigen Religionen blüht, sozusagen als Zugabe.

Die Wahrsagerei ist wohl am ältesten, weitest verbreitet und über Jahrtausende die große Hoffnung der Menschen, der ungebildeten Armen ebenso wie der Reichen und Mächtigen. Mit Glaskugeln, Kaffeesud, mit Knochenwerfen und Kartenaufschlagen oder gar mit angeblichem Lesen aus der Hand wird dem Menschen sein Schicksal und seine Zukunft vorausgesagt. Wohl nicht wegen Fehleranfälligkeit sind ältere Formen, wie das Lesen aus der frischen Leber erstochener Tiere oder aus dem Verlauf des Vogelfluges fast gänzlich abgekommen, sondern wegen der offensichtlichen Umständlichkeit dieser Methoden. Kaffeesud ist wesentlich einfacher zu bekommen.

Wenn einer der wenigen, die immun gegen Wahrsagerei sind, den Anhängern dieses Unfugs die Augen öffnen will, so wird er mit Beweisen der unzweifelhaften Wahrheit überhäuft. Einer dieser total überzeugenden Beweise ist stets der, daß die Wahrsager nicht nur in die Zukunft blicken, sondern auch genaue Lebensumstände des Betroffenen erraten, die sie ohne übersinnliche Kräfte nie wissen können. Daß diese Informationen für den Betroffenen von keinerlei Wert sind und nur dazu dienen, bedingungsloses Vertrauen zu erwecken, stört die Anhänger der Wahrsagerei dabei nicht. Daß sie selbst diese banalen Einzelheiten in der vorausgegangenen Plauderei durch Körpersprache und Beantwortung indirekter Fragen dem Wahrsager verraten haben, bemerken sie nicht einmal.

Ebenso bemerken sie nicht, daß die Wahrsagungen stets in mehrdeutig formulierten Sätzen erfolgen. Durch phantasievolle Interpretationen kann dann, nach Eintritt der tatsächlichen Ereignisse, die Prophezeiung so erklärt werden, daß sie richtig war. So ist stets ein Erfolg gegeben, egal wie die Ereignisse wirklich verlaufen. Daß eine Wahrsagung, die auf völlig konträre Ereignisse paßt, ohne jeden Wert ist, tut ihrer Beliebtheit und Wertschätzung keinen Abbruch.

Der Anteil derer, die unbeirrbar an Wahrsagerei glauben, ist erschreckend groß. Es kann eine nicht geringe Anzahl von Menschen gewerbsmäßig davon leben, manche davon sind sogar reich. Es ist jedoch festzustellen, daß mit steigender Bildung der Glaube an die erwähnten Formen der Wahrsagerei abnimmt. Dies trifft zumindest auf das Lesen der Zukunft aus Glaskugeln, Kaffeesud und Spielkarten zu.

Vollkommen unabhängig von der Bildung blüht jedoch der Glaube an Astrologie und Horoskope. Es handelt sich dabei um eine weitaus größer verbreitete Wahrsagerei, die eine wesentlich höhere Anhängerschaft hat. Höhere Bildung ist dabei kein Hindernis, denn jene, die an Horoskope glauben, weisen alle Bildungsstufen auf, vom primitiven Menschen, der für jeden Aberglauben zugänglich ist bis zum hochgebildeten Wissenschafter. Wer die Sternbilder und die ihnen zugeschriebenen Eigenschaften nicht kennt, hat allen Ernstes eine Bildungslücke. Eine Ansicht, die nur mehr als totaler Schwachsinn zu definieren ist, aber tatsächlich für jeden gebildeten Menschen Gültigkeit hat.

Die Astrologie ist eine uralte Form der Wahrsagerei, die sich ungebrochen bis in die neueste Zeit erhalten hat. Über Jahrtausende wurden die kompliziertesten Formeln im Zusammenhang mit dem Verlauf der Gestirnen entwickelt und über langwierige Berechnungen wird blanker Unsinn davon abgeleitet, den die Anhänger der Astrologie bereitwilligst aufnehmen und für bare Münze halten.

In früheren Zeiten waren die Astrologie und die Astronomie eine einheitliche Wissenschaft, sie wurden gemeinsam gelehrt. Sogar die echten Größen der Astronomie, die den wahren Gang der Gestirne erkannten und deren Berechnung erforschten, erstellten auch Horoskope. Einer der größten Astronomen aller Zeiten, Johann Kepler, erstellte ebenfalls Horoskope und konnte das damit verdiente Geld gut gebrauchen. Er mußte nämlich seine Mutter vor Gericht verteidigen, die als Hexe in einem Hexenprozeß angeklagt und somit vom Tode am Scheiterhaufen bedroht war. Somit wurde zumindest in diesem einen Fall mit dem Unfug der Horoskope der noch größere Unfug des Hexenwahns bekämpft.

Feldherren, die ihre Entscheidungen von Horoskopen abhängig machten, bewiesen dadurch, daß sie nicht gerade die hellsten Köpfe waren. Sie ließen sich stets ein Horoskop erstellen, das auf ihre Person bezogen war. Dies entbehrt zusätzlich jeder Logik, denn wenn schon irgend etwas Wahres an Horoskopen wäre, so hätte das gemittelte Durchschnittshoroskop der Mehrheit aller Kämpfer herangezogen werden müssen. Nachdem sehr oft auf beiden Seiten ein Sieg prophezeit wurde, hätte dies wohl auch nichts genützt.

Abgesehen von den überkomplizierten Berechnungen von Horoskopen für einzelne Menschen gibt es auch solche, die rudelweise festgelegt werden. Es werden dabei immer jene Menschen zusammengefaßt, die in einem gemeinsamen Zeitabschnitt geboren wurden. Diese Massenhoroskope werden in den Zeitungen abgedruckt, jeder kann dort nachlesen, was ihn am betreffenden Tag erwartet. Es darf ihn nur nicht stören, daß in den verschiedenen Zeitungen für die gleichen Menschengruppen unterschiedliche Horoskope erstellt werden. So wie er sich entschieden hat, an den Stumpfsinn zu glauben, muß er sich nur für eine bestimmte Zeitung entscheiden.

Von jenen, die die komplizierten Rechenregeln für Einzelhoroskope beherrschen, werden diese Zeitungshoroskope für totalen Unfug gehalten, für einen elenden Niedergang ihrer hohen Wissenschaft. Die Masse der Menschen stört das nicht und liest eifrig das tägliche Horoskop. Es gibt nur wenige Zeitungen, die es sich leisten können, keine Horoskope zu drucken. Auf alle Fälle findet man sie in allen erfolgreichen Blättern.

Wie bei allen Arten des Aberglaubens gibt es Menschen, die davon leben und solche, die dafür bezahlen. Da die Astrologie von allen Arten des Aberglaubens die weiteste Verbreitung aufweist, leben ganze Heere davon: Horoskopersteller, obskure Lehrer der Formeln, Verfasser von Zeitschriften und jede Menge sonstiger Gaukler, die Horoskoperstellung als Nebenerwerb betreiben, sozusagen im Pfusch.

Der Hauptverdienst ist für manch so einen Typen die Fähigkeit, Verbindung mit den Toten aufzunehmen. Diese gesteigerte Form des lächerlichen Wahnwitzes besteht darin, daß in einer okkulten Sitzung rund um einen Tisch der Tote angerufen wird. Dieser antwortet auf entsprechende Fragen mit dem Herumrücken eines kleineren Tisches, in manchen Fällen wird dabei ein Bleistift so bewegt, daß eine schriftliche Botschaft des Toten entsteht.

Leider wird dieser Kontakt mit den Toten nur von Menschen gepflogen, die über ihre Verstorbenen nur Lächerliches abfragen. Die interessantesten Fragen stellen die scharfsinnigen Teilnehmer dieser Sitzungen leider nicht. Sie könnten damit doch endlich herausfinden, welche Religion die wahre ist, ob es eine Hölle, ein Fegefeuer gibt oder alle als andere Tiere wiedergeboren werden, ob ein Jüngstes Gericht über die Aufnahme in den Himmel stattfindet oder ob es gar keinen Himmel gibt und alle direkt in die ewigen Jagdgründe dürfen.

Kontakte mit Toten aufzunehmen ist eine Art von Wundern. Es gab aber schon immer Wunderwirker in den Augen der Menschen. Daß in der Vergangenheit mehrere Menschen, insbesondere die Gründer der diversen Religionen, Wunder vollbringen konnten, ist in den sogenannten heiligen Büchern überliefert. Eine Prüfung dieser Berichte ist leider nicht möglich.

Zu allen Zeiten soll es Wunderwirker gegeben haben, eindeutig konnte festgestellt werden, daß es auch in der neuesten Zeit noch welche gibt. Dabei handelt es sich, wie bei den alten Vorbildern, um Wunderheiler, Regenmacher und Befreier von nicht näher definierten bösen Geistern. Aber viele der vollbrachten Wunder sind ganz einfache, ja geradezu überflüssige Leistungen. Dazu zählt das Verbiegen von Löffeln, ohne sie zu berühren oder das Klappern mit Gegenständen durch bloße geistige Einwirkung.

Manche dieser Wundervollbringer versuchen, ihre Leistungen vor kritischen Zusehern oder vor laufender Kamera zu vollbringen. Dies geht immer schief. Erfolg haben sie nur, vor gläubigen

Anhängern, die dann alles bezeugen. Die Erfolgsquote vor Eseln als Zuseher wurde nicht eruiert.

Ähnlich wie an Wunder und übersinnliche Kräfte glauben die Menschen auch in großer Zahl an Ungeheuer und Fabelwesen. In den weniger entwickelten Ländern und bei den sogenannten Naturvölkern existiert eine wahre Vielfalt an Fabelwesen, in den hoch entwickelten Staaten fand eine geistige Verarmung statt. Gänzlich verloren ging der Glaube an Fabelwesen nicht. Es gibt zumindest noch den Yeti und das Ungeheuer von Loch Ness.

Wenn der Glaube an Fabelwesen mit steigender Bildung nachläßt, so ist der Glaube an geheime Strahlungen wieder vollkommen bildungsunabhängig. Mit kuriosen Instrumenten wie Astverzweigungen von Bäumen, besonders geformten Drähten, Pendeln und Spiralen werden Strahlungen und Bodenstörungen festgestellt, die weder genau definiert noch mit wissenschaftlichen Geräten feststellbar sind. Auf alle Fälle können diese Strahlen positiv oder negativ auf den Menschen einwirken. Manche zeigen auch bloß Wasseradern an, die beim Brunnenbau von großem Nutzen sind.

Auch hier läßt sich eine Polarisierung feststellen, viele glauben daran, viele lehnen alles als glatten Unsinn ab. Interessant dabei ist, daß nur jene, die daran glauben, mit den erwähnten Instrumenten Strahlen feststellen können, Menschen, die nicht an geheime Strahlungen glauben, können mit den gleichen Geräten und an den gleichen Stellen niemals irgendeine Reaktion erkennen oder verspüren.

Mit unausrottbarem Eifer glauben die Menschen auch an die magischen Kräfte, die von Gegenständen, Tieren und bestimmten Bewegungen ausgehen. In der Vergangenheit war dieser Aberglaube wesentlich stärker verbreitet. Die Menschen opferten kleine Gegenstände, trugen Amulette gegen Krankheiten und böse Geister und schmückten sich mit Zähnen und Knochen erlegter Tiere, um von deren Kräften zu profitieren.

Von den unzähligen Varianten dieser Torheit in früheren Zeiten und bei primitiven Völkern existieren bei den hoch entwickelten und vortrefflich gebildeten Menschen noch viele Formen. Sie werfen Münzen in Brunnen und wünschen sich etwas, sie tragen Glücksbringer an Ketten von Kindheit an um den Hals. Bei Aussagen, die von besonderer Wichtigkeit sind, klopfen sie rasch auf Holz, um deren Wirkung nicht zu mindern.

Wer ein vierblättriges Kleeblatt findet, hat besonderes Glück. Hufeisen bewahren vor Unheil. Die Menschen schenken einander daher vierblättrige Kleeblätter und Hufeisen. Manche montieren echte Hufeisen auf ihr Auto, um Unfälle zu verhindern. Generell scheint dies nicht in Erwägung gezogen zu werden, da viele mit anderen Maßnahmen versuchen, die Anzahl der Unfälle zu reduzieren.

Es gibt auch negative Symbole. Wem eine schwarze Katze über den Weg läuft, der hat Unglück, ebenso kündigt der Ruf des Kauzes nichts Gutes. Wer in irgendeinem Zusammenhang mit der Zahl Dreizehn gerät, der kann ebenfalls Unglück erwarten.

Es konnte zwar auch dafür kein Beweis gefunden werden, aber sogar die gebildetsten Menschen sind davon überzeugt. Sie bauen Hotels und lassen bei der Numerierung der Zimmer die 13 aus, ebenso in Spitälern und bei den Sitzen der modernsten Passagierflugzeuge.

Die Wurzeln dieser urzeitlichen Hirngespinste konnten trotz gründlicher Forschung nicht einmal annähernd ergründet werden. Fehlende Bildung und damit verbundenes unrealistisches Denken scheidet als Ursache eindeutig aus, da die meisten Formen des Aberglaubens auch in den höchsten Bildungsschichten der Menschen anzutreffen sind.

Daß die Mehrheit der Menschen eher geneigt ist, all die erwähnten Wunder, Horoskope, Glücks- und Unglückssymbole als wahr anzuerkennen, ist erwiesen. Zeitungen, die nichts über diverse Erscheinungen und Ereignisse berichten, sind meist auflagenschwache Blätter, erfolgreiche Massenblätter berichten regelmäßig darüber. Ebenso sind Bücher, die sich mit dieser Materie befassen, meist Bestseller.

Auch an Kuriositäten ist dieses Teilgebiet des menschlichen Verhaltens reich. Obwohl alle Formen des Aberglaubens zum Verwechseln ähnlich sind, herrscht gegenseitiges Verachten der Praktizierenden. Ein Astrologe läßt keinen Zweifel daran, daß Kaffeesudleserei ein übler Trick ist. Geisterheiler verachten sich oft gegenseitig und bezichtigen sich wechselweise der Scharlatanerie.

Sehr oft entpuppen sich Wahrsager als Kriminelle, die den nahen Tod voraussagen, um an die irdischen Güter des Betroffenen heranzukommen. Kranke neigen stets stärker dazu, an das Übersinnliche zu glauben. Sie bezeugen auch oft, daß durch das Wegrücken ihres Bettes von einem verstrahlten Ort ihre Gesundheit wiederhergestellt wurde, ähnlich wie bei religiösen Heilungsarten an wundersamen Orten.

Wenn auch obskure Typen häufiger Übersinnliches erleben, der Yeti und das Ungeheuer von Loch Ness werden von ganz normalen Menschen immer wieder gesehen, manchmal sogar undeutlich fotografiert, worüber dann viele Zeitungen berichten.

Es ist ein mehr oder weniger starkes Eingehen auf Aberglauben und okkultes Handeln der gesamten Menschheit bis in die modernste Zeit feststellbar. Es handelt sich also um eines der wenigen Gebiete, in denen über Jahrtausende kein Fortschritt feststellbar ist, lediglich ein Wandel in den gebräuchlichen Formen. Würde der Mensch tatsächlich über Intelligenz verfügen, so wäre dies völlig undenkbar.

BABYLONISCHE VERWIRRUNG

Da Esel sich in allen Bereichen auf das Wichtigste beschränken, benötigen sie auch nur wenige Laute, um sich Artgenossen mitzuteilen. Wale und Delphine, die ihr eigenes Leben durch die Verlegung in das Wasser, ohne Kiemen zu besitzen, unnötig verkomplizierten, gebrauchen wesentlich mehr Laute. Sie werden aber vom Menschen noch weit übertroffen.

Bei der Fähigkeit, sich einander mitzuteilen, zeigen die Menschen das ganze Unglück und Elend ihrer Spezies. Sie haben, wie in allen anderen Lebensbereichen, eine wesentlich ausgefeiltere Form als alle anderen Tiere entwickelt, aber in der nur ihnen eigenen Dummheit verspielt und unsinnig alles auf die Spitze getrieben. Während jedes Wesen dieser Erde sich jedem Artgenossen problemlos verständlich machen kann, ist dies dem Menschen nicht möglich.

Die Menschen haben nämlich nicht nur eine Sprache, sondern unzählige, und damit aus diesem Unfug ein entsetzliches Unglück wird, beherrscht ein Mensch jeweils nur eine Sprache, sehr wenige zwei und ganz wenige mehrere. So unglaubwürdig es auch klingen mag, Menschen verschiedener Sprache können sich praktisch nicht verständigen.

So richtig klar wird dieser erbärmliche Zustand erst dann, wenn man bedenkt, daß die Sprache des Menschen an sich schon ein recht unzureichendes Mittel darstellt, sich dem anderen verständlich zu machen. Sobald versucht wird, mehr als banale Informationen weiterzugeben, kann mit recht behauptet werden, daß eigentlich niemand den anderen wirklich versteht. Für wahres Verständnis der Menschen untereinander hat die Sprache alleine noch niemals gereicht. Und angesichts dieser Tatsache bedient sich der Mensch Tausender von verschiedenen Sprachen, wodurch sogar einfachste Informationen nicht mehr verstanden werden.

Der Wahnwitz der verschiedenen Sprachen geht so weit, daß trotz intensiver Forschung nicht einmal die genaue Anzahl der verschiedenen Sprachen eruierbar war. Da der fließende Übergang von einem Dialekt zu einer Sprache nicht klar erkennbar ist und sogar verschiedene Dialekte untereinander oft nicht mehr verstanden werden, ist die Unzählbarkeit der Sprachen den Menschen selbst bekannt. In keinem ihrer Lexika wird eine exakte Zahl der existierenden Sprachen angegeben.

Wer gerade welche Sprache spricht, ist wirr verteilt. Kein einziger Mensch kann bei seiner Geburt entscheiden, welcher Sprache er sich bedienen will, was zumindest eine Bevorzugung der ausdrucksstärkeren oder wohlklingenderen Sprachen und somit eine Auslese bedeuten würde. Vorwiegend hängt es davon ab, welche Sprache die Eltern eines Menschen sprechen. In zweiter Linie gilt die Sprache der jeweiligen Umgebung. Die Anzahl der Menschen, die die gleiche Sprache sprechen, ist ebenso vollkommen willkürlich und weitgehend unterschiedlich. Manche Sprachen werden von vielen Millionen bis zu Milliarden gesprochen, andere von Kleingruppen, die nur einige tausend Menschen umfassen.

Bei näherer Untersuchung der Sprachen ist erkennbar, daß ursprünglich durchaus eine einzige oder sehr wenige Ursprachen vorhanden waren. Manche Sprachgruppen enthalten bestimmte Wörter in fast identer Form, obwohl sie insgesamt völlig verschieden sind. Diese fast identen oder sehr ähnlichen Wörter bestimmen Dinge und Begriffe, die schon seit Urzeiten existieren. Daraus kann man ableiten, daß damals viele der nun so verschiedenen Sprachen eine gemeinsame waren.

Durch sinn- und planloses Variieren ist es den Menschen gelungen, ihre gemeinsame Sprache so zu verändern, daß eine gegenseitige Verständigung nicht mehr möglich ist.

Die erschütternde Tatsache, daß der Mensch nicht über eine einheitliche Sprache verfügt, wird aber noch davon übertroffen, daß er diese verschiedenen Sprachen auch noch in verschiedenen

Schriften festhält. Zwar ist die Vielfalt der Schriften bei weitem nicht so groß wie die der Sprachen, ihre unverständliche Unterschiedlichkeit ist jedoch ein genauso großes Hemmnis der gegenseitigen Verständigung. Ein und dasselbe Wort der gleichen Sprache kann, wenn es in den verschiedenen Schriften geschrieben wird, nicht als dasselbe erkannt werden.

Bei den Schriften kommt zum allgemeinen Unheil des ständigen Wandels noch hinzu, daß der Mensch völlig willkürlich Regeln aufstellt, an die sich alle zu halten haben. In unregelmäßigen Abständen tagende Kommissionen ändern diese Regeln beliebig ab und von diesem Zeitpunkt an gelten die neuen Regeln. Da in verschiedenen Ländern auch verschiedene Kommissionen arbeiten, wird eine ursprünglich gemeinsame Schrift dadurch variiert, und es entstehen Abarten.

Bestimmte Buchstaben ein und derselben Schrift sind in manchen Ländern beziehungsweise Sprachen üblich, in anderen nicht. Dies betrifft seltene Buchstaben wie das „ß", das im Deutschen gebräuchlich ist, aber auch die für eine Sprache enorm wichtige Gruppe der Selbstlaute wie „ö", „ü" und „ä", die in vielen Ländern als Buchstabenzeichen unbekannt sind, obwohl sie in fast allen Sprachen einen breiten Platz einnehmen.

Als ob es dem Menschen ein Dorn im Auge wäre, wenn zumindest eine gemeinsame Schrift von vielen gebraucht wird, erfand er ideenreich viele kleine Zusatzzeichen, Punkte und Striche, die über und unter die verschiedenen Buchstaben geschrieben werden. Diese unterscheiden sich vollends in den verschiedenen Sprachen und machen eine ursprünglich einheitliche, von vielen Völkern verwendete Schrift endgültig wieder unverständlich.

Die gebräuchlichen Buchstabenschriften gelten als die moderneren Arten, sie sind dennoch reichlich unrationell konstruiert. Es ist mit Sicherheit in vielen Fällen der Zufall als Konstrukteur mehr wirksam als eine rationale Überlegung. Für manchen Laut existieren mehrere verschiedene Zeichen (v und f, i und y), für andere wichtige Laute gibt es in manchen Schriften keinen eigenen Buchstaben (ch und sch).

Würde ein intelligentes Wesen eine dieser Schriften erfinden, sie hätte sicherlich nicht diese große Zahl an Mängeln und Ungereimtheiten. Sie wäre klar, einfach, und die jungen Menschen müßten nur einen Teil ihrer Lernkapazität dafür aufwenden. Sie könnten sich um vieles mehr den anderen, wesentlich wichtigeren Lerngegenständen zuwenden. Intelligente Wesen würden die Schrift zu dem degradieren, was sie sein soll: ein reines Hilfsmittel für die Kommunikation.

Die beschränkte Lernkapazität des Menschen ist ihm genau bekannt, und er verschwendet sie dennoch systematisch an Unwichtigem. Nicht nur, daß so viele verschiedene Schriften existieren, es kommt noch hinzu, daß in Ländern, in denen seltene Schriften verwendet werden, einerseits die Lateinschrift erlernt und verwendet werden muß, andererseits die eigene nicht aufgegeben wird. In all diesen Ländern muß ein gebildeter Mensch die Landesschrift und die Lateinschrift beherrschen, da sie weltweit verwendet wird. Trotzdem wird krampfhaft an der eigenen Schrift festgehalten, und alle Einwohner, die eine höhere Bildung anstreben, werden gezwungen, ihre Lernkapazität für das Erlernen von zwei Schriften zu vergeuden.

Trotz der eindeutig vernünftigeren Buchstabenschrift hält der Mensch an alten Formen fest, in denen kompliziert ganze Silben und noch komplizierter ganze Worte mit einzelnen Zeichen dargestellt werden. Während in der japanischen Silbenschrift anstatt der 26 Buchstaben ca. 50 verschiedene, komplizierte Silbenzeichen verwendet werden, muß ein gebildeter Chinese von den 50.000 Wortzeichen seiner Schrift zumindest mehrere tausend beherrschen. Es erübrigt sich die Feststellung, wieviel Lernenergie aufgewendet werden muß, um diese komplizierten Schriften zu beherrschen.

Nicht einmal über die primitivsten Regeln konnten sich die Menschen einigen. Sogar die Richtung, in der eine Schrift geschrieben wird, ist nicht einheitlich. Es wird von links nach rechts und von rechts nach links in Zeilen geschrieben, aber auch in Spalten von oben nach unten, diese Spalten wieder von links nach rechts oder von rechts nach links. In China und Japan wurde teilweise, unter Beibehaltung der eigenen Schrift, von der spaltenweisen Schreibung auf eine zeilenweise umgestellt, so daß nun zur erhöhten Freude und Verwirrung beide Formen nebeneinander existieren.

Eine klare und relativ regelmäßige Sprache, die noch dazu eine Buchstabenschrift verwendet, wie das Englische, schafft sich Probleme anderer Art. Es werden dort sogar wichtige Selbstlaute, Hauptbausteine einer Sprache, vollkommen falsch geschrieben. Ein „i" wird häufig als „e" wiedergegeben. Es ist vollkommen unverständlich, warum das „e" in „get" auch als solches geschrieben wird, das „i" in „feel" als „e", das „e" in „man" aber als „a" und vieles mehr. Es muß praktisch jede Schreibweise einzeln auswendig gelernt werden, da die Verwendung eines Buchstaben vollkommen willkürlich erfolgt, ohne auf seine normale Aussprache zu achten.

Keine Sprache hält sich in ihrer Aussprache an die verwendete Schrift. Alle setzen sich darüber willkürlich hinweg. Um festzuhalten, wie ein Wort tatsächlich ausgesprochen wird, war der Mensch gezwungen, eine eigene Spezialschrift zu erfinden. In den Wörterbüchern werden somit alle Wörter außer in der normalen Schreibweise zusätzlich in der sogenannten Lautschrift wiedergegeben. Zur Komplettierung des Schrift- und Sprachenwahnsinns beherrschen nur ganz wenige Menschen diese Lautschrift. Als einzige Schrift, die alle Wörter so wiedergibt, wie sie gesprochen werden, wird sie außer als Zweitschrift in Wörterbüchern unverständlicherweise nirgends verwendet.

Da in den Buchstabenschriften jeder Buchstabe klein oder groß geschrieben werden kann, war nach all dem anzunehmen, daß auch diese Chance von den Menschen für weiteren Regelwahnsinn penibel genutzt wurde. Bei der näheren Erforschung konnte dies auch tatsächlich bestätigt werden. Von gänzlich einfachen Regeln, bei denen nur der Buchstabe des ersten Wortes in einem Satz groß geschrieben wird, bis zu den kompliziertesten Varianten, bei denen fast jedes dritte Wort groß geschrieben wird, ist alles anzutreffen. Die Regeln für diese häufige Großschreibung sind in den Grenzfällen so kompliziert, daß es spezielle Diktate gibt, die beweisen, daß praktisch niemand fehlerfrei schreiben kann. Zusätzlich werden diese Regeln durch die schon erwähnten Kommissionen in unregelmäßigen Abständen abgeändert, um auch noch jene zu verunsichern, die die Rechtschreibregeln zumindest zu einem hohen Prozentsatz beherrschen.

Alle die willkürlichen und dem steten Wandel unterworfenen Sprachregeln müssen von den Menschenkindern mühsam erlernt werden. Anstatt frühzeitig mit den wichtigen Dingen des Lebens in den Schulen zu beginnen, werden die Schüler jahrelang hauptsächlich mit dieser Unzahl von unsinnigen Regeln gequält.

Nach vier Jahren Grundschule, in denen außer der Schrift nur bescheidene Ansätze in anderen Gegenständen vermittelt werden, können die Schüler noch lange nicht alle Regeln, sie schreiben daher ihre Muttersprache mit vielen Fehlern. Durch weiteres Erlernen und Einüben der Regeln sind diese Schüler erst nach acht bis zwölf Schuljahren in der Lage, halbwegs fehlerfrei ihre Gedanken zu Papier zu bringen - eine als unfaßbar zu bezeichnende Vergeudung von Lernenergie, die nur durch willkürliche, sinnlose Regeln verursacht wird. Und zu all dem kommt noch, daß niemand wirklich fehlerfrei schreibt, so kompliziert und vielfältig sind diese Regeln.

Da viele Menschen zwei Sprachen erlernen müssen, verdoppelt sich dieser gesammelte Unsinn ebenfalls zur Gänze. In dieser zweiten Sprache ergeht es dem Menschen dann noch jämmerlicher. Da er schon in seiner Muttersprache niemals alle Regeln zu hundert Prozent beherrscht, kann es in der Zweitsprache nur weniger sein.

Der Umgang des Menschen mit diesem Chaos an Sprachen und Schriften ist durchgehend hilflos und töricht. Er versucht nicht, dem Dilemma mit den tausenden Sprachen und abertausenden Dialekten inklusive der ständigen Wandlungen ein Ende zu bereiten, sondern er begnügt sich damit, die bestehenden Sprachen zu zerlegen und Regeln aus ihnen abzuleiten. Dabei muß sich der Mensch noch damit abfinden, daß die Teile einer Sprache, die häufig gebraucht werden, meist gegen jede Regel verstoßen. So sind zum Beispiel nur die unwichtigen Zeitwörter nach einer Regel abzuwandeln, alle häufig gebrauchten sind unregelmäßig. Das heißt, die Regel bestimmt die seltenen und daher weniger wichtigen Wörter, die häufigen halten sich an keine Regel und müssen stur auswendig gelernt werden.

Gänzlich kurios wird das Verhalten der Menschen, wenn in einem Staat neben einer mehrheitlich gesprochenen Sprache noch Minderheitssprachen bestehen. Die Mehrheit versucht dann stets, die Minderheiten zu assimilieren. Die kleinen Sprachgruppen müssen in den Schulen die Mehrheitssprache erlernen, Zeitschriften, Gesetze und Bücher werden meist nur in dieser Sprache geschrieben. Insgesamt gesehen bedeutet dies einen Schritt in die Richtung, daß wenigstens in einem Lande alle Menschen die gleiche Sprache sprechen und somit einander verstehen.

Die kleinen Sprachgruppen scheinen diese sinnvolle Zielsetzung jedoch in keiner Weise zu verstehen. Sie wehren sich heftig dagegen. Sogar wilde Auseinandersetzungen und regelrechte Kriege finden statt, um nur ja die Existenz dieser kleinen Sprachgruppen zu erhalten. Am Ende dieser Auseinandersetzungen findet man in Diktaturen die totale Unterdrückung der Minderheit bis zur Verfolgung, Umsiedlung oder gar Ausrottung.

In friedlichen Demokratien wird die sinnlose und hemmende Vielfalt zum Gesetz. Die Minderheiten werden geschützt, es werden eigene Schulen für sie eingerichtet und alles getan, was die Erhaltung der Sprachminderheit begünstigt. Somit wird in keiner Weise auf eine Vereinheitlichung hingearbeitet, sondern im Gegenteil auf die Erhaltung des nicht erhaltenswerten Zustandes der tausend Sprachen und der erschwerten gegenseitigen Verständigung, verbunden mit grenzenloser Vergeudung der Lernkapazität der Menschen.

Bei internationalen Kongressen und Tagungen zeigt sich die Größe des Elends der allgemeinen Sprachverwirrung. Zuerst wird gestritten, welche Sprachen als offizielle zugelassen werden. Nach Beendigung dieses nationalen Gemetzels steht fest, wie viele „Übersetzersklaven" benötigt werden, um alle Reden in die diversen Sprachen zu transferieren, sofort an Ort und Stelle für die mit Kopfhörern bewaffneten Zuhörer und später schriftlich zum Nachlesen. Unbeirrt davon beginnt der nächste Kongreß mit demselben Ritual.

Der Mensch selbst bezeichnet das totale Chaos als 'Babylonische Sprachverwirrung', wobei er dies schon vor Jahrtausenden erkannte und in Büchern niederschrieb. Schon damals empfand er diesen absurden Zustand als Unglück und beschrieb es als göttliche Strafe. Und unbeirrt vergrößerte er Jahrtausende lang das Dilemma und tut dies noch ständig weiter.

In seiner Forschung beschränkt sich der Mensch auf die Erkundung der Sprachen ohne jeden Versuch, ihre verrückte Systematik einer Verbesserung zuzuführen. Er wendet für die Faktoren Deutlichkeit, Wohlklang, Präzision und Ausdrucksmöglichkeit keine Mühe in seinen Forschungen auf. Seine ganze Begeisterung gilt der Erforschung des Vorhandenen und den Versuchen, eine Unmenge von Regeln festzuhalten, von denen er dann mit kindlicher Freude alle Ausnahmen und Abweichungen notiert.

Eine Forschung, was zu tun sei, um die Sprachverwirrung selbst zu überwinden, ist nur in minimalen Ansätzen erkennbar. Es existiert nicht einmal eine Erhebung, welche der vorhandenen Sprachen an welcher Stelle Vorteile und Nachteile gegenüber anderen aufweist. Hätte der Mensch eine Möglichkeit, sich auf eine

Sprache zu beschränken, er wüßte aufgrund seiner einseitigen Forschung nicht einmal, welche Sprache dafür die geeignetste wäre.

Erkenntnisse, die in die Zukunft weisen, die den Weg zu einer für alle Menschen verständlichen Sprache und Schrift zeigen, fehlen fast zur Gänze. Obwohl der Mensch diese Babylonische Sprachverwirrung seit Jahrtausenden als Unglück erkannte, hat er praktisch nichts dagegen unternommen.

Abgesehen von einigen Versuchen mit der Kunstsprache Esperanto, die auf die gesamte Menschheit bezogen in einem äußerst geringen Umfang durchgeführt wurden, betrieb der Mensch nur das Gegenteil. Nicht der Weg zu einer gemeinsamen Sprache, zur Förderung einer alles dominierenden Weltsprache wurde beschritten, sondern die Unterschiedlichkeit wird gefördert, mit Gesetzen, Schutzbestimmungen und eigenen Schulen. Alle müssen durch die Tretmühle der unzähligen Regeln, wer sich dem entziehen will und nicht rechtschreiben kann, gilt als dumm und ungebildet.

Zu erkennen, daß dieser Zustand eine wesentliche Behinderung in der gegenseitigen Verständigung der Menschen darstellt, und dennoch nichts dagegen zu unternehmen, sondern vielmehr noch dieses Chaos zu fördern, zeugt von grenzenloser Dummheit.

Das Erlernen von Sprache, Schrift und Rechtschreibregeln bindet, wie vorhin beschrieben, eine große Menge an Lernenergie. Womöglich ist diese Verschwendung des Geistes an Unnützem eine der Hauptursachen dafür, daß der Mensch noch keine wirkliche Intelligenz entwickeln konnte.

ÖFFENTLICHE GEILHEIT

Ein echter Esel ist zwar immun dagegen, aber so manches Tier hat Freude daran, sich vor anderen zu produzieren. All jene, die das für nötig halten, tun dies jedoch zu einem bestimmten Zweck. Entweder wollen sie zwecks Paarung einen Artgenossen beeindrucken, oder es handelt sich um Drohgebärden, die andere einschüchtern sollen.

Von all den Tieren hat der Mensch auf diesem Gebiet eine klar erkennbare zusätzliche Triebsteuerung. Neben dem Sexual- und Nahrungstrieb ist bei den Menschen dieser zusätzliche, der Öffentlichkeitstrieb, am stärksten. Öffentlich von einer möglichst großen Menge bewundert und verehrt zu werden, scheint eine der größten Befriedigungen zu sein, die dem Menschen beschert ist. In seiner Urzeit war die häufigste Befriedigungsform dieses Triebes das Halten öffentlicher Reden.

Nach der Erfindung des Buchdruckes ergab sich eine neue Form des Auftrittes in der Öffentlichkeit, die Meister des geschriebenen Wortes liefen den großen Rednern den Rang ab. Ein Redner konnte sich nur vor einer beschränkten Zuhörerzahl produzieren, ein Dichter erreichte Tausende bis Millionen. Zum Unglück der Großmäuler ist für das Schreiben von Büchern Fleiß, Ideenreichtum und Bildung erforderlich, Eigenschaften über die sie in vielen Fällen nicht verfügen.

Die Erfindung des Rundfunks stellte die alte Ordnung wieder her. Für begabte Redner, auch solche ohne Bildung, Ideen und Augenmaß war es wieder möglich, die Massen zu begeistern. Im Einzelfall gelang es einem Redner von genau dieser Sorte, die ganze Welt in einen Krieg zu treiben, der die größte Anzahl an Toten forderte, die es jemals gab.

Dann wurde das Fernsehen erfunden, die eitlen Redner und Politiker konnten außer ihre Reden auch noch das geschminkte Äußere auf ihre Zuhörer wirken lassen, die Gier nach dieser Art von Triebbefriedigung erfaßte weite Bevölkerungsschichten. Zumindest in Rätselspielen und Talkshows können sogar jene auftreten, die nicht einmal Reden schwingen können, sondern nur über den Mangel an Bildung und Niveau verfügen.

In den modernen Ländern behandelt der Mensch alles, was ihn bewegt und für ihn interessant erscheint, in Zeitungen, im Rundfunk und Fernsehen. In diesen sogenannten „Medien" werden alle Ereignisse berichtet, auch solche, die gar keine sind. Oft geschieht dies in einer Tatsachen beschreibenden Form, meistens aber vollkommen frei und unabhängig von den tatsächlichen Ereignissen.

Die Berichte werden in jede beliebige Richtung entstellt und mit meinungsmachenden Kommentaren versehen. In diesen Kommentaren werden die sogenannten Meinungstrends wiedergegeben, die sich peinlich vor jeder Objektivität hüten. Diese Meinungstrends beeinflussen die Massen, und nach fruchtbringender Wirkung steuern die Massen die neuen Meinungstrends, mit denen alle weiteren Ereignisse von den Tatsachen wegkommentiert werden.

In den Massenmedien vorzukommen, bedeutet für den einzelnen Menschen das höchste Glücksgefühl. Keine Lächerlichkeit scheint zu minder, wenn nur ein öffentlicher Auftritt damit verbunden ist. Vom einfachen Menschen über Politiker und Künstler bis zum Wissenschafter scheinen alle von einer regelrechten Auftritts- und Publikationsgier befallen zu sein.

Ursprünglich waren die Journalisten, Reporter und Kommentatoren der Zeitungen, der ersten wirklichen Massenmedien, von einem echten Sendungsbewußtsein erfaßt, zumindest in ihrer Selbstdarstellung. Das Aufzeigen von Ungerechtigkeiten und lobenswerten Taten, das Eintreten für die Schwachen, für Freiheit und gegen Unterdrückung galt als hohes Ziel. In den Zeitschriften wurde vor Gefahren gewarnt und versucht, auf eine positive Gesellschaftsentwicklung Einfluß zu nehmen. Über all dem galt die unbedingte Regel der totalen Wahrheit, nur diese durfte wiedergegeben werden.

In der Praxis findet dies alles natürlich nicht statt. Es regieren Eitelkeit, Feigheit, Selbstsucht und grenzenlose Gier nach Anerkennung in der Öffentlichkeit. Dafür wird jeder denkbare Preis der Selbstverleugnung bezahlt. Viele Journalisten spezialisieren sich auf gefällige Berichte über die Mächtigen, auf das Wiedergeben von deren Meinungen und kommentieren haargenau, warum deren Wirken so bewundernswert und richtig ist. In Zeiten der Unterdrückung steigert sich diese einzigartige Form von Wahrheitsberichten ins Unermeßliche, die wenigen Journalisten, die versuchen, für Freiheit und Gerechtigkeit einzutreten, werden zensuriert, eingeschüchtert, verfolgt, wenn möglich vernichtet.

Das Aufzeigen von Ungerechtigkeiten erfolgt nicht nach ihrer Größe und Bedeutung sondern wird auf ihre Publikumswirksamkeit hin beurteilt und dementsprechend ausgearbeitet. Einer extremen Ungerechtigkeit, die auf wenig Publikumswirksamkeit hoffen läßt, wird nur ein kleinformatiger Bericht gewidmet. Über eine von ihrer Bedeutung her durchaus mittelmäßige, jedoch populäre Ungerechtigkeit, wird umfangreich berichtet. Warnungen, die trotz ihrer Berechtigung niemand hören will, unterbleiben, gern gehörte Gefahrenberichte werden häufig geschrieben, auch wenn sie lächerlich Unbedeutendes behandeln.

In vielen Fällen hängt eine positive Berichterstattung stark von der Behandlung des zuständigen Journalisten ab. Wenn er hofiert wird und ihm eine deutliche Sonderbehandlung als sehr wichtigem Menschen zuteil wird, so ist dies in seinen Berichten ebenso positiv zu erkennen. Politiker, Organisationen und Firmen haben eigens dafür ausgebildete Spezialisten, die sogenannten P.R.-Leute, denen die Aufgabe zufällt, Reporter und Redakteure zu verwöhnen, sie mit besten Speisen vollzustopfen und mit erlesenen Weinen vollrinnen zu lassen, um eine positive Berichterstattung in den Medien zu gewährleisten und, wenn möglich, auch Lügen zu Wahrheiten zurechtzubiegen.

Trotz oft hoher Bildung der Redakteure kann nicht übersehen werden, daß in den Berichten die Sachkenntnis häufig zu kurz kommt. Viele Details stimmen aufgrund extremer Oberflächlichkeit nicht. Zum Teil ist die Ursache dafür auch darin zu suchen, daß hohes Tempo wichtiger ist als Genauigkeit und wahrhafte Berichterstattung. Gepaart mit ausgeprägter Schlamperei kann davon gesprochen werden, daß praktisch alle Nachrichten, Meldungen und auch angeblich genau recherchierte Berichte über weite Strecken schlichtweg falsch sind. Offenbar scheint es für die Menschen wichtiger zu sein, schnell und falsch als langsamer und richtig informiert zu werden.

Unübersehbar ist in der gesamten Medienberichterstattung ein deutlicher Hang zum Negativen. Ein Politiker, der über die eigenen Parteifreunde schimpft, hat ungemein größere Chancen, in den Medien Widerhall zu finden, als der, der seine Freunde lobt. Lob gilt allgemein als fad und nicht besonders berichtenswert, außer in den schon erwähnten gelenkten Medien, die sich in großer Verehrung der Mächtigen ergehen.

Noch breiteren Raum in der Berichterstattung nehmen Kriminaldelikte ein. Je triebhafter und schrecklicher die Tat, desto mehr und länger wird berichtet und entsprechend freudig bis genüßlich gelesen. Eine sehr hohe Wertigkeit nehmen Sexualdelikte ein, da über sie eindeutig am detailliertesten berichtet wird. Zum freudigen Lesen gesellt sich ergreifender Schauer. Massenmorde oder gar Sexualmassenmorde scheinen die absolute Höchstbewertung in der Wichtigkeit der Medienberichterstattung darzustellen, gefolgt von kriegerischen Ereignissen und Greueltaten.

Die Bevorzugung des Schlechten in den Medien hat System und ist den Menschen deutlich bewußt. Junge Journalisten werden nach dem Lehrsatz ausgebildet: Nur schlechte Nachrichten sind gute Nachrichten. Je ungewöhnlicher und absurder, desto erfolgreicher wird ein Bericht. Jeder Redakteur kennt aus seiner Grundausbildung das Beispiel, daß die Meldung „Hund beißt Mann" keinerlei besonderen Wert aufweist, daß jedoch die

Meldung „Mann beißt Hund" durchaus erfolgreich verwertet werden kann, auch wenn sie nicht stimmt und auf einem Hörfehler beruht.

Künstler sind darauf angewiesen, in den Medien präsent zu sein. Entsprechend den vorhin erwähnten Regeln ist häufige Medienpräsenz nicht durch Kunst und künstlerische Werke alleine zu erreichen. Es sind medienwirksame Aktionen gefordert. Abgesehen vom Hofieren und Verwöhnen der Redakteure lassen sich die Künstler ungemein vieles einfallen. Der eine trägt Mäuse auf den Schultern, andere kleiden sich auf die skurrilste Art und veranstalten die wildesten Auftritte.

Zwar nicht direkt auf die gleiche Weise, jedoch mit artverwandter Technik versuchen die Politiker, ständig in den Medien präsent zu sein. Über wen täglich berichtet wird, der gilt als tüchtig und fleißig, wer still und leise tatsächlich arbeitet, kann niemanden von seiner Tüchtigkeit überzeugen. Ein erfolgreicher Politiker ist ständig in den Medien präsent und arbeitet im Idealfall überhaupt an nichts, denn wer arbeitet, macht Fehler und genau das kann zum Verhängnis werden.

Ein Politiker, der so die Gesetze der Medien beherrscht, gilt als tüchtig und erfolgreich. Unabhängig von den wirklichen Befähigungen kann so der Ruf eines ausgezeichneten Politikers und Fachmannes erworben werden, ohne daß dies durch irgendwelche tatsächlich vorhandene Fähigkeiten begründbar ist. Sehr wohl wird als Leitlinie ihrer Tätigkeit von den Politikern das Wohle des Staates und von ihren Haus- und Hofberichterstattern die wahrheitsgemäße Information des Volkes angeführt.

Ähnlich den Künstlern und Politikern suchen auch die Wissenschafter Ruhm und Anerkennung über die Medien. Auch bei ihnen zählt nicht stille und erfolgreiche Forschung, sondern das häufige Auftreten und Publizieren in den Medien. Wirksame Aussagen und sensationelle Prognosen zählen, auch wenn sie unbewiesen und wissenschaftlich nicht gesichert sind. Wichtig scheint nur zu sein, wie ungewöhnlich und sensationell die wissenschaftliche Aussage ist, ihr Wahrheitsgehalt gilt als vollkommen nebensächlich. Forschungen, die gängige Meinungstrends bestärken, sind wesentlich beliebter als solche, die unbeliebtes bestätigen. Wissenschaftliche Aussagen, die Schulweisheiten auf den Kopf stellen und als unwahr enthüllen, sind besonders beliebt, diese dürfen sogar vollkommen falsch sein.

Wer von den Wissenschaftern die Technik der Journalistenbeeinflussung und die Gesetze der Medienwirksamkeit beherrscht, gilt als großer Geist und wird berühmt. Wer Großes entdeckt und erarbeitet, jedoch dies nicht wirksam in die Medien bringt, bleibt unbedeutend und unbekannt. Auf diese Weise gelangen oft echte Scharlatane zu großem Ansehen und Reichtum, obwohl sie sich nur als Kopisten und Nachahmer von jenen betätigen, die tatsächlich die Wissenschaft weiterbringen. Selbstverständlich wird auch hier kein Zweifel daran gelassen, daß es sowohl den Redakteuren als auch den Wissenschaftern nur um die reine Wissenschaft und deren effektive, wahrheitsgemäße Verbreitung geht.

Von all den Gruppen, die in voller Geilheit um Präsenz in den Medien buhlen, sind jene, die am geringsten geachtet werden, wohl die ehrlichsten, die Sänger und Gaukler. Sie bemühen keine großen ethischen Werte, sie geben zu, einfach unterhalten und daran verdienen zu wollen. Häufiges Auftreten in den Medien ist beruflicher Erfolg und wird durch keinerlei andere Werte scheinbegründet. In gewissem Sinne wird ihre systemwidrige Ehrlichkeit auch belohnt. Sie sind letztendlich die einzigen, die für ihre Auftritte regelmäßig bezahlt werden, manche unter ihnen sehr gut. Bei den mediengeilen Politikern und Wissenschaftern ist dies nur selten der Fall, es gibt dort auch Fälle, in denen sogar umgekehrte Geldflüsse erfolgen.

Die Ursachen für das idealistische Bild von der Tätigkeit der Journalisten sind in der Entwicklung der Menschen klar erkennbar. Sie sind in dem Wunsch zu suchen, abgesehen von Regierung und Religion eine unabhängige Instanz zu schaffen, die Recht, Wahrheit und Moral sichert. Zu oft versuchen mächtige Politiker und Wirtschaftsbosse, weit abseits dieser Begriffe zu agieren. Ein unabhängiger Journalismus, der nur der Öffentlichkeit verpflichtet ist, soll ein Regulativ für Mächtige darstellen und diese in die Schranken weisen.

Die traurige Wirklichkeit der Medienarbeit sieht anders aus. Nicht der Kampf um die Wahrheit sondern die Auflagenzahl der Blätter, die Beliebtheit einer Sendung entscheidet. Kluge und anspruchsvolle Zeitungen gehen an Erfolglosigkeit zugrunde, wissenschaftliche Sendungen im Fernsehen haben Zuschauermangel, Sensationshascherei ist erfolgreich. Geile Bilder, wilde Vermutungen und Anklagen sind beliebt, echte Ungerechtigkeiten werden lau bekämpft. In publikumswirksamen Artikeln gebrauchte Unwahrheiten und unrichtige Beschuldigungen werden von den Betroffenen mittels Anzeigen und gerichtlich erwirkter Strafen und Entgegnungen bekämpft. Bei starken Auflagensteigerungen sind kleine Strafen und Entgegnungen jedoch kein Grund zum Abgehen vom Weg des Erfolges.

Die endgültige Verblödung des Menschen durch Medien erfolgt in Diktaturen. Obwohl jeder weiß, daß alles zensuriert wird, daß nur regierungskonforme Meinungen verbreitet werden dürfen, wirken Nachrichten letztlich genauso wie die einer freien Presse. Da die Berichterstattung über Kriminalfälle verboten ist, vermeinen viele Menschen, tatsächlich in einer Gesellschaft mit geringster Kriminalität zu leben. Dieser methodische Stumpfsinn bleibt in den Gehirnen der Menschen haften. Sogar spätere Generationen sprechen davon, daß es sich zwar um eine schreckliche Diktatur gehandelt hat, daß aber die Kriminalität auf ein Minimum reduziert wurde. Die Tatsache, daß auch nicht über die Massenmorde des Regimes berichtet wurde, beeinflußt die Meinung dieser Menschen nicht.

In Demokratien hingegen ist allgemein bekannt, daß mit genügend Geld jede positive Berichterstattung erkauft werden kann. Dennoch wird eine Wirkung erzielt, die diese Tatsache negiert. Von den Medien geförderte Personen gelten als bewundernswert, tüchtig und ehrbar, als gäbe es nur die Möglichkeit, sich dieses Image rechtens zu erarbeiten.

In manchen Fällen treiben es die Medienhelden zu weit und geraten in echte Turbulenzen. Sie verstricken sich in Gerichtsverfahren und werden von den Behörden verfolgt. Die stereotype Anfangsreaktion der Medien verläuft immer nach dem gleichen Muster: Zuerst wird behauptet, die Behörden seien bestochen, Neider und Feinde seien für die Probleme des beliebten Helden verantwortlich, der Staat sei deren willfähriger Scherge. Endet der Medienliebling im Gefängnis, so wird zumindest von einem unklaren Fall berichtet, um es niemals wahrhaben zu müssen, daß man einem Scharlatan aufgesessen ist, dem man letztendlich zu Unrecht zu seinem Ruhm verholfen hat.

Aufgrund der Geilheit aller Menschen, ständig in den Medien aufzutreten, und der Beeinflußbarkeit der Massen durch die Medien, scheint die wahre Macht im Staat durch die Medien repräsentiert zu werden. Dieser Tatsache Rechnung tragend, versuchen auch Putschisten stets, sofort die Fernseh- und Rundfunkzentralen zu erobern. Wer diese Zentren steuert, der verfügt über die Macht im Staate.

Der Mensch untersucht den Problemkreis Medien sehr intensiv, beschränkt sich jedoch auf die Entwicklung und Erforschung von Technik, Geschwindigkeit und der Kosten. Es wird angestrebt, noch schneller zu berichten, im Idealfall alles in Form von Lifeberichten direkt aus dem Geschehen, sogar mitten im Krieg. Mittels Satelliten werden Telefonate und Bilder weltumspannend in kürzester Zeit weitergeleitet. Eine ausgeprägte Forschung erfindet stets Verbesserungen auf technischem Gebiet. Wie die Wahrheit in den Medien gefördert werden kann, darüber findet praktisch keine Forschung statt.

Der Mensch hat die Wichtigkeit der Medien und ihre unerschöpflichen Möglichkeiten völlig erkannt. Er hat auch erkannt, daß es mittels der Medien möglich ist, die Menschheit rascher in ihrer Entwicklung voranzubringen, daß dadurch die Bildung der Menschen erhöht werden kann, daß Zusammenhänge verständlich werden, um in Demokratien die richtigen Politiker zu wählen, sowie daß die allgemeinen Moralbegriffe gestärkt und weiterentwickelt werden können.

Der Mensch hat aber ebenso erkannt, daß dies alles nicht geschieht. Er weiß, daß die Medien weitgehend nur mehr Sensationen suchen, vorwiegend negative, und er weiß auch, daß die Medienleute über keinerlei Berufsethos verfügen. Der Mensch hat erkannt, daß Lobbyismus, Bestechlichkeit und Sensationsgier die Medien beherrschen, daß geile Bilder, Mordgeschichten und Kriegsberichte weitaus mehr Platz finden als Bildung und Moral.

Trotz dieser Erkenntnis unternimmt er nichts dagegen, sondern fördert dieses üble Treiben. Wenn sich eine Zeitung positiv von diesen Trends abhebt, so ist ihr finanzieller Ruin vorprogrammiert. Die Hitparaden der erfolgreichsten TV-Sendungen gleichen einer Olympiade der Primitivität, die dümmsten Sendungen verzeichnen die höchsten Einschaltquoten.

Wenn der Mensch über wirkliche Intelligenz verfügte, so würde er die Möglichkeiten der Medien zur eigenen Weiterentwicklung nutzen. Er würde sie so steuern, daß sie nicht in Sensationshascherei verkommen oder sich im Vorverurteilen und Skandalisieren ergehen. Er würde das wertvolle Instrument des Fernsehens nicht verkommen lassen, verkommen zu einem Hort der Schunkel- und Plaudersendungen, kurzfristig unterbrochen von dümmlichen Rätsel- und Ratesendungen oder noch dümmeren Kriminalserien.

Wer Massenmedien auf so hohem Niveau entwickelt und sie für so niedere Zwecke mißbraucht, der kann nicht über Intelligenz verfügen.

KOLLEKTIVER SELBSTMORD

Da die friedfertigen und ausgeglichenen Esel die Weltherrschaft nie angestrebt haben, bleibt die Frage unbeantwortet, ob sie alles richtig gemacht hätten oder zumindest besser als die Menschen. Aufgrund des Unterschiedes in den geistigen Fähigkeiten, wäre dies zumindest wahrscheinlich.

Der Mensch jedenfalls scheint seine totale Unfähigkeit, die Welt zu regieren, erkannt zu haben. Anstatt seine Vormachtstellung abzugeben, beschloß er jedoch offenbar, sich selbst auszurotten. Die Menschen lebten Jahrtausende hindurch in und mit ihrer Umwelt im Einklang. Erst im Verlaufe der Entwicklung bestimmter Fähigkeiten und Techniken begann der Mensch, nicht mehr *mit* seiner Umwelt zu leben, sondern auch zunehmend *gegen* sie. Er begann Wälder zu roden, Äcker anzulegen und Abfälle in größerem Ausmaße zu produzieren. Er rottete Tiere aus und versucht dies nun an sich selbst. Die Hoffnung, dies mit seinen Kriegen zu bewerkstelligen, hat er anscheinend aufgegeben.

Im Zuge der fortschreitenden Industrialisierung steigert der Mensch sein Zerstörungswerk auf ein respektables Tempo. Ein Teil der Menschen wehrt sich dagegen, erkennt die Gefahr dieser fortschreitenden Zerstörung, die Gefahr, daß durch Profitstreben und Unwissenheit sich der Mensch die Lebensgrundlage selbst entzieht. Dieser Teil der Menschen versucht verzweifelt und oft auch mit untauglichen Mitteln, die anderen auf dieses Dilemma aufmerksam zu machen, der ständig wachsenden Zerstörung Einhalt zu gebieten und den langsamen, sich jedoch ständig beschleunigenden Selbstmord zu beenden.

In der kleinsten Gruppierung formieren sich diese Menschen in sogenannten Bürgerinitiativen und bekämpfen mit allen Mitteln ein Vorhaben in ihrer unmittelbaren Umgebung. Da auch diese Menschen nur über bescheidene Geistesfähigkeit verfügen, gehen sie ohne Klugheit ans Werk. Sie führen meist einen Kampf gegen ein lächerliches Detail, nie gegen die Zerstörungsstrategie selbst.

Es wird nicht das verfehlte und umweltzerstörende Verkehrskonzept an sich bekämpft, sondern der Bau eines bestimmten Stückes Autobahn, einer neuen Brücke oder Straße.

Es wird nicht der Wahnsinn der ungehemmten Müllproduktion selbst attakiert, sondern die Neuanlage einer speziellen Mülldeponie, einer neuen Kläranlage oder einer Entsorgungseinrichtung. Es wird nicht die Energieverschwendung angegriffen, sondern der Bau eines neuen Kraftwerkes, und dies auch dann, wenn dadurch ein altes, umweltschädlicheres stillgelegt werden könnte. Durch den Kampf gegen Sondermülldeponien ist sichergestellt, daß Giftabfälle heimlich an Stellen abgelagert werden, an denen größtmöglicher Schaden angerichtet wird.

Kennzeichnend für den Kampf dieser Bürgerinitiativen ist es, daß ihre Gegner politische Parteien und Organe des Staates sind. Diese werden zum perfekten Feindbild, und als absurde Weiterentwicklung mutieren die Bürgerinitiativen letztendlich selbst zu Parteien. Sie schließen sich zusammen, treten bei Wahlen an und erringen Mandate.

Anfangs gilt der Umweltschutz als Parteiprogramm, dazu gesellt sich bald der Kampf für den Frieden in der Welt, der Schutz der Behinderten und Minderheiten und, kurz gesagt, alles Edle und Gute. Zu den anfänglich gültigen, nutzlosen Regeln, die verhindern sollen, daß die eigene Bewegung zum Feindbild „Politische Partei" mutiert, zählt meist, daß sich die Mandatare verpflichten, in der Hälfte der Legislaturperiode zurückzutreten und anderen Platz zu machen. Personenkult gilt als verpönt, parteiähnliche Organisationsformen werden vermieden, zumindest eifrig geleugnet.

Trotz all dieser Versuche ist die Parteiwerdung schicksalhaft vorausbestimmt. Der Personenkult entsteht unweigerlich, Führernaturen werden gebeten, die politische Bühne nicht zu verlassen, die parteigewordene Bewegung ringt um politische Funktionen wie alle anderen Parteien. Ebenso wie bei allen anderen Parteien wird jeder tagespolitische Krimskrams übernommen und zu allem Stellung bezogen.

Der eigentliche Urzweck, das Wachrütteln der Menschen, ihrem kollektiven Selbstmord Einhalt zu gebieten, verfällt zum unwichtigen Teilgebiet. Ein Unterschied zu den anderen Parteien ist nur noch vom vertretenen Programm her feststellbar, nicht mehr von der Art des Auftrittes, von der Wahlwerbung, dem Postenschacher und der Mediengeilheit. Nachdem sie nichts selbst gestalten, nicht für sondern immer gegen etwas auftreten und die Kritik schlichtweg der Inhalt ihrer Politik ist, wird ihnen von den Medien breiter Raum gewidmet.

Das Hauptanliegen dieser Alternativ- und Grünparteien wird von den Menschen im Grunde allgemein anerkannt. Niemand zweifelt ernstlich daran, daß eine Wende erforderlich ist, daß der langsame Selbstmord durch Umweltzerstörung droht und beendet werden sollte.

Da aber Geltungssucht und Mediengeilheit wichtiger als eine geradlinige Politik sind, so verstehen es die Grünparteien auch nicht, ihr Hauptanliegen der gesamten Bevölkerung verständlich zu machen, beziehungsweise sich auf dieses Hauptanliegen zu konzentrieren und zu beschränken. Sie führen einen generellen Kampf gegen sämtliche Großindustrien und gegen alle Großprojekte, ohne jeden Unterschied.

Die tiefe Überzeugung der alternativen Politiker von der unantastbaren Richtigkeit ihrer Ansichten läßt kein Verständnis für die Reaktionen der Mehrheit zu. Ein nahezu religiöser Wahn zur Pflichterfüllung läßt sie ihre Ideen weiterverfolgen, unbeschadet der allgemeinen Ablehnung und der daraus resultierenden Erfolglosigkeit. Je aussichtsloser ihr Kampf, desto mehr fühlen sie sich als Märtyrer für ihren Glauben. Sie riskieren Gesundheit, Ächtung und Gefängnis, wie ihre Vorbilder.

Kritik an ihren Ansichten und Handlungen wird mit dem gleichen Unverständnis zurückgewiesen, wie Zweifel an den Fundamenten einer Religion. In vielen Fällen wird eine unnötige Gegnerschaft erweckt, die den Erfolg der richtigen Anliegen verhindert. Die angegriffenen Großindustrien und Arbeiterorganisationen gehen in Verteidigungsstellung und bekämpfen die grünen Angreifer, anstatt die fortschreitende Verwüstung des Planeten mit dem Endzustand der Unbewohnbarkeit.

Im Kabarett, der einzigen Kunstform menschlicher Selbsterkenntnis, liefern die Menschen den Beweis für das Erkennen der Gefahr und ihrer gleichzeitigen Ablehnung fanatischer Heilsbringer mit dem Satz: „Hängt die Grünen, solange es noch Bäume gibt".

In den fortgeschrittenen Industriestaaten täuschen alle den Kampf gegen den kollektiven Selbstmord vor und fordern, daß die Zerstörung der Umwelt sofort gestoppt werden muß. Unberührt von dieser scheinheiligen Forderung bleiben sie beim Gegenteil. Sie streuen tonnenweise Kunstdünger auf ihre Felder, bis in weiten Landstrichen das Grundwasser für den Menschen nicht mehr genießbar ist.

Mittels gefährlicher Gifte vertreiben sie schädliche Insekten, um ihre Ernteerträge zu erhöhen. Dabei verlieren viele andere Tiere ihre Ernährungsbasis und sterben aus. Bei diesen Tieren handelt es sich häufig um ausgesprochen nützliche Tiere, deren Fehlen mit neuen Giftsorten ersetzt werden muß. In diesem teuflischen Kreislauf wird nicht nur das Grundwasser sondern der Boden als Ganzes nachhaltig vergiftet. Letztendlich vergiften diejenigen, die für die Ernährung der anderen zuständig sind, den Boden so gründlich, daß eine Produktion von gesunden Lebensmitteln immer schwieriger wird. Und dies alles tun sie aus dem simplen Grund, für einige Jahrzehnte den Ernteertrag zu steigern.

Bei der Vergiftung der Luft, dem ebenso wesentlichen Lebensraum, sind die Menschen noch erfolgreicher. Mit vielen Verkehrsmitteln und Industrieanlagen blasen sie hochgiftige Gase in die Atmosphäre, Gase, die in geschlossenen Räumen für den Menschen absolut tödlich sind.

Offenbar wußten die Menschen recht bald über die Schädlichkeit dieser Gase Bescheid, denn sie trafen Maßnahmen dagegen, wenn auch recht kurzsichtige. Um eine halbwegs erträgliche Verdünnung der giftigen Gase zu erreichen, wurden lediglich die Schlote höher gebaut. Erst in letzter Zeit bauen die Menschen da und dort Filter in die Schlote ein. Dies geschieht jedoch nur ganz selten, in den meisten Ländern sind diese vollkommen ungebräuchlich und finden nicht einmal bei Neuanlagen Verwendung.

Noch verheerender wirkt der Mensch auf seine Flüsse, Seen und Meere ein. Die Flüsse benützt er schlechthin als billige Abfallschlucker. Er leitet mittels Kanälen seine sämtlichen verflüssigbaren Abfälle direkt in sie ein. Industrieanlagen nützen Flußwasser für ihre Prozesse und gießen vergiftetes, aufgeheiztes Wasser mit schmutzigen Schaumkronen versehen in das Flußbett zurück. Die Flüsse vergiften in weiterer Folge die durchflossenen Seen und letztendlich die Meere.

Die Seen selbst und in noch größerem Ausmaß die Meere dienen auch als direkte Mülldeponien. Alle Arten von Abfällen werden im Meer „entsorgt". Dies beginnt mit dem Reinigen verschmutzter Öltanker auf hoher See und endet mit dem Versenken von hochgiftigen, radioaktiven Substanzen in primitiven Fässern. Dabei wissen die Menschen ganz genau, daß diese Fässer nur für kurze Zeit dem Salzwasser widerstehen und dann ihre radioaktiven Substanzen für die Jahrtausende andauernde Verheerung verläßlich freigeben.

Erde, Luft und Wasser vergiftet der Mensch langsam, aber stetig und mit nimmermüdem Fleiß. Seine Wälder versucht er überhaupt auszurotten. In vielen Landstrichen kann er in diesem Bestreben eine hundertprozentige Erfolgsmeldung aufweisen. In diesen Ländern schlägerte der Mensch alle Bäume, um damit hölzerne Schiffe zu bauen oder den Kohlebergbau zu ermöglichen, um mit dieser dann die Luft zu vergiftete. In beiden Fällen wurde so gründlich geschlägert, daß an ein Nachwachsen nicht zu denken war, der Wald verendete und nach ihm folgten Wiesen oder Äcker, nicht selten aber auch todesähnliche Wüsten.

Derzeit scheint der Mensch in Bezug auf seinen Wald vollkommen die Orientierung verloren zu haben. In den fortgeschrittenen Ländern, in denen infolge der irren Rodung kärgliche Waldreste überlebten, bemüht er sich angestrengt um Wiederaufforstung. In den Entwicklungsländern, die noch über weitgedehnte Waldflächen verfügen, wird wild gerodet und der Wald vernichtet. Die gerodeten Hölzer werden in jene Länder exportiert, die verzweifelt versuchen, mittels Wiederaufforstung die Schäden der Rodungen zu beseitigen. Sobald die Schäden in den Rodungsländern groß genug sind, beginnt dort der Kampf um die Wiederaufforstung, unterstützt mit Geldern der Entwicklungshilfe aus den Holzimportländern. Ein wahrlich unerklärbarer Teufelskreis.

Die Art, wie die Menschen ihren Planeten zerstören, beschleunigt sich zu einem berauschenden Todestempo. Viele Länder sind von Müllbergen durchzogen, in den meisten Fällen füllen die Menschen den Müll noch immer einfach in Gruben. Später werden die Nachkommen durch das vergiftete Grundwasser an diese vergessenen Mülldeponien erinnert.

Die Verwendung von radioaktiven Stoffen potenziert das Tempo und die Gefährlichkeit der Vergiftung. Obwohl der Mensch von der Bedrohung durch die Radioaktivität weiß und obwohl er noch keine Methode gefunden hat, diese gefährlichen Stoffe endzulagern, produziert er Abfälle dieser Art in ständig steigenden Mengen. In fast jedem Land der Erde gibt es primitive Zwischenlager für radioaktive Abfälle, die auf eine Endlagerung warten. In manchen

Ländern fand die „Endlagerung" im Meer oder im Wüstensand, knapp unter der Erdoberfläche statt.

All dies vollführt der Mensch sehenden Auges. Der erreichte Zerstörungsgrad ist in manchen Teilen der Welt erschreckend, noch erschreckender sind die von den Menschen selbst erstellten Zukunftsprognosen. Weite Teile der Erde werden für den Menschen in nicht allzuferner Zukunft unbewohnbar sein.

Besonders kurios mutet es an, daß trotz des langsam wachsenden Umweltbewußtseins in den Industrieländern die Entwicklungsländer in keiner Weise reagieren. Sie sind dazu verdammt, alle Fehler der Industrienationen nachzuvollziehen. In diesen Ländern versuchen die Menschen, die Industrialisierung um jeden Preis voranzutreiben, insbesondere um den Preis der Umweltzerstörung und Verursachung irreversibler Schäden. Entsprechend der Gesetzmäßigkeit des ganz normalen Wahnsinns werden die Menschen dort erst dann mit Reparaturen ihrer Umwelt beginnen, wenn die Schäden so groß sind, daß eine Sanierung nicht mehr möglich ist.

In einem kleinen Teil der Industrieländer wird eine Umkehr versucht, der Rest der menschlichen Welt ignoriert alles. In dem weitaus größeren Teil der Erde, den Entwicklungsländern, ist sogar eine ständige Beschleunigung der Zerstörung feststellbar. Viele Industrien verlagern ihre Standorte in diese Entwicklungsländer. Die Entscheidungsträger der Entwicklungsländer wissen genau, was auf sie zukommt und nehmen dennoch jede Industrieansiedlung aus wirtschaftlicher Kurzsichtigkeit begeistert auf und fördern sie.

In den wenigen Ländern, in denen der Umweltschutz Fortschritte zeigt, werden die mahnenden Gruppierungen bekämpft, lächerlich gemacht und von den Machtstrukturen ferngehalten. Sie selbst tragen alles dazu bei, um möglichst viele Angriffsflächen zu bieten und dadurch ihren Erfolg so zu schmälern, daß er auf bescheidenem Niveau verkümmert. Sie gebärden sich mediengeil, viele suchen nur Befriedigung für ihre persönliche Eitelkeit, niemand versucht, sich auf das Wesentliche zu beschränken, es wird wahllos und ohne Setzen von Prioritäten alles und jedes bekämpft.

Es ist natürlich müßig, in einem bewußt fortschreitenden, langsamen Selbstmord eines Lebewesens eine Spur von Intelligenz zu suchen. Dennoch ist festzustellen, daß über weite Strecken der Anschein vorhandener Intelligenz nicht zu leugnen ist. Die Menschen versuchen ernsthaft, über all dies nachzudenken. Zumindest geben sie vor, es zu tun.

Die Wissenschafter unter den Menschen entdecken eine Schädigung nach der anderen. Sie untersuchen die fortschreitende Vergiftung des Trinkwassers und stellen die einzelnen Schadstoffe fest. Sie verfolgen das Waldsterben in allen Einzelheiten und erforschen die Ursachen. Sie messen die Luft und die enthaltenen Giftstoffe. Sie untersuchen auch sanfte Technologien mit dem Ziel, kostengünstige Verfahren zu entwickeln, um die Wirtschaft zur Umstellung zu bewegen, zu versuchen, Wirtschaftskapitänen klarzumachen, daß sie durch noch kostengünstigere Umgehung von Vorschriften des Umweltschutzes nur vorübergehend erfolgreich wirken, letztendlich aber ebenso zu den Verlierern zählen.

Wie für unintelligente Lebewesen zu erwarten, werden die gewonnenen Erkenntnisse weitgehend nicht befolgt. Es scheint, daß sich die Menschen in ihrer großen Mehrheit damit begnügen, zu wissen, daß sie dem langsamen aber sicheren Selbstmord entgegengehen, und keinen Grund sehen, wirklich weltweit etwas dagegen zu unternehmen.

ZUSAMMENFASSUNG

Zum Abschluß dieser Forschungsarbeit kann festgehalten werden, daß kein Esel die Menschen versteht. Sie besitzen zwar alle Voraussetzungen zur Intelligenz, sind aber nicht in der Lage, sie zu nützen. Ihre vorhandenen Fähigkeiten verschwenden sie großteils an Unnützem, an sinnlosen Spielereien, unergründbaren Verhaltensweisen und zu gegenseitiger Zerstörung.

Der wahre Sprung zu einem intelligenten Lebewesen kann nur gelingen, wenn die Abhängigkeit von Gefühlen und Trieben sinkt, wenn die Handlungen sich nach Erkenntnissen richten. Egal ob Sexual- oder Nahrungstrieb, Nachahmungs- oder Aggressionstrieb, von allem muß eine Befreiung erfolgen. Das Handeln darf nicht durch diese elementaren Triebe bestimmt werden. Da steht der Mensch noch auf niedrigster Stufe.

Die Handlungen und Verhaltensweisen des Menschen sind deutlich mehr von Gefühlen und unbekannten inneren Regungen beeinflußt als von Geist und Vernunft. Somit ist der Mensch nicht wahrlich Herr seiner selbst. Die Mehrheit der Menschen hinterfragt wenig. Und wer wenig hinterfragt, nimmt hin, daß seine Handlungen womöglich ohne Sinn sind, daß sie von Trieben und Gefühlen gesteuert automatisch ablaufen.

Nur ein kleiner Teil der Menschen hinterfragt die Gründe seines Handelns. Der weitaus größere Rest will seine Ruhe haben, will sein Leben ungestört leben, so wie die Gefühle und das persönliche Wohlbefinden es steuern. Die Mehrheit der Menschen urteilt nicht nach Kriterien, die der Geist und die Logik bestimmen, sondern nach Sympathie, Liebe, Mitleid, Haß, Mißtrauen, Furcht, Zorn, Eifersucht, Eitelkeit und ähnlichen Gefühlen, fern jeder Klugheit.

Anregungen, über ihr Leben nachzudenken oder es gar zu ändern, empfinden die Menschen als unangenehm und störend, und folgerichtig reagieren sie mit Ablehnung und einer Starrköpfigkeit, die sie vornehmlich uns Eseln nachsagen.

Jene Menschen, die suchen und forschen, leisten enorm viel. Sie erfinden und entwickeln Techniken und Fertigkeiten, die weit über das Maß der übrigen Lebewesen hinausgehen. Sie gewinnen Erkenntnisse, die die beste Voraussetzung für die Entwicklung von Intelligenz bilden. Diese Menschen sind aber unfähig, den letzten Schritt zu tun, nämlich diese Erkenntnisse umzusetzen und sie zur Grundlage ihrer Handlungen zu machen.

Sie haben erkannt, welche Staatsform richtig wäre, leben jedoch in der großen Mehrheit in schlechten Staatsformen, im günstigsten Falle simulieren sie eine Demokratie in Pseudoformen, bei denen in keiner Weise gewährleistet ist, daß die besten Köpfe einer Nation die Lenkung des Staates übernehmen.

Sie wissen über alle Gifte, ihre Vermeidung und Bekämpfung Bescheid, nehmen aber zur Kenntnis, daß gegen Alkohol, Rauschgifte und Nikotingenuß nicht erfolgreich angekämpft werden kann. Dies geht so weit, daß der Kampf gegen einige Formen der Selbstvergiftung von den Menschen fatalistisch aufgegeben wurde und somit nicht mehr geführt wird.

Die Menschen wissen, daß der Krieg nur Leid, Schmerz und Zerstörung bringt und letztendlich nie wirkliche Sieger, sondern nur Verlierer kennt. Dennoch führen sie seit urdenklichen Zeiten Kriege, die an Größe, Grausamkeit und Vernichtungskraft ständig zunehmen. In seinen Kriegen schreitet der Mensch ständig weiter geradewegs zum puren Wahnsinn. Anfänglich ging es bei kriegerischen Auseinandersetzungen noch um nachvollziehbare Ziele, um Weideland, Jagdgründe und Lebensraum. Bei den Kriegen der Neuzeit verstehen die Menschen selbst nicht mehr, worum sie eigentlich kämpfen. Gesichert sind nur Vernichtung, Tod und Untergang.

Viele Menschen, auch solche, die forschen und hinterfragen, gehen in Scheinwelten auf. Sie nehmen zufalls- und umgebungsbedingt eine der Religionen an, ohne sich die günstigste auszusuchen. Obwohl sie von den anderen Religionen wissen und erkennen, daß diese großteils einander ausschließen, nehmen sie ihre eigene als einzig wahre an und bezeichnen die Anhänger der anderen Religionen als Ungläubige. Daneben huldigen sie den primitivsten Formen des Aberglaubens, lesen begierig Horoskope und glauben an Wahrsagerei.

Andere jagen Pseudowerten nach, die sich in Form von bestimmten Metallen und Papieren manifestieren. Die dabei entstehende Kriminalität wird von den Menschen nur verwaltet und durch dümmliche Gegenmaßnahmen in Wirklichkeit gefördert, sie sind unfähig, sie auszutilgen.

Der vorhandene Rassenhaß ist den Menschen bekannt, sie geben auch vor, ihn zu bekämpfen. Unbeeinflußt von diesen jämmerlichen und untauglichen Versuchen gedeiht der Rassismus prächtig weiter und die Menschen übertreffen sich in den grausamsten Verfolgungen bis zur totalen Ausrottung ganzer Völker.

Den Menschen ist bekannt, daß Wissen und Bildung eine wichtige Voraussetzung für ein erfolgreiches Leben darstellt. Sie wissen auch, daß die Menge des Wissens ständig wächst und dadurch mit der Lernkapazität der jungen Menschen sorgsam umgegangen werden muß. Dennoch unternehmen sie nichts gegen das sinnlose Sprachengewirr und vergeuden die wertvollsten Jahre der Grundschulen damit, unwichtige, unlogische und frei erfundene Rechtschreibregeln zu erlernen, die sie zur Steigerung der Vergeudung noch ständig ändern.

Die Länder, die auf einer höheren Entwicklungsstufe stehen, sind unfähig, ihre Erfahrungen wirklich weiterzugeben. Von den nun selbständigen Entwicklungsländern ist praktisch keines in der Lage, die Fehler der Industrienationen zu vermeiden, geschweige denn, es besser zu machen.

Letztendlich beteiligen sich alle Menschen am langsam fortschreitenden Selbstmord, indem sie ihre Umwelt zerstören und den Planeten bis zur Unbewohnbarkeit verwüsten. Sie vollführen dies sehenden Auges und prophezeien sich gegenseitig das schaurige Ende.

Dies alles sind Beweise für das Fehlen jeder Intelligenz bei den Menschen. Aufgrund der vorhandenen Anlagen kann aber nicht von Hoffnungslosigkeit gesprochen werden. In manchen Teilen der Erde scheinen die Ansätze zur Entwicklung von Intelligenz vorhanden zu sein.

Dort werden die Menschenrechte auf dem Papier voll anerkannt und ansatzweise auch in der Praxis geachtet. Dort reden die meisten Entscheidungsträger von Toleranz, und einige unter ihnen praktizieren sie tatsächlich. Dort sprechen ganze Heerscharen vom Wert des Mitgefühls, von der Wichtigkeit der Hilfe für die Armen und Unterdrückten, für Kranke und Hilflose, und ein kleiner Teil von ihnen praktiziert all dies auch wirklich.

Dort philosophieren viele Gelehrte über die wahren Werte des Lebens und erklären den anderen, daß man Geld nicht essen kann. Im Prinzip geben ihnen alle Menschen recht, und der eine oder andere richtet sein Leben sogar danach aus. Es ist zumindest in Ansätzen bemerkbar, daß ein Teil der Menschen, ein verschwindend kleiner Teil, aber ein ständig wachsender, tatsächlich versucht, entsprechend der gewonnenen Erkenntnisse zu leben.

Daß dies zumindest eine langsam wachsende Minderheit unter den Menschen versucht, ist als ein echter Ansatz zu einem intelligenten Handeln zu werten. In diesem Ausmaß geschieht dies erstmalig in der Geschichte der Menschheit. In allen früheren Epochen war intelligentes Denken und Handeln auf einige Einzelmenschen beschränkt, man konnte nie von einer wachsenden Menge sprechen.

Wenn sich diese Entwicklung fortsetzt und die in einigen Ländern objektiv feststellbare positive Beschleunigung anhält, so kann womöglich eine weitere Forschung eines Esels in einigen hundert Jahren doch noch zu der Erkenntnis gelangen, daß die Menschen dann als Spezies zu den intelligenten Lebewesen zu zählen sind.

Es kann jedoch von nicht mehr als einer begründeten Hoffnung gesprochen werden, einer Hoffnung, die es jedem einzelnen Menschen wert sein müßte, nicht aufzugeben und weiter zu kämpfen.